平沢死刑囚の脳は語る

覆された帝銀事件の精神鑑定

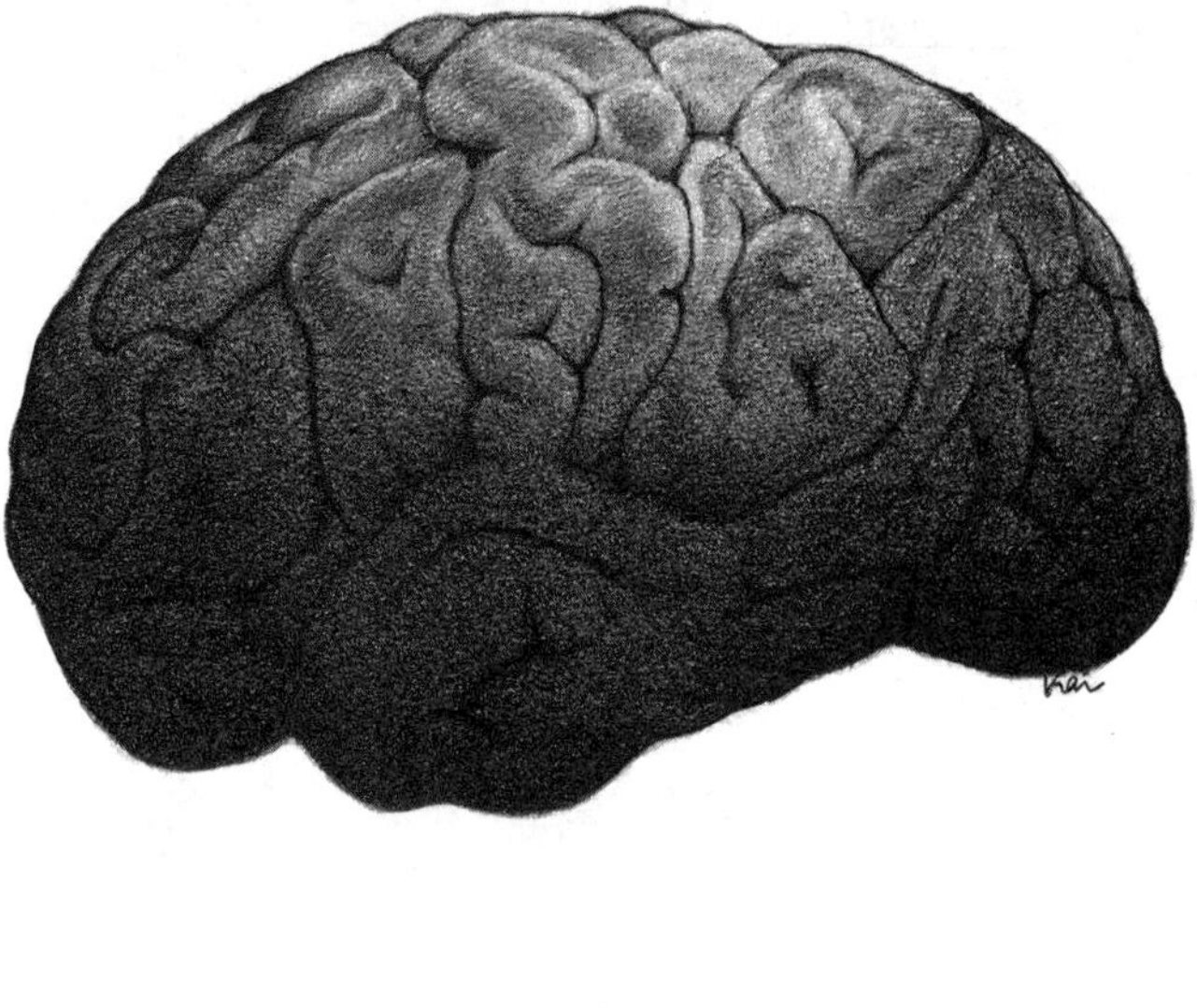

平沢武彦・編著

インパクト出版会

本書の構成について

本書は、序章、第三章、終章は本書の編者・平沢武彦による書き下ろし、第一章の「私はこうして帝銀犯人とされた」は平沢貞通著『われ、死すとも瞑目せず——平沢貞通獄中通信』（毎日新聞社、一九八八年五月刊）を、第二章「自白への道程」は森川哲郎著『獄中一万日——追跡帝銀事件』（図書出版社、一九七七年一月刊）を底本としたものである。

書き下ろし分は西暦を使っているが、初出の元号表記はそのままにした。

これらの図書および、資料として収載した鑑定書の一部に侮蔑的・差別的な表記や文章があるが、歴史的限界を体現した資料としてあえて修正せず、全て原文のままとした。

旧字は新字にあらため、明らかに誤植と思われるものについては訂正した。

序章　帝銀事件五十年

平沢武彦

（撮影・小林敏之）

半世紀後の精神鑑定

半世紀後の帝銀事件

終戦直後の混乱期に帝銀事件が発生してから、今年で五十二年となる。戦後の黒い霧に覆われたこの事件は幾多の謎を残し今日を迎えている。

戦後の冤罪の原点ともいえるこの事件、その捜査、裁判は、占領下の政治的な思惑によって「平沢貞通」という一人の画家が犠牲にされたという側面を持つ。

終戦直後の、焼け跡の残る町並み。混乱した世相。人々は日々の生活に困窮し、上野の地下道には戦災孤児や浮浪者たちがあふれていた。闊歩する米兵たち。進駐軍のジープの鈍い音が通りすぎていく。

将来への不安と希望、復興への活力は、民主主義への道程と思われたが、占領軍の思惑に、社会と人々の心は自在に翻弄されていった。水面下では、米ソによる戦後の世界戦略をめぐる熾烈な駆け引きがなされ、あらゆる策謀がすすめられていた。

一九四八年一月二十六日、帝国銀行椎名町支店。午後三時の閉店直後に犯人はあらわれた。

初老で坊主刈りの男は、オーバーに、都の「消毒班」のマークの入った腕章をつけ、赤いゴム長靴をはいていた。

「長崎二丁目の相田という家の共同井戸を使用している所から四名の集団赤痢が発生したのです。

調べてみると、その家に同居していた人が、今日この銀行へきたことが分かったので、ＧＨＱのホートク中尉に報告され、いま進駐軍がその家を検疫中です。間もなくここに来て、店を残らず消毒しなければなりませんが、その前に行員に消毒薬を飲ませておいてくれと言われて来ました」

一語一語、落ち着いた歯切れのよい言葉、いかにも手慣れ熟練した医者を思わせる風体の男だった。

男は、玉のついた短いスポイトのようなもので薬を二回にわたり約五ccずつ十七個の湯呑みに注ぎ分け、十六人の行員を集めて、「自分がするように飲んで下さい」と仰向いて舌を出し、その中ほどに包み込むようにして、一息でぐっと飲んで見せた。

銀行員等に同様に一薬を飲ませ「一分おいて第二薬を飲んで下さい」と時間を計り、第二薬を飲ませた。その直後、全員が苦しみだし、水を飲みに洗面所に走り、腹を押さえ、嘔吐し、バタバタと倒れ、四、五分後に全員が意識を失った。

うち十二名が死亡、十八万円余の現金と小切手が現場からもちさられた。

犯罪史上、希有な大量毒殺事件として世論は騒然とし、木内検事正は「まさに犯罪の革命である。当局は犯人捜査に全力をあげており、検挙に確信を持っている。犯人は毒物の素人とは到底思われないので、この面に重点をおいている」と声明を発表。

つづいて、犯人が予行演習をしたものか、二件の未遂事件が発覚。安田銀行荏原支店、三菱銀行中井支店である。

また帝銀事件の翌日、安田銀行板橋支店に奪われた小切手を引き換えにあらわれた人物がいて、人相などから同一犯人と、捜査当局は推定した。

物的証拠としては、犯人が荏原支店に残した「厚生技官松井蔚」名刺、中井支店に残した「山口二郎」名刺のほかはなく、松井蔚は実在の人物だったので、名刺捜査班が編成され、居木井警部補が、後にその班長となった。しかし、これは捜査の傍流にすぎなかった。

捜査本部は、犯行手口が極めて巧妙であること、青酸化合物の効力、使用法を熟知していた者でしかできないものと判断、旧日本軍が細菌化学兵器や謀殺用毒物を研究開発するために、旧満州で人体実験をしていた特殊部隊員などを犯人の適格者とみて、猛追及を行なっていた。

しかし、事件から半年後の初夏、百八十度、その捜査は謎の転換をとげる。旧軍関係者とは無縁の詐欺事件などの余罪を持つものなどを次々と別件で逮捕、なかには自白に追い込まれた者もいた。つまり、捜査本部は、無辜の人を犠牲にしなければならない立場に追い込まれていたのである。

最近、公表された捜査幹部の甲斐文助警部の「捜査日誌」には、その内情が詳細に記されている。

八月初旬、捜査員の聴取に、七三一部隊の早川元軍医大佐は、次のように述べている。

「帝銀事件が発生した頃は、まだ話が進んでいなかったけれども、最近になってGHQの吉橋という二世を通じ、米軍では我々の身柄を保障してくれると申して来た。米ソ戦が開始された際には、我々の身柄は早速、米本国へ移すことになっていると聴かされている。

米国側は、細菌戦術の優れた点も幾分認めているらしい。使用した薬物、方法、人員は、関係者同士、口外しないよう誓約したので話すのは勘弁してくれ。生体解剖のことも戦犯にならぬことが最近判ったので事実を申した次第である。

GHQでは、この件については秘密を厳守するが、お前たちの方から墓穴を掘る事のないよう、警察官の中にも共産党がいるので、警察官にも口外せざる様に、との事である。関係する何万からの部下を保護するためにも、そうする必要があるので了解してくれ。」

この時期、旧軍筋への捜査に対する米占領軍の圧力が具体的なものとなっていたことがうかがえる。つまり米軍は、これらの者を自らの保護下におき、戦犯免責を条件に、その研究データと人員を手中にし、対ソ戦に備えていたのである。

このような経緯から、軍関係以外の者を別件や容疑者として逮捕するなどの、捜査の転換がなされていった。

テンペラ画家・平沢貞通は、松井名刺の交換者として、一度調べられシロとなっていたが、事件から半年後の八月、突如、逮捕命令が出された。

平沢は、約一ヵ月、犯行を否認しつづけたが、自殺未遂三度のすえ、自供においこまれる。しかし「自白」のほか物的証拠は、ついに一つもあらわれなかった。

同年十二月に開かれた第一回公判冒頭、平沢は自白をひるがえし、自供は強制、誘導、捏造によるものだと主張。しかし、一審、二審ともに死刑、上告は棄却され、一九五五年五月七日、死刑は確定した。

平沢は、死刑囚房から無実を訴え、再審請求をくりかえした。獄中三十九年、独房で死を見つめ、十八度にわたって行った再審請求もことごとく棄却された。高齢を理由とした恩赦請求、死刑の時効三十年による人身保護請求もあいついで却下、まさに無念の思いのまま、一九八七年五月十日、八王子医療刑務所で獄死した。享年九十五歳だった。

そして、私たちのもとには、「執行されなかった死刑判決」のみが残された。三十人の法務大臣が判を押すことをためらった、幻の「死刑執行起案書」。それは、法務省刑事局の机の中に、今もおさめられている。

三回忌の命日、養子である私が継承者として、死後再審請求を東京高裁に提出、雪冤に向けた闘いは、終わっていない。

平沢の脳の返還

平沢の死刑判決は、自白を証拠の女王とした旧刑事訴訟法で裁かれた最後のケースで、物証もキメテもなく、平沢の自白調書を主たる証拠としたものだった。

その死刑判決の確定から、ちょうど四十三年後の五月七日、奇しくも、東京大学医学部から、平沢の脳が遺族に返還された。

十一年前、平沢が無念の死をとげた直後、私たちは、彼が患っていたコルサコフ症候群という脳炎の痕跡を確かめるため、東大病理学教室に解剖を依頼した。当初、東大側は難色をしめしたが、通夜がはじまる五分前にようやく承諾、病理解剖はなされた。

前代未聞の「遺体なき通夜」と「解剖」。それは、平沢の無実立証の道を探るためのものだった。異例の事態に、マスコミ各社も驚き、夕闇の中、通夜の場から運ばれる棺をフラッシュとライトが追った。

通夜は、遺体を東大病理学教室に運んだため、平沢の一切れの白髪を祭壇に置いて、行なわれた。

遠藤誠弁護士は、棺とともに東大病理学教室に行き、私も通夜の席を後に、その場に駆け付けた。

夜半八時過ぎ、薄暗い灯のともる病理学教室のドアの外、私たちは緊迫した思いで、そのなりゆきを見守った。

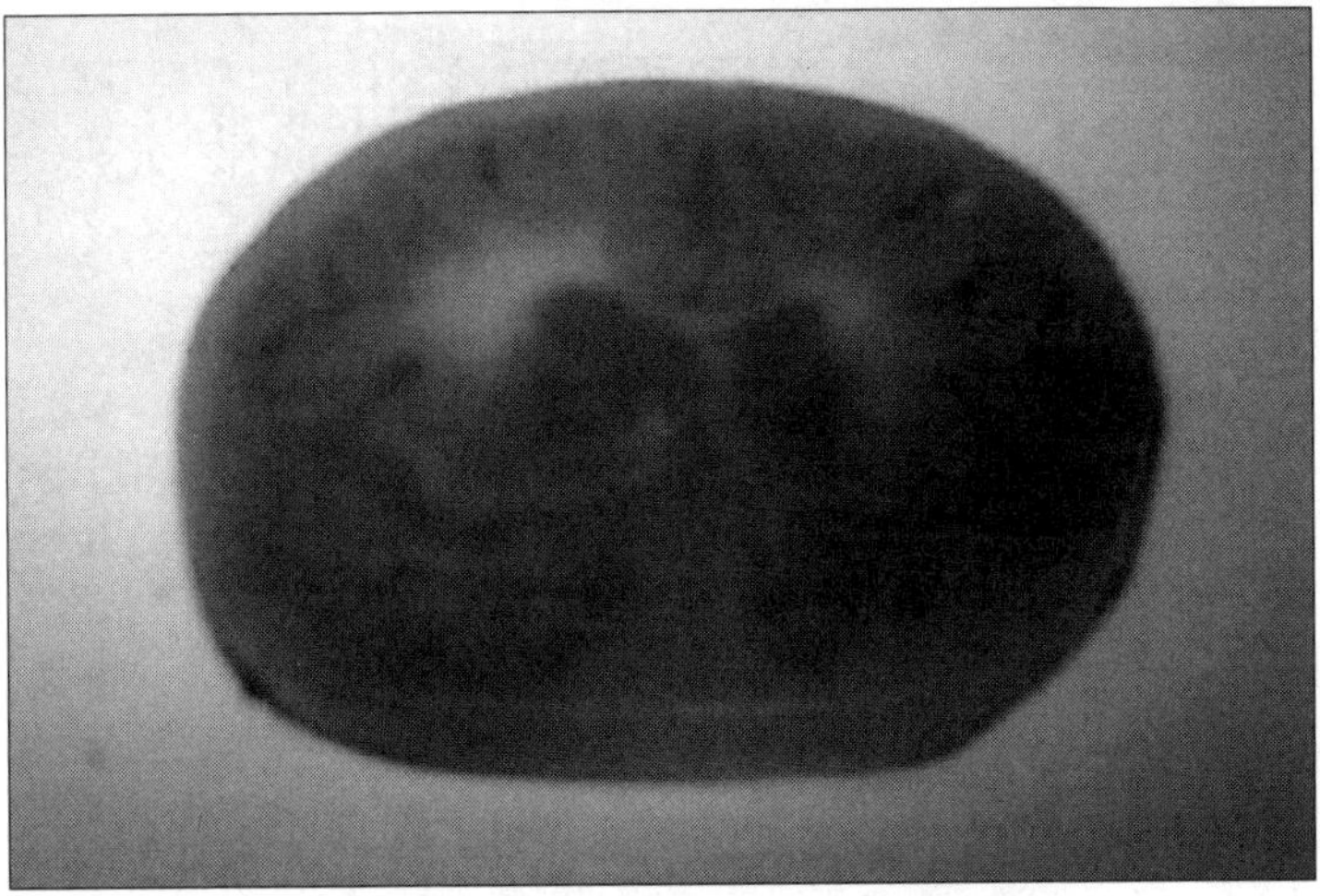

パラフィンで固められた平沢死刑囚の脳

解剖は医師三人が執刀し、平沢の脳を摘出、保存する処置をとり、約一時間半で終了した。

私たちは、その解剖結果が報告されるだろうと思っていたが、なんの報告もなく、十一年、平沢の脳はそのまま東大の倉庫に放置されることになる。東大は、ことなかれのまま、その検査結果を公表することはなかったのである。

それは、裁判に関わりの持つということを避けたいという思いからだったのだろう。

しかし、死体解剖保存法によれば、遺体の所有権は遺族にある。そこで、東大医学部に脳の返還を求めることとし、申し入れ書を手に、遠藤弁護士と私は東大医学部を訪ねた。

当初、この脳の返還については、東大側が難色をしめすものと思われたが、その対応は以外だった。拒否し、裁判に持ち込まれれば不利な立場に追い込まれるという思いからだったのだろう。

医学部長室に入ると、机の上に数多くの、パラフィン（ロウ）に包まれた脳の切片などがずらりと並べられていた。

脳はパラフィンに包まれた大きな切片二個、そして一センチ四方のパラフィンブロックが脳の各部分、脊髄など四十点。そして、解剖依頼していなかった肺、心臓をはじめとする全臓器が摘出され、ホルマリンづけにされていたことを初めて知らされた。

脳を裁断した大きな切片は、はっきりと脳の原型を止めたもので、老化し萎縮していたせいか、いくぶん小さなものに思えた。

医学部長は、「これがそうです」と私にその一部を手渡した。あの平沢の脳が、今もこうして生き続けていたのか。時を越え、複雑な思いと、ありし日の平沢の姿が思い起こされた。

五月七日、それらの標本とホルマリン漬けの各臓器は、十一年ぶりに私たちの手に戻された。

私が、脳や脊髄のパラフィンブロックの入れられた小箱を、そして、無造作に各臓器が入れられた三十キロ近い重いポリバケツを遠藤弁護士が、手応えを確かめるように、東大医学部から運びだした。

マスコミが殺到したため、遠藤弁護士事務所で、それらの標本は公開された。フラッシュとテレビカメラが平沢の脳を照らす。ライトに透き通る平沢の脳は、長い闇から解き放たれたようだった。

この後、私たちは、平沢の精神鑑定に異議を申し立てていた秋元波留夫元東大教授、白木博次元東大医学部長らによる研究グループに、脳の再検査を依頼することにしていた。

しかし、このまま平沢の脳を研究施設に移すことにはためらいがあった。それは、やはり、平沢にも、あらためて、一時の休息、供養をさせたいという思いからだった。

各部所の小片のブロックと臓器の入ったホルマリン漬けのポリバケツについては、その日のうちに都内の研究施設に移したが、大きな切片の二点の脳は、私の自宅に祭壇をつくり、供えることにした。

白い布の祭壇に、平沢の遺影と花、そして、そのかたわらに標本の脳を供え、数日後に行なわれる平沢の十二回忌の日まで、自らのもとにおくことにした。

十二回忌の日、多くの人々が見守り、遠藤弁護士らの読経が響く中、ロウソクの炎の向こうに、揺らぐ平沢の脳は、半世紀の時をこえて、自らの無実を訴えているように思われた。

帝銀犯人との自白

一九四八年十二月、平沢は一審第一回公判廷で、自供を翻し、犯行を全面的に否定した。

「私は逮捕以来四十日近く否認を続けました。にもかかわらず検事はそれを認めようとはせず、連日長時間の厳しい取調べを続行しました。私は、何度絶望し、人間を憎悪し、この世の矛盾に突きあたったかわかりません。その時は、心から死んだ方が楽だ。死ねば証が立てられるという気になりました。それも失敗すると疲労困憊し検事に合わせる以外に方法はないと思ったのです。」

数多くの冤罪事件で、被疑者は自白をしいられているが、平沢の場合も警視庁での長期拘留、精神的な拷問の果ての自供だった。まして平沢はコルサコフ病という脳炎の後遺症を持っていただけに、防御能力は常人より低く、誘導や暗示に左右され、拘禁反応の進行も著しかった。

現在の精神医学界の最長老の権威者、東京大学医学部精神科の秋元波留夫元教授（九十二歳）は、この脳炎の後遺症を持つ者の自白への疑問を次の様に指摘、再審公判を開くべきだと主張している。

「私が、平沢さんの裁判のやり直しをさせなければならないと思うのは、平沢さんを帝銀事件の犯人と断定し、死刑を判決した一審から最高裁にいたる一連の裁判が、私の専門である精神医学の立場から到底納得できない不合理なものだからであります。平沢さんは裁判記録でも明らかにされている様に、若い頃、狂犬病予防ワクチン注射うけたところ、不幸にもその副作用である脱髄性脳炎という重い脳の障害を被り、一命はとりとめましたが、その後遺症として人格変化といわれる精神症状を残しました。この精神障害の特徴から考えて、帝銀事件のような、綿密に計算され、周到に準備され、毒物に関する高度の専門的知識を必要とする特殊な犯罪の当事者である可能性は、全く存在しないと言わなければなりません。平沢さんのワクチン禍による精神障害と帝銀事件の犯人像とはおよそ無縁、異質であります。

さらに問題なのは自白の信憑性であります。平沢さんは逮捕された後の警察官や検察官の取調べで犯行を自白したとされ、これが唯一の証拠となって死刑の判決が下されたのです。しかし、平沢さんが自白した時期である昭和二十三年九月から十月にかけて、その精神状態が異常であったことは、一件記録、および調書、さらには内村・吉益鑑定の記載を読めば歴然たるものがあります。島田事件など、これまで多くの冤罪事件が証明しているように、正常人でさえ苛酷な取調べで、一時的に常軌を逸して、心にもない自白をしてしまいます。いわんや平沢さんのように、脳障害があり、ストレスに弱い場合には、この様な危険が一層大きいと言ってよいでしょう。平沢さんの自白時の精神状態から考えて、その自白には信憑性がないと断定することができます。」（救う会宛のメッセージから）

悲劇の序章

コルサコフ病とは、狂犬病の予防接種、慢性アルコール中毒、脳動脈硬化などを起因として発症する。症状は、重い記憶力障害、時と場所に関する判断力の障害、作話症、すなわち作り話をする癖、逆行性健忘症等である。とくに、他から暗示されて作話しやすくなるなどの特徴を持つ。

平沢は、若き頃より画才をしめし、北海道等の壮大な風景画を描き、二科展、帝展などで活躍したテンペラ画家だった。優しく繊細な人柄で、画境の進歩も著しく、二十代後半で、数々の画展で賞を得、画壇の頂点にのぼりつめるかの勢いだった。

しかし、三十四歳の時、飼い犬が狂犬病となり、その予防注射を十八回受け、そして、その直後、体の麻痺が現れ寝たきりとなった。意識は混濁、家の者も誰だか分からなくなり、自宅をホテルと思い込み、無意識のまま大声であられのない言葉を口走る等の状態が二十日ほど続いた。意識回復後も、予防注射をした記憶もなく、わずか前の事も忘れ、山奥で仙人に会ったとか、夜、三人組が屋根を壊していると恐がるというような幻覚症状をしめした。

平沢はコルサコフ病と診断され、数年後に回復したが、病後の後遺症として、その人格は病前とは変化し、異常人格の状況を呈した。

この後遺症は、その起因や人によって症状が違う。平沢の場合は「乾燥弱毒ワクチン」による予防注射が原因であるが、これは副作用が頻発するために、一九五二年頃に使用されなくなった。

このワクチン禍によるコルサコフ病患者五十四名について臨床例を検証した白木博次教授によると、

「ワクチン禍を受け、死亡せずに生き延びる事ができたが、特に脳が強く犯されたと判断できる三十二名の内、その大部分の者に多少に関らず著しい人格変化が認められた。その内容と程度は様々であり、十年間に渡り折りにふれ調べた限りにおいて、時の経過と共に多少の移り変りが目立つ。ある者は軽快の方向へ向かい、どうにか社会生活にかえる事ができた者もないではないが、多くはそれが出来ぬまま廃人に近い生活を余儀なくされている。この間、窃盗や性的脱線をはじめ、妄想的な考え方に基づき、衝動的かつ突飛な脱線行為にでる者もあり、すべてに対して積極性を失い、無偽徒食の状態にある者もあり、何れも家人の頭痛と不幸の種となっている。」

このように様々な後遺症を呈する。平沢の場合は中程度の部類に属するものと考えられるが、妻や愛人、知人等が証言しているように、思考力は低下し、絵も明らかな精神的欠落を思わせる幼稚なものが多くなり、そして、誰にでもわかる様なその場かぎりの嘘をつく、などの人格変化をもたらした。

空話的な虚言とともに度重なる奇行。画家としての卓越した才能は失われ、平沢は次第に画壇の中枢から姿を消していった。「空話的虚言癖」。それは本当と嘘のけじめのない、想像した事を本当と思いこむ嘘をつく症状をいう。

だが、その虚言も奇行も、子供のような緻密さや計画性のない幼稚なものだった。平沢が逮捕された当時、家族、そして画家仲間等からも信用は失われていた。

平沢の逮捕に執念を燃やした居木井警部補が疑惑をもったきっかけも、最初に会った時からの数々の嘘、挙動不審な態度だった。

ＧＨＱによる圧力を受け、軍関係者への捜査を断念せざるをえなくなった捜査本部にとって、この様な社会的な弱者、防御能力の弱い者は、犯人に仕立てるに絶好のターゲットであったのかも知れない。

自白への道程

真夏の炎暑下に逮捕された平沢は、盛岡から東京まで列車で十五時間余、全身を上着と毛布でくるまれ荷物の様な情況で護送、その間、水も食事もとらせなかったという。この護送で心身ともに衰弱した後、すぐに目撃者による面通しが行なわれ、居木井警部補らによる取調べがなされた。この時、平沢は肉体的な拷問をも受けたと主張している。

警視庁に留置された三日後の八月二十五日早朝、平沢はガラスペンで左手首を切り自殺を企て、昏睡状態に陥った。独房の壁には、無実を訴えた文字が書き記されていた。突然の逮捕後の衰弱と精神的な動揺ははかり知れない。

数日後、検事による取調べが始められる。朝から深夜にわたる連日の厳しい尋問の日々がつづき、平沢はしきりに頭の苦しさを訴え、三日も眠られぬ事もあったという。睡眠不足、精神錯乱、そして幻覚症状が平沢をおそう。誰でも逮捕拘禁されると著しい不安孤独な状態になり、特殊な心理状態に陥る。これを拘禁反応といい、これが進むと拘禁精神病となる。その症状は興奮、混迷もうろう状態、そして妄想幻覚などを現す。平沢は脳炎の後遺症もあり、それは一層促進されたものと思われる。

平沢は三十余日、犯行を否認しつづけた。しかし、もはや心身ともに疲れ果て限界に達していた。そして、平沢が自供に至るきっかけになったのが、検事の発した次の言葉だった。

「お前の芸術家生命をどうかして残してやりたいと考えているのだが、もう一度清純な心に立ち戻り絵筆を執りたいと思わないか。」

平沢は号泣した。そして「とって見たいです。法隆寺の壁画を技法で表現したいという私の望みも九分九厘まで出来かけ、ここで死ぬのは残念です。四十年の生活ももう駄目です。なにとぞ龍（義弟）に会わせて下さい。後事を託して、一切のことを申し上げ、処罰を受けます」と訴えた。そして平沢は義弟との面会の際、「帝銀犯人ではない」と絶叫しドアに頭を激しく打ちつけ再び自殺を図る。

三度の自殺未遂の末、心身ともに限界にたっした平沢は次のように自供をはじめる。

「ただ困った事は腕章も手に入らず、薬も手に入らないので、どうして人殺しができるか、それで辻褄が合わないので困ります。」

それは真犯人の口にする様な告白とは思えぬものだった。

その後の調書の経過を見ると、全く何も知らない人間が、検事による誘導や暗示によって、徐々に現実の犯行状況に近づいていったという過程がつぶさに判る。

そして、調書に記されていない空白の時間。取調室には、高木検事以外に、事件の経過を詳細に知る捜査幹部が記録を手に同席、調書に記されぬ、教唆的な取調がなされた。そして事実とは全く相違していた供述を徐々に現実に近づけていったのである。

平沢は公判で「自供は検事との共同による合作だった」と主張している。

検事の犯人であるとの断定のもとでの「強圧的な態度」、告白すれば、絵を描くことや家族に逢わせるという「取引的な誘惑」。

「まとまらなくてもよい。記憶を呼び戻させるヒントをあたえてやるから」という検事の言動などはまさに「誘導と暗示」により、取調べがなされていたことを象徴している。それに対して平沢は

「階段を登らせて下さい」と懇願。

以後、平沢の自白は、必ず昨夜見たという普賢菩薩のお告げから始まる奇妙なものとなっていく。

「昨晩も普賢菩薩がおいでになりました。『昨夜は疲れたろう。一日も早くきれいになってもらう様に、検事さんに口をきってもらうようお願いして、最後に、餅のついたつり針を検事さんに投げていただいて、あなたがパッとくいついた。あなたは、仏身になる時がきたのです。あなたは本朝で本当のきずなが断ち切れますよ。いま全力を捨て仏身になることができる』と言われました。」

妄想か幻視かわからない言動とともに、普賢菩薩に導かれるように現実の事件経過と相違する自白を訂正、検事が喜ぶような迎合的な態度に終始していった。

警視庁での取調べを終え、十月八日、小菅拘置所に移管。報道陣が取り囲む中、刑事たちに連行される平沢は実に堂々と英雄気取で歩いていく。それは、まるで犯人になりきり、大成功をした犯罪者を見ろというばかりの姿だった。

十月二十二日、山田義夫主任弁護人に平沢は「長時間調べられ頭が乱れていた。やっと昨日から我にかえった」と、犯行を否認した。

約一ヵ月間の「帝銀犯人」との自供。その間に平沢の精神は常軌を逸した状態においつめられ、明らかに拘禁精神病に陥っていた。

平沢の脳は何を語るか

山田弁護人は、平沢の精神状態の異常が顕著であることに驚き、精神鑑定の必要性を主張した。

平沢の精神鑑定は、一審で、東大医学部精神医学教室の内村祐之、吉益脩夫教授によって行なわれた。鑑定事項は、責任能力の有無、そして、犯行事実に争いのあることから『自白時の精神状態』に及んだ。

鑑定結果は、完全責任能力を認め、『自白時の精神状態』ついては、

「被告人の異常性格である欺瞞癖と空想性虚言症とが一層誇張された形で示されていた以外には、平素の状態と大差のない精神状態であったし、殊に自白が催眠術下になされたことを証明すべき何等の証拠はない」

「同時に自白時の全般的状況と被告人の利己的欺瞞癖とを考慮すると、この自白には空想虚言癖者の単なる虚偽の所産とは考えられぬものがある」とした。

確定判決は、同鑑定を自白の信用性を裏付ける主たる証拠とし、「鑑定人内村祐之、吉益脩夫の鑑定書の記載によれば、拘留中における検事の被告人に対する取調は、公正を欠く点はなく、又その間、被告人の拘禁に依る精神異常の反応もなく、被告人の検事に対する自白は、強制、拷問、脅迫による供述、不当に長く拘禁された後の後の供述、その他任意になされたものでない疑のある供述ではないことを認めることができる」とした。

死刑確定前後、この鑑定には、数多くの精神医学者からの批判、反論が向けられ、心神耗弱が妥当、自白の信用性にも問題があり、再鑑定すべきだという意見が出されてきた。それも身内の白木博次元東大医学部長等の弟子たちによって厳しく批判され、擁護する意見は皆無だった。本来ならば、再鑑定すべき事例であったのである。

今年の五月、秋元波留夫元東大教授（九十二歳）がその主旨を「鑑定書」をまとめ、再審弁護団は新証拠として、東京高裁に提出した。秋元鑑定書は、精神医学的に見て内村鑑定は誤りであるとし、

平沢死刑囚の脳を切断した標本

『自白時の精神鑑定』について、次の様に指摘している。

「内村鑑定のいう『異常性格である欺瞞癖と空想的虚言癖が一層誇張されて示されていた』と『平素の状態と大差がない』という事は論理的に相反し、当然の帰結として『平素とは異なる状態』でなければならず、そのような精神状態での自白が真実性に乏しいことは精神医学の常識である。

そして暗示にかかりやすい性質を持つ平沢の検事の催眠術にかかったとの主張は、『被暗示性の亢進した状態』を意味するものであり、『記憶の部分的欠損を伴う意識障害』『幻覚症状』等の所見も見られ、拘禁と因果的に連関する異常な精神状態、紛れもない拘禁反応であり、なかんずく拘禁精神病と診断するのが妥当である」との見解をしめし、自白の信憑性は全くないと結論している。

平沢の脳は、東大から私たちの元に戻された。精神鑑定当時は、CTスキャン等の設備もなく、脳の器質的変化を調べることなくなされた不備なものだった。

現在、平沢の脳は、再鑑定を求めてきた秋元波留夫、白木博次元東大教授をはじめとする精神医学者、神経病理学者、臨床心理学者らの組織する研究グループにより、再検査されている。

脳や脊髄をミクロ状に切断した標本を、あらためて作成、脳のどの部所にどのような後遺症による変化が残っているかを詳細に検証し、その結果は、半世紀後の実質的な精神再鑑定書としてまとめられる。

はたして、無実を訴える平沢の脳は、私たちに何を語るのだろうか。

第一章
私はこうして帝銀犯人にされた

平沢貞通

犯人の服装をさせられて写真を撮られる。

一　運命を変えたモカのコーヒー

小樽からの手紙

昭和二十二年晩秋・小樽にいた妹淳子から「弟貞秋（四男）が戦地から帰ってきましたが、戦の疲れから奔馬性《ほんば》肺炎で倒れました。見舞いに来てやって下さい」と手紙が来ました。

愛弟のことではあり、すぐにも見舞いに行ってやりたいと思ったのですが、当時の列車の混乱は言語に絶し、切符も容易に入手できず、よし入手しても、あの車からはみ出す状態では、とうてい旅行不能と思い、「何とかして、いくらか楽な方法はないものか」と案じたことでした。

すると、船舶運営会にいた次女の婿《むこ》山口君から、

「二月に、氷川丸が特に旅行輸送で小樽まで就航します」

と知らせてくれたので、「それは有難い」と思い、たしか年内に一等船室を特にたのんで切符の予約をとったと思います。一月上旬切符を入手しました。

そこで二月十日横浜発で、楽に十三日（だったと思います）に小樽に着きまして、すぐ汽車に乗りつごうとしました。ところが、

「明朝でなければ乗れない」

といわれ、明朝乗りつぎの手続きをすませて、父母の家に行きました。

久しぶりに父母に無音を謝し、貞秋の見舞いを述べ、妹から度々手紙をもらいながら、汽車の事

情からおそくなり、やっと氷川丸で来れたことを語り、謝したことでした。

翌朝、急行で旭川へ。午後おそく弟の宅に着きました。

弟は相当にひどいらしく、平沢の姿を見ると痩せ細った手を布団から出してさしのべ、手を握り、

「よく来てくれました」

とハラハラと落涙しました。平沢はハンカチでその涙をふいてやり、私自身の涙もふきました。

弟に「何か食べたいものはないか」とききき、旭川市に出て丸井百貨店の支店長に面会し、市一流の料亭主を紹介してもらい、当時としては珍中の珍味を割烹《かっぽう》して容器に盛りつけてもらい、ベッドに接続してテーブルを置き、その上に白布を敷いてその料理を大皿ごと並べ、弟と弟の妻とその妻の父母と五人で、「最後の晩餐会」を開きました。

両三日の看護の後、いよいよもう臨終間近とみて、小樽に急行で帰り、すぐ妹の淳子を呼び父母と四人で懇談しました。

「お父さんは八十七歳のご老体で旭川まで行っていただくことはとてもご無理ですから、お母上と淳子の二人で死に水を貞秋にお与え下さったら嬉しく存じます」

と申しますと、父は、

「私はとても行けないから、頼むよ」

と言われました。

その夜は父と枕を並べ、貞秋の症状を父につぶさに語りました。

翌朝、平沢は再び旭川行に乗りました。

夕方、旭川市近文に着き、線路づたいに弟の宅に着きますと玄関に忌中の簾《すだれ》が垂れていました。

室に入りますと、特に医師のはからいで早朝火葬がおこなわれて遺骨となり白布に包まれて壇上にまつってありました。

葬式も滞りなくすみ、初七日を終えた時、貞秋の妻の母は、

「兄さん、百か日目に小樽の××寺に納骨しますから、その式の時まで東京に帰らないで下さいね」

といわれましたので、

「ああいいですとも、必ずいますよ」

と約束して、いちおう小樽に引きあげました。

〔昭和四十四年八月十五日記〕

申し落としましたが氷川丸で着樽して宅に入った後、しばらくして、次弟の貞敏が、

「兄さん、小樽署から兄さんが着いたらお会いしたいから、電話をくれ、といっていましたよ」

と伝えましたので、

「何用だろう……すぐ来るように知らせておくれ」

と言いました。

すると二、三十分して二人の刑事が来ました。名刺交換後、一刑事は、

「先生は松井蔚《しげる》博士をご存じでしょう」

とききＩ、シゲシゲと顔を跳めまわしていました。平沢が、

「知っていますよ」

というと、

「どういうきっかけでのお知り合いですか」

といいますから、つぎのように説明しました。

松井博士との出会い

その時、青函連絡船の一等は満員で、松井さんはソファーに寝かされてだいぶ憤慨されていました。すぐ前のベッドにいた私は気の毒に思い、当時珍中の珍のモカのコーヒーを出して、ボーイに命じていれさせて、純砂糖で、

「どうぞ」

とさしあげたのでした。すると機嫌をなおして喜ばれ、話をはじめられ、

「陛下の北海道行幸で、衛生関係の調査で出張しました。いま宮城県勤めで、この名刺の通りの者でございます」

と名刺を差し出されましたので、平沢も、

「実は皇太子殿下献上の雪景を描きに札幌まで行って来た帰りでございます」

と名刺を呈し、

「仙台には、次妹の長男が、東北大学在学中に胸をやられ、六番町の大学病院に、三年越し入院していますので、時々見舞いに行ったことがあります」

とつけくわえると、

「ちょっとその名刺を」

といい、裏面に「仙台市米ヶ袋×番地」とペンでかいて差し出され、

「拙宅ですから、次回でも来仙の節はぜひお立ち寄り下さい」

といわれたのです。（略）

「その名刺、いまお持ちですか」

と一刑事がいいますので、

「その名刺は、三河島駅ですられてしまい、駅下の交番にすぐ届出をしました」

と答えました。

もう一人の刑事がシゲシゲと顔を見ていましたが、

「だめだ、全然似ていないし、アザもないし……全然だめだ」

といい、つれの一人も、

「ほんとうだ。だめだ」

「いや、どうもとんだ失礼しました。あしからず」

と謝辞をのこして立ち去りました。すると二時間くらいで、部長刑事というのがたずねて来ました。

「そうですか、二人来ましたか、知りませんでした……」

といい、名刺のことをきき、人相を見て、やはり、

「とんでもない失礼をしました」

と挨拶をして帰りました。これが小樽署の刑事との第一回の接触でした。

小樽で百か日目の納骨を約束した以上、時間の空費が惜しまれ、飲み仲間の親友を支配人、支店長にもつ㊥今井百貨店（ローカルでは一流）で、

「個展を久しぶりで開催しては」

ということになり、九月四日から一週間個展を開く約束ができ、出品作にとりかかったことでした。

父母も健康が思わしくなく、安達病院長（小樽中学校の同級生）は、

「診察の結果は、いまは別に心配はないが、ただ老齢だから、いつどういう突発的症状が発現しないとはいいきれない。君も腰を落着けて、しばらくここで孝行しろよ」

と滞留をすすめたことでした。

そして、明年八月一日、父の誕生日に、父の八十八歳、母の七十七歳の祝いを合わせておこない、父母への最後の孝行をつくす心を固めました。

〔昭和四十年二月十八日記〕

注　犯人は安田銀行荏原支店での未遂事件で、「厚生技官松井蔚博士」という名刺を残して逃走した。この松井博士は実在の人物でアリバイがあった。そこで名刺捜査班が組織され、松井博士との名刺交換者の捜査が行われた。そして、事故で紛失したもの、行方不明のもの合わせて二十二枚の回収不能名刺があることがつき止められた。そしてその中の一枚が、平沢との交換名刺であることが判った。松井名刺をすられたという平沢の主張で、警視庁はすぐ手配したが、事件の前年八月、その言葉通り被害届が出されていることが判明した。捜査本部は、人相その他の点からも問題にならないと平沢をシロと判断した。

居木井警部補の執念

五月頃、絵の製作中、弟の妻が一枚の名刺を持って入室してきました。

その名刺には、警視庁警部補居木井《いりい》為五郎とあり、製作中の絵を画架で床の間に立てかけ、母と一緒に絵具を片よせて座れるようにして招き入れました。（このことを［時間をかけて何か巧策《ママ》して証拠をかくしてから招き入れた］と居木井の報告書は書いております）

母は、

「大切なことかも知れないから、法律に明るいお父上に聴いておいていただいた方がいいから、父上に起きていただいたら」

と申され、父に病床から起き出してもらい、見通して次の間の火鉢の前に座ってもらいました。そして、居木井と同伴の福士刑事を招き入れ、造った席についてもらい、

「ご用件は」

とききました。

居木井は卓上に置いてあった名刺を指さし

「私は警視庁から来たのですが、先生は松井蔚博士をご存じですね」

「はい、知っております」

「どういうご縁ですか」

「青函連絡船で同室での知り合いです」

「その時名刺交換したんですねっ」

「はい、その通りです」

「その名刺お持ちですかっ」

「その名刺は紙幣入れに入れてあったんですが、三河島駅で電車の雑踏でスリにすられてしまいま

して、すぐ駅の下の交番に届けました」

「先生、この絵は何というのですか」

「これはテンペラ画といいますが、本当は［密陀絵］といって法隆寺の壁画と同一描法のものなのです」

「めずらしい絵なのですね。ところで先生、写真ございませんか」

そばに茶を注いだ茶碗を差し出して、

「どうぞ粗茶ですが」

といいながら、この話をきいていた母は、

「近頃写しませんので写真ございませんのよ」

と代わって答えてくれました。

（この時福士刑事同伴でした）

これが第一回の面会でした。


一ヶ月近くたって、第一回に居木井が同伴の福士刑事が一人で来ました。そして、

「ずうっと北海道中部都市の、松井名刺交換者を調べて来ました。そして今夜帰京しますので、お別れの午餐会という訳で先生をお迎えに居木井の名代で来ました」

というので平沢は招かれていったのです。すると小樽署の司法主任以下刑事三人が、グデングデンに酔いしれているのです。（後日この司法主任は「そんな事実はありません、私が出席したなど嘘です」と偽証しています）

当時の闇料理屋の闇酒宴《さかもり》ですから、この偽証は証拠で明らかであります。

「ヤア先生ッ、よくきて下さいました。さあさ一献ッ」

といって盃をさし出す居木井でした。

平沢はうけたまま膳の上において呑みませんでした。

「先生、珍しいビフテキで銀シャリ一膳、いかがです」

平沢は、

「今昼食はすませた所ですから、もう入りません」

と答えました。

「それなら……福士刑事ッお茶を」

と言いました。言葉がまだ居木井の唇に残っている瞬間、サッと茶碗の乗った盆が平沢の目の前にありました。

「純当《ほんとう》の砂糖菓子ですよ」

の居木井の言葉をききながら、半分に割って口に入れ、茶を口に入れましたら、冷たい水のように冷えた茶でした。

この時福士は、

「せっかく先生が来て下さったんですから、お持ちの写真機で記念写真は」

と言いました。

居木井は立って写真機をいじり出しましたが酔っていてセルフタイマーを合わすことが出来ないのです。見かねた司法主任は窓から向かいの家に向かって、

「ちょっと来い」

と大声で呼び、向かいの男が来るとすぐ、何も言わないのに写真機を手に
「皆さんお揃いですか、さあ撮りますよ」

といい、一同を列座させてさっさと撮影しました。

「何も言わずに撮影したのは打合せてあった証拠」とすぐわかりました。そしてこの写真の中の後列に司法主任もちゃんと写っているのです。「そんな会合知りません。行ったこともないのです」と証言した人間が「何故ちゃんと写真に写されているのですか」。

注　後任として名刺捜査班長となった居木井警部補は、事故名刺を洗っていくうちに平沢に新たな懐疑を持つ。平沢は弟が死んでもなかなか小樽から上京しない。両親が病気であるという。初めての面談の際、両親は健康そうに見え、平沢の顔は手配人相に酷似、東京に家を新築しているが（事件前年の九月に新築）絵は小学生の図画のようであり大金の入手は不可能に思え、アリバイにも疑点があると、数々の疑惑を抱く。以後、平沢に執念を持ち、捜査本部の反対を押し切って自費で捜査をつづけるに至る。六月十三日、居木井警部補らは平沢の写真を撮り、帰京後四名の生存者に見せたが、全員が「犯人ではない」と証言した。

やはり逮捕のワナだった

それから一週間位でしたか十日位でしたか経過して、平沢が個人展覧会用の絵を描いていると、弟の妻が、

「お兄さん、福士さんが」

と言って刑事と一緒に入ってきました。

福士は弟の妻を押しのけて、

「東京の中野のお宅は皆様お元気ですよ。ああそうそう（これが常套《じょうとう》のテクニック）奥さんから何か居木井がお預かりして、今小樽署の外に二人松井名刺を持ったのがいて調べに来ていますよ。私もこれから行くところですから、ご一緒に行かれて奥様からのおことづけおききになりませんか」

との欺導でした。平沢は母に、

「ではちょっと行ってきましょう。この描いている絵は帰って続きを描きますから、このままにしておいて下さい」

といって「これが今世最後《いまわ》の訣別《わかれ》となるとも知らず」福士に誘われて小樽署へ。

玄関に居木井は陰鬱な顔をして立っていました。平沢の姿に気がつくとすぐ相好を崩して笑顔となり、

「ヤア先生。よく来て下さいましたっ。さあさ、どうぞどうぞこちらへ」

と案内する居木井でした。

見ますと入口の柱には、「司法主任室」とありました。壁の前に座席イスを置ける横通りをとった前に、長大卓《テーブル》があり、その二尺位に後もたれなき小丸イスが据えてあり、

「かけて下さい」

と言う居木井でした。

居木井は長大卓と壁の間を前に歩き、突き当たるとユウターン、回れ右を繰り返して歩きづめで、平沢に問いかけの時機を与えないのです。

すると左のドアーが開いて二人の私服が並んで入ってきて、居木井とテーブルをはさんで立ちました。

居木井は二人に向かい、

「ここにお出でになるのは有名な平沢大暲画伯だ。画伯は松井博士と名刺を交換されたことに責任を感じられて犯人逮捕にご協力下されているのに、きさまら二人のざまは何事だっ、申し訳ないと思わんかっ……申し訳ないと思ったら、お傍に行ってお詫びしろっ」

と一濁千里の言葉でした。

二人は富塚部長の後を通り、福士刑事の横から平沢の背後に出て、左右両側に並び進み、左右から平沢を挾んで立ち、最敬礼を為しつつ両人の手先が平沢の左右の拳に触れんとする瞬間、居木井と富塚は隠し持っていたピストルを平沢に向け、無言のホールドアップをなし、二刑事をして平沢の両手を別々にねじあげ、福士をして手錠をかけさせたのでした。（略）

手錠をかけて、手錠についている細引きを左右別々に大テーブルの脚にしばりつけ、オーバー、洋服、ワイシャツ、下着と猿股まで剥ぎとり、丸裸にし、服のポケットに入っていたものを全部、二刑事がヌキ出して、大テーブルの上に並べました。

居木井はそれを一々手に持って内を調べました。

平沢はあまりの侮辱に怒りました。何故、度々宅に来ているんだもの、今度も自分で来て、「これこれの事件で疑いがかかっていますので、ご一緒に来ていただかなければなりませんので、ご同道下さい」と言わなかったのだ。

そうすれば父母に［身に疑われるような事実はなく、来年八月一日の父の米寿、母の喜の字祝には必ず帰って来ますから」とお誓いして出たものを、逮捕状も示さず、「陥穴《おとしあな》式《しき》で手錠をかけるなんて何という侮辱だろう」と思うと怒りは爆発して、

「居木井さん、アンタ卑怯ですね！」

と叫んだのです。居木井は手にして調べていた紙幣入れを、バッタリ床に落としてふるえ上がりました。

本当のことを言ったことの無い居木井も、後の法廷でこのことだけ真実を言って立証していました。

［昭和五十二年二月二十一日記］

居木井は、私の持っていた金、所持品を調べ上げますと、猿股とワイシャツとズボンと上衣だけを着せ、

「さあ、これから全国三十二か所の家宅捜査だ。こいつは下にぶち込んで見張れ」

と若い刑事に命じました。刑事は縄尻をとって、地階の留置所に私を引っ立てたのです。

その日の直後のことです。居木井は、再び留置房に現れました。

「出ろ」

と叫び、手錠の細引きを自分で握りました。富塚部長も一方の縄尻をとりました。

「歩けっ」

平沢は、はじめて囚人として引き立てられる身になったのです。

廊下をまがりかかると、長男と平沢の弟が、蒼白な不安そうな顔で立っておりました。

父母へ伝言を頼もうと思って寄って行きますと、背後からぐっと手錠が引かれました。

平沢は叫びました。

「お父さんは何も知らない。私は犯人ではない。命をかけても冤罪《えんざい》を証《あか》すからな」

さらに両親への言葉をいいかけると、息子たちが、あとを追ってきました。

五人の刑事がスクラムを組んで、その間をおし隔てました。

刑事たちは、私を車寄せへ押し出し、つづいてハイヤーに押し入れました。車は一路小樽駅へ。

［昭和四十年二月十八日記］

注　居木井警部補は「平沢容疑二十一カ条」をもって藤田刑事部長に直訴。八月十三日、幹部の捜査会議が開かれ、大方が反対意見であったが、藤田刑事部長は何故か平沢の逮捕を認めた。

炎暑下十五時間の護送

平沢を中心に手錠の細引きを、右手を居木井、左手を富塚が持って、人に見えやすくして改札口に堵列《とれつ》する乗客のそばを通らせ、勝手に改札口を開けて私をホームに押し出しました。

入って来た列車に居木井、平沢、富塚、三刑事の順で乗り込み、三等車の四人組一ボックスの乗客に、

「立てっ、空けろ」

と居木井は命じ、席を占領しました。

腰かけの向かい合せの四席、窓際に二刑事、内側に一刑事、その前に平沢を腰かけさせ、居木井と富塚は通路に立番していました。

居木井は記者か入ってくると、声高に、

「俺達五人は、帝銀事件犯人平沢貞通を命がけで逮捕して来たんだぞっ」

と［帝銀事件犯人平沢貞通］と断言したのでした。

その言明は、長万部《おしゃまんべ》と函館と、青森駅、東北線列車中と数回ありました。

連絡船は一等船室が一室用意してありました。

そして、入り口一人、廊下に二人、船窓に二人、外から立番でした。

居木井は青森に後一時間位で着くかと思う頃、ベッドの棒に手錠の細引きを結んだ寝台に自分の腰かけているイスを密着させて、富塚に顎をしゃくると、富塚は室外に出ました。

「平沢っ」

と優しく言い、

「俺はお前の長女のユキを妾にしているんだぞっ。だからお前の中野の家の月々の暮らしの経費は、全部俺が支給しているんだぞ。ユキの父なら、旦那の俺にも父だものなぁ、悪くする訳は無いさなぁ……だから俺は職業がら懇意な裁判官によく頼んで、刑を軽くまけて貰ってやるからな……。随分、多勢、俺の逮捕した者を、裁判官に頼んで刑をまけてもらってやっているんだぞっ。だから東京に着いたら、俺にだけはスッカリ白状しろよなぁ。ほかの奴等には一言も自白するなよ」

と言いました。

青森駅ではさっさと停車していた上野行き列車に、今度は二等車に勝手に乗り込み、一ボックスを占領しました。

一般乗客の改札とともに乗客が多勢ドッと車窓に殺到しました。

また、居木井の、

「帝銀事件犯人平沢貞通を、俺たち五人は命がけで逮捕してきたんだぞっ」

の後、何かヒソヒソと記者に低音で言っていましたが、低音できこえませんでした。

盛岡を過ぎた頃、居木井は三等から二等へ乗換の料金を支払っているのが望見されました。

仙台通過の頃、富塚は居木井に向かい、

「これでは記者連は平駅辺りまで出てくるぞ、今のうちに座席の上に横にしたら」

と言いました。

「そうだなっ」

と居木井は答えて、

「寝ろっ」

と座席を指さしました。

平沢を席に寝かせて、頭の上から毛布をかけ、顔とおぼしき部分の上に帽子をのせたらしく、しばらくすると足が麻痺、真夏八十度（摂氏二十七度）を超す暑さの中を毛布で包まれているのです

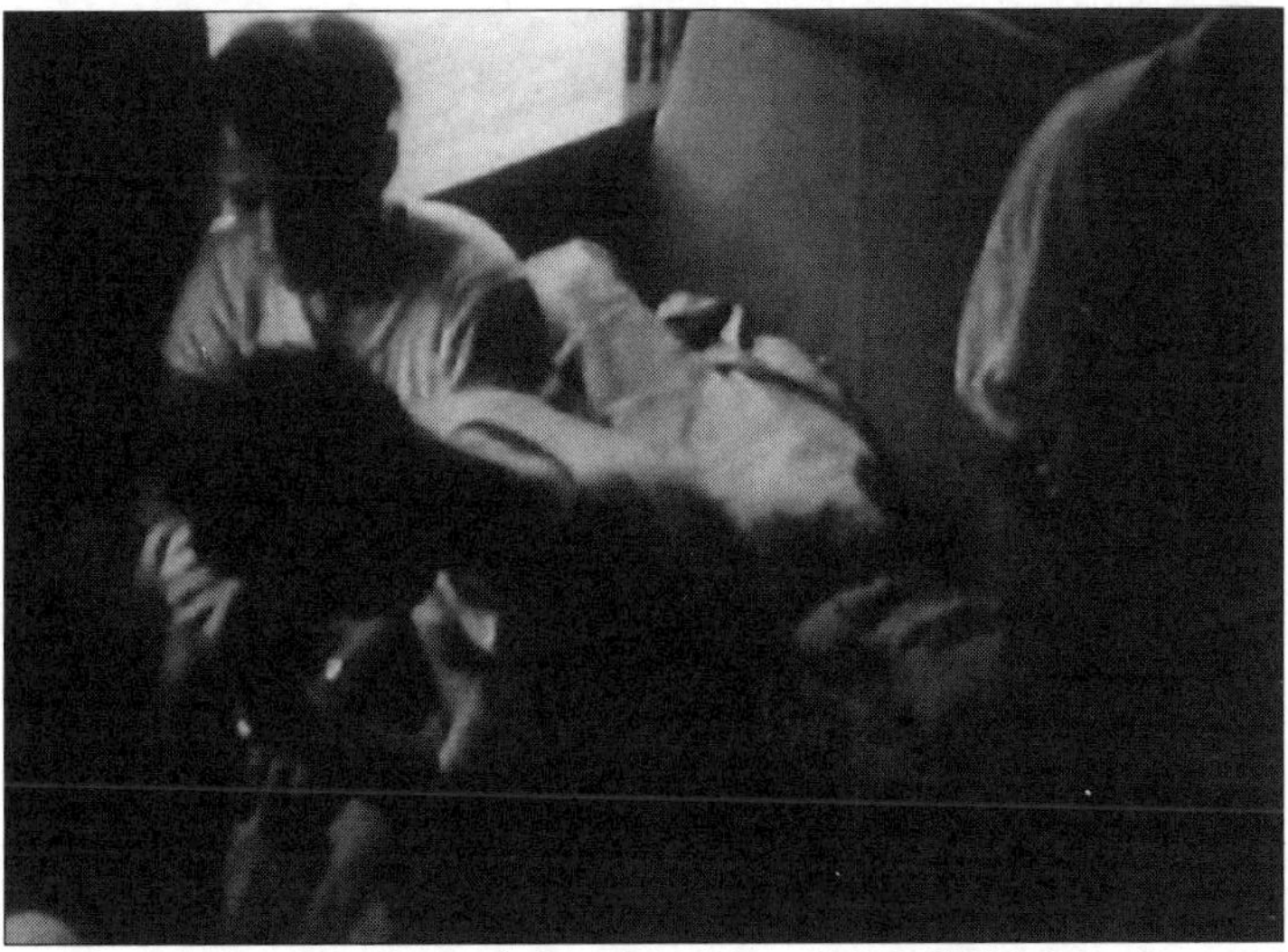

毛布にくるまれて座席に寝かされ、東京へ移送される

から……。その暑さに汗は滴《したた》り落ち、まるで汗の湯に入っているようで、身動き出来なくなってしまいました。

平駅らしく、記者団がドッと押し込んできました。そして居木井と押し問答です。

「写真を写させろ」

「ナラヌッ」

「顔を見せろ」

「ナラヌッ」

と、数人の記者との応答でした。記者達は手荷物の網棚を整理して腰かけ、平沢の毛布ぐるみに、写真機のレンズを俯観させていました。

そして、十五時間一滴の水も呑ませず、小便もさせずに横倒しにして上野駅へでした。

上野駅は、「平沢ダア」の叫びの群衆で着車ホームは埋まり、駅長は着車ホームを換えて着車させたのでした。

駅についても平沢はシビレで立つことができず、五刑事に助け起こされ立たされましたが、汗はズボンから滴下し、歩くことはできませんでした。

群衆は「ワッ」と変わったホームへ押し寄せ、平沢等はまさにホームに突き落とされそうでした。やっとホームに下り立つと、居木井等は平沢を囲んで一団となり、群衆を蹴散らし押し分けて、貨物用大エレベーターに乗り込み、動かして地下と一階の中間に停止して群衆からのがれました。

かくては果てじと感じたのでしょうか、居木井は、

「スクラムで突破だ」

と叫び、エレベーターを一階に上げ扉をあけて、平沢を中心に囲んで改札口へ群衆を足蹴にしつつ突走りました。

そして、待っていたハイヤーに雪崩《なだれ》込んで、全速力で交差点ではストップも無視で駒込署に横づけました。

署に入ると平沢の濡れた服をぬがせて乾し、一睡もしていないのですから「寝ろ」と命じました。寝ているうちに二銀行員に面の鑑定をさせた由です。

一人は「全然ちがう別人」と、一人は「似ているが傷やシミがない」と鑑定した由であります。どの泣寝ていましたか、起こされて、服を着せられ、手錠（は寝ていてもかけたままでしたが）をかけられ、一路警視庁へでした。

注　居木井警部補等の平沢逮捕・護送のあり方は、当時人権蹂躙として世論の批判を招き、法務大臣は国会で陳謝し、居木井警部補等は謹慎処分となった。護送の途中、平沢を犯人と断定する言動を取ったからである。また、炎暑下、毛布とタオルと上着で頭からすっぽり包み、長時間荷物と同様に護送した取扱いも問題となった。当時共同通信の記者であった田英夫氏は、平から箱乗りして平沢の写真を撮ろうとしたが、頭から布をかぶせられ、東京到着まで水も食事もとらせず、トイレにも立たせず、ついに取材も顔写真も撮れなかったと証言している。同行した長島カメラマンはその様子を写真に撮った。居木井警部補は、保護するためにやったことで、大タオルとか毛布などではなく、レインコートをかけただけだと反論している。

真犯人扱いの取調べ

着庁すぐ、三九号調室に入り、呼び出してあった証人（被害者、銀行員）の列座の前に平沢を着席させ、居木井は口を開いて、

「コラ、きさまは、天地神人も許さざる大悪党で、殴り殺してもいい奴なんだぞっ、すっかり自白しろ」

とドナリつけ、各証人に陳列してある証拠品の鑑定を求めました。

各証人は一々証拠品を手にとってみて、一つ一つ、

「ちがいます。こんな洋服ではありませんでした。第一布地がちがいます。もっと厚地の毛深いもので、色がもっと濃い青地のものでした。帽子ももっと模様が大きい格子のものでこの帽子ではありません。オーバーも全然ちがい、これではありません」（と以上は全員同一でした）

また二支店長は、

「カバンは、この国防色布地ではなく、白ズックの布地で、第一フタを止めるのにもこのボタン止めではなく、紐で結ぶ式でした。すぐ目の前で見たのですから間違いありません」

と絶対証言された時には、居木井は萎《しお》れました。

そして人相鑑定結果を別室できくため、居木井は引きあげました。

証人は一々平沢の周りをまわってみて、居木井のいる別室に行くのですが、どの証人もすぐ帰って来るのです。

なかでも二人組の女行員は、数回帰って来て困ったあげくでしょう、

「ねえ、いくら『犯人だ』と言えといったってね……」

「ソウヨ、ソウヨ、犯人とちがう人を犯人とは言えないわ」

「犯人でないんですものね」

と声高の会話で入って来たのです。

立会看守をしていた新警部は、これを制しもせず、

「何ていうざまだ。一人も犯人という証人が無いなんて」

とむしろ謳歌《ママ》するようでした。

かくて一人も「犯人」と言う証人なく、全員「犯人でない」と鑑定証言したのでした。

居木井等はマッ青になり、ヒョロヒョロと入って来て、ウロウロと出て行くのでした。

その三回目に、

「出ろ、歩け」

と立たせ、後から押して歩かせるのでした。

そして三七号調室のドアーを開けて、

「入れっ」

でした。

中には長大テーブルの前に、またも後もたれなき丸小イスがそなえてあり、それを指さし、

「かけろ」

という居木井でした。

そして平沢が腰かけると、待っていた平塚刑事は、その長大テーブルに半尻をのせ、滑り止《(スパイク)》を打った靴のかかとを斜めに立てて、平沢の左の膝にのせて置き、白手拭で鉢巻をなし、手を頭上に大

きく振りまわし、

「何が画伯だ、この悪党！ すっかりネタはあがっているのだぞっ、すっかりと泥をはいてしまえっ」

と怒鳴るのでした。平沢のイスに密接して座していた飯田は、

「そうガミガミ言うな。優しく言ってもわかるじゃないか」

と制するのでした。

すると右側に（平沢の）モモと膝頭を密接して腰かけていた居木井は、両膝頭を合わせグッとつまみ上げるように強圧するのでした。余程でないとできない拷問業の責苦を加えました。

そして立ち上がり、手のヒラを平沢の胸に当てて擦《こす》り上げつつ、

「ほら出て来た、ほらここまで出て来た、ほら出してしまえっ」

というのです。

余りの侮辱に歯をくいしばってがまんする平沢でした。平沢が何も言わないと、居木井は平塚に顎をしゃくって合図し、平塚はまた手を振り上げて、

「何が画伯だっ、ネタはすっかり上がっているんだぞっ……」

をくりかえしてドナリ散らすのです。

余りの侮辱に怒ったことのない平沢も、よし、「なぐり殺してもいいんだぞっ」と言った時「殴れ」と言おう。そして殴ったら、すぐ「正当防衛だ」と叫んで、一と当てて肋《あばら》の二、三本折ってやろう、と覚悟し、大東流柔術の奥義の当て身の拳を握って、

「殴れ」

と叫んだのです。

居木井の目くばせで平塚は殴りませんでした。

かく平塚がドナッテ、飯田が制止して、居木井が「ホラ二寸ホラ三寸」のなであげの順序正しいくりかえしが六回だったことが、太股《ふともも》つまみ上げの傷跡紫斑が六個だったことから証拠立てられたのでした。

そしてついに、居木井は調書に、

「犯人でないから犯行は知らないから言えません」

との意味のことをかいて、

「拇印だ」

とニラミつけたのでした。

その日それから後、どうしたか記憶が全然ない程自分の刺激は痛烈でした。房にいつ帰ったのかも一切不明でした。


そして、居木井等は［誤逮捕］で懲戒処分で謹慎おおせつけられ、蟄居させられ手を引かされたのでした。

後、この謹慎後は、代って取調べに高木検事が一室を締切って、取調べの模様が記者連にわからないように閉じこもって、何人も入れずに取調べをしたのです。

この一連の居木井等の不正が明らかになり、居木井

取調室

が［帝銀真犯人平沢貞通逮捕と言ったこと］が問題になり、国会で法相が陳謝する一幕がありました。

それから拷問のことを問責されて後、［帝銀事件真犯人平沢貞通］と宣伝したことを追及されるや、居木井は、

「とんでもないっ、私は逮捕してきた責任上、着京当日中に平沢に『私は帝銀の犯罪を犯しました』と自白させておりましたです」

と大嘘を言いました。

が、これが裁判記録に、

［平沢貞通は着京当日帝銀の犯人であることを居木井に自白した］

と記録され、断罪の資料となっているのでしたら、正者何人でも総犯罪人にされてしまいます。

［昭和五十二年二月二十一日記］

注　護送で心身ともに衰弱した後、すぐに目撃者による面通しと取調べが行われた。面通しは、生存被害者三名と目撃者三名は「犯人と違う」と断言、残り五名は「似ている」という結果であった。比率は六対五。「犯人だ」という者は一人もいなかった。

面通し後、刑事から拷問を受けたと平沢は主張しているが、密室のことなので証明はできない。居木井警部補はその調べ室で取調べをしたことは認めたが、拷問については否定し、「このとき平沢は自分の犯行を自供した」と主張した。だが、それを上司に報告もしておらず、自白調書も取っていなかったのは事実である。

二　隠されていた三度の自殺未遂

死をもって無実を

その日は、検事は調書をとることもなく、そのまま房（第六房）におろされました。その帰る時、検事の前の硯函の上にガラスペンがあるのに気づき、検事の隙を見て、ガラスのところを折って持ち帰りました。

六房は雑居房でした。帰ると、みんなが、

「どうでした」

ときいてくれました。厚く礼をいい、

「こんな侮辱をうけるくらいなら、死んだ方がいいではありませんか」

というと、二、三人が目を見合わせていました。

毛布にくるまって寝ましたが、どうしても寝つかれません。いろいろ父母のことを思うと、胸が張りさけるような気になり、目はつぶっていても、心は冴える一方です。

みんなは熟睡したらしく、二時半か三時頃とおぼしき頃、巡回の足も遠くなりました。

平沢は寝たままガラスペンの軸に刺さっている根方の方で、石の壁面に、

「首実験にて犯人と非らざること判明《わかり》けむ、

されど疑われたるの侮辱は死に値す。

御厚情を辱《かたじけの》うせる諸賢の御清栄を祈り奉り
一死を以て真正を証す。」

と刻書し、ガラスペン先をもって左手首橈骨動脈（検脈部）を、横五分ほど切りましたが、鈍くて切れないのです。で、ペン先を歯で噛み割り、鋭利な割れ目で再び切りましたら、深く切れないうちにまた切れなくなるのです。

そこで、血を指先にすくって、壁の右隅に
「父母の老幸《さち》祈り独り証かし旅」

と父母への謝詫《わび》の心をこめた辞世を血書して、その上に富士山の絵を線書きして、あまった血を使いました。

それからまたペンを噛み割りますと、歯が一本折れてしまいました。つぎの歯でまた噛み割り、また深く掘るように刺し切りました。

およそ三分ぐらい深く切れたと思うのですが、血の出が少ないのです。

今度は最後と思い、ガラスペンを噛み割って、切った中をグルグルと深く刺しながら、スリバチをするように歯をくいしばってかきまわしました。

すると、ブスッというような感じがして、ドッと血が噴き出しました。ああ動脈が切れてよかったと思い、毛布をよごさぬようと思う念慮から、ハンカチの上に掌をおきました。

水の底に沈んで行くような気分になり、火花のようなものが瞼のうらに見えたと思うと、気が遠くなり、後は何もわからなくなってしまいました。

何時間たちましたか、チクッと股の間に針が刺ったような痛さが、おぼろげながら感じました。

「ああ、注射がきいて来た。脈がわかる！」

という声が聞こえて来ました。そして、今度は腕にチクッと注射を感じましたが、ガヤガヤという話声がだんだん薄くなり、また人事不省になってしまいました。

またチクチクと手首の切った中が、何かでかきまわされる痛さで、気がつきました。

「だいぶ切ったな、何回も、……。かけらは入っていなかった。よかった。助かって」

第一の医師とは声がちがっていました。何だか、夜が明けているように思われました。

「どうも左の脚がまがり、左の腕もまがっている。半身不随の気があるな」

といっているのまできこえて、

「別の医者が来たのか」

と思うと、また昏睡におちこみました。いつ起こされたか、起きたか不明です。

この昏睡は、出血もありますが、十五時間しびれきり、横たおしの疲労のあらわれもありましたことと思います。

助けられて調室三七号室へ行きますと、鉄製洋式ベッドが用意されていて、

「寝なさい」

といって、検事は臨床訊問に入りました。が、訊問でなく、警察病院の外科部長の創痍検診でした。

内部を開いて針先でかきまわし、触感でガラス破片をさがすのですから、かなり時間を要し、相当の鋭い刺痛でした。

やはり診断の結果は、他の医師と似たりよったりで、ただ、ハンカチについていた血液がゼラチ

ンの板のように厚いので、

「出血量四・五リットル」

といいかけて、

「いや、それより化膿防止の薬を与えましょう」

と出血量をぼかしたことで、前山田雄三医師が、

「この程度としては重すぎると思うから、あるいは毒薬をのんだと思われるから、警視庁直属、または部専門医師に、毒薬を飲んだかの有無を調べてもらいたい。措置として強心剤の注射を打っておいた」

との申し残しに対する診断はなかった由です。

これは「留置場内動静報告書」（昭和二十三年八月二十五日）で、明察できたところでございます。三医師が駆けつけ、交替で処置と応急手当で、徹夜で一命をとりとめたのでした。

〔昭和四十年二月十八日記〕

注　平沢は警視庁に留置されてから三日目の八月二十五日早朝、自殺を企てた。当局はことのイキサツを隠そうとした。しかし、平沢シロ説であった成智警部補が新聞記者に情報を流して明らかにされた。「動静報告書」とは、容疑者の監視報告書である。この文書は救う会が再審請求に際し入手した。当時の取調べ状況、平沢の健康状態、そして自殺未遂についての診断等が克明に記されており、いかに苛酷な状況で取調べがなされたかが明らかにされた。検事の聴取書はこの自殺未遂のあった翌日から始まっている。

精神的拷問による取調べ

二十六日の朝は食事もどうしたか記憶がありません。ただ死んで証を立てるという念が果たされなかった事を残念に思う心でいっぱいでした。

昼頃、刑事が連れて来てくれて助けられて呼出しに応じたと思います。三七号室に行って見ると、ベッドが本式に設備してあり、その上にねかされての訊問がありました。高木検事であります。形の如く弁護士がいるかとかいろいろあって、

「山田義夫君とは同窓でもあり、以前から知己だから、山田君一人だけ御願いする」

と答えたことでした。

それから検事はとても優しくしてくれるので、いくらか心も落ちつき頭も楽になり、「僕に好意してくれる好い検事だ」と印象づけられたことでした。

そしてその日すでに、

「人の死するやその言正し、いかなる悪党といえどもその死ぬ際には真実のことを言うものだ」

といい、また、

「罪を憎んで人を憎まず」

と言うのをききました。

その時、「だから僕は犯人でない証をたてるために死を決行したのだ」と言おうとしたが……「いわなくとも壁の遺書だけでもわがるはずだ」と思って何も言いませんでした。

この日は調べらしい調べもなくて終わったと思いますが、房に帰る時の捜見がとても大変になっ

てしまいました。猿股一つになってしまったあとは背縫目から草りの裏ゴムのぬい目まではがして調べるという御丁寧さになって、十五分もかかることさえあるようになってしまいました。

房に帰ると誰もいなく、「オヤ」と思うと担当の巡査が私に向かって、

「今日から独房ですよ。この房は春、関根の親分が独りで一ケ月以上いた房ですから、先生でこの年二回目ですよ」

と話していました。

七時頃、就寝につきましたが、どうしても寝られないのです。眼はつぶっていても頭はやめる眼は冴えるばかりでした。明け方一時間ばかりうとうとしただけで朝になってしまいました。それに毎晩寝ると必ず背柱が痺れてしまって、どうしても寝がえりばかりうっていることでした。それで安眠ができず頭のガンガンはつのるばかりでした。

それから三、四日間ばかりは別に大した事件はなく過ぎたと思います。ただ頭の狂に近い刺撃《ママ》のために起きるまで、答の食い違いのために、検事の感情がだんだんわるくなって行った位のことだったと思います。

体は板張りの上に寝起きするため持病の痔からの出血はだんだんひどくなり、夜は依然として寝られず、痺れには襲われるという具合でした。寝られぬ時には思いが一層つのり、いかにしてこの潔白を証すべきかと思い込み、不眠を一層深めてしまう一方でした。

その頃、弁当の魚の中毒で下痢を起こし、フラフラを強調してしまい、痔の出血で倒れたり、体の具合も頭の悪さと正比例をしめすようになり、睡眠が一時間ちょっとに習慣づいてしまったよう

でした。

その代わり昼間ちょっと心がゆるむとすぐ居眠りが出て困りました。

かくて九月に入り検事の態度は一変してしまいました。

ある日何となくなごやかなゆったりしたような気分の時でした。検事は、

「平沢、お前！　荏原の銀行で皆に呑ませた薬は、色があったというじゃないか、一体何をのませたのだ」

とあっさりと問うのです。自分はハテ何を言うのかと、きいているうちに、「荏原の銀行」と言い「色があったじゃないか」となり、ようようそれと判明したのですが、「ひどいことを言う検事だ」と、思うとたまらなくなり、口惜し涙がポロポロと湧き出して来て落涙しました。そして、

「検事様、アンマリだ。アンマリです」

と口惜しさが口からほとばしり出ました。すると検事は、

「ああそうか……そうか……すまなかったなあ」

と私の顔をグッと睨んで離れなかった蛇のような眼をやっと外《ママ》らしました。

この時私は、初め手《ママ》優しくしたのは安芸者が初め客を虜にする時、用う下劣な「アノ手」だったのだなあと感じたことでした。

それから二、三日して自分は、「検事様は心がわりがしましたね」と言ったほど、態度が急変してきました。

そして検事の調べがあくどくなり、卑劣を極めたので、頭はまた割れるか発狂かと自憂ぜずにいられなくなってきました。小康を得たいと思ったのも五、六日で、また蜂の巣をつっついたように

なってしまいました。

何とかならないものかしら、こんなことなら死んだ方がいい、「死んだほうが楽だ。何とか死ねないものか」「それとも五、六日前のようにもう一度検事が親切にしてくれないものか」と頭の中でこの二つの話が押し合いへし合いしていたことでした。

その結果、「先ず検事の御機嫌をとって見よう」と決心したのでした。決心して呼び出された時、コーヒーの話をしだして、

「ほんもののコーヒーが宅にありますから御いれしましょう」

と御機嫌をとり、二、三日して、

「差し入れがあったよ」

と検事が上機嫌で言うので部屋にいつもいる鈴木刑事に湯沸しをもって来させ、コーヒーをいれ、それを沸かさせて皆と呑みましたが、自分には「つらい味のコーヒー」でありました。

いくらかこれでやわらいでくれるかと安堵しかけていましたが、取調べは依然としてきつかったのです。

ちょうどその頃、夜寝ていると右外側の廊下の窓から眼を覆面した居木井警部補が（ヒゲが出ているので判明）ピストルをもち、私の顔のあたりをねらおうとしているのです。脅しかもしれないが、これには困りました。しかたないので自分でピストルをもったような格好をして相対すると、ピストルをひっこめて下って行く……。

その晩は四回。翌日は二回。二晩つづけてのことでした。そのためにはまた来るか来るかと思うと寝られず、三晩一睡もできませんでした。そのため頭は、四面八面からいじめられるという有様

で刺撃《ママ》に比例してますます混乱してしまい終戦の年が二十一年に思えたり新円封鎖が二十二年になったりしてしまっての錯覚から検事を怒らせることが度々になってきました。

［昭和二十四年記］

平沢はこれらの耐えがたい侮辱に拘禁精神病は昂進し、徹夜実に八夜に及ばしめ、その狂度は、

「高橋是清と犬養毅を暗殺したのは俺だった」

と自信せしめたほどでした。

彼の無良心は憲法を忘却して完全な精神的拷問を用意しました。

検事は用意していた虚偽をまず平沢に浴びせました。

「平沢、お前の女房も子もお前の罪を詫びて泣いているぞっ」

と事実無根のことを言って平沢の胸に錐《きり》を刺し貫かれた思いをさせました。

これほどの拷問がありましょうか！

ついで実在の事実を付随しました。

「お前の孫の京子は学校にも行けず泣いているぞ」

と、言心の痛傷《ママ》を深めました。

その夜、平沢は十一時帰房就床をしましたが、目をふさいでも一睡もできず朝でした。

検事はまた新策をもって惨虐な拷問を果たしました。

「オイ平沢、お前絵を描かせてやろうか」

とまず言い、平沢を号泣させました。そして言葉を次いで、

「ナア帝銀の遺族にも一枚宛書いてやれよナァ」

と言い平沢の悲憤は胸に凶刃を刺し貫かれた思いの口惜しさでした。

〔昭和三十二年記〕

注　連日の激しい訊問の日がつづき、平沢はしきりに頭の苦しさを訴え、睡眠不足、精神錯乱、そして幻覚症状さえ呈するようになった。誰でも逮捕拘禁されると著しい不安孤独な状態となり、特殊な心理状態に陥る。これを拘禁反応という。これが進むと拘禁精神病となる。原因は、甚だしき心痛、暗示、拘禁等の心的影響から生じ、その症状は興奮、昏迷もうろう状態、鬱状態、そして妄想幻覚などをあらわす。平沢はコルサコフ病という脳炎の後遺症があり、それは一層促進されたものと思われる。

生と死の間で

翌日、いつもよりも早く呼出しがあって出て行くと、検事はまだ来たばかりらしく、そこに床屋が来ていて、顔を安全カミソリでそり終ってから、頭を刈りにかかったのです。そして検事にむかって、

「この位ですか……これでいいですか……もう少し短くですか……これでいいですね」

とききつつ刈り上げて帰って行きました。

「ハハア犯人に仕立てるつもりだナ」と自分は刈込み最中に思いましたが、「アア何とでもしろ」とは思いつつも、キリをまた頭につきさされた心地で辛かったのです。

この時、居木井も来て見ていましたが、「もう少し短くてもいいでしょう」とか、「理髪料は平沢の所持金がアッチに預かってあるから帰りに渡すから、床屋さん、帰りに私のところによりなさい」

とか言って自分の部屋に引きあげて行きました。

すむと房に帰ってもよいと言うので、「調べはないのかしら」と自分は思いつつ帰房したことでした。

午後、また呼び出されました。調べ室に入ると驚きました。テーブルが二尺ほど前に引出されてその向側に四脚のイスが並び、そのイスに四人の知らない人が腰かけているのです。その前に私のイスがあり坐《すわ》らされました。すると私の右サイドに坐っていた検事は、

「平沢お前は随分わるい事をしても、何とも思わないのか……人様に少しは恥かしいと思わないのか。少し恥を知ったらどうだ」

とか、とにかくボッとしてしまって、いつ坐ったか覚えていない位ですから検事の言った言も正確な覚えはありませんが、とにかく首実験の人によくない印象を与えるために特に用意した言葉を吐いたのは事実でした。(この間の四日から七日までの睡眠時間一時間三十分)

かくて頭を刈ってからの首実験は毎日毎日でした。そうしながら調書づくりです。自分はもうこまで侮辱されては発狂だ……今でも気が狂うのではないか、と思ってその夜はまた一睡もできず、房の付添の巡査が戸をあけて入って来て、

「どうした、寝られないのか。寝なくちゃ駄目だよ」

と言ってくれたので、外廊下を向いて、「ツクリイビキ」をかいて、寝たふりをしたのでした。「ツクリイビキ」をかいて夜明けをまったことは十数回あったことでした。調べはいよいよ苛烈となり、「これではどうしても犯人とされるまでは、いじめられるんだなあ……」と涙したことでした。

「この脅迫からのがれるには自ら進んで犯人になる外はない、人は『死ぬほどつらいことはない』

と言うが俺は今死ぬ方が楽だ。この頭の苦しさで生きているのは死ぬよりどれだけ辛いかしれない。死ぬ方が楽だ。最後は犯人になって死刑にして貰う外はないな。しかたない犯人になる外ないぞ」

と覚悟したのでした。

その頃でしたと思いますが、わりあいなごやかな気分の時でした。検事は、

「君の妻君はハイカラだってナァ……よく英語を使うそうじゃないか……夕飯の時なぞ『オールメソバーカムヒア』と言うそうじゃないか」

というのです。この前の「荏原の銀行で色のついた薬は何をのませたのだ」と言った時と同じ目つきでジッと私の顔を見つめていました。

けれども私はそんな記憶もなし、

「ハテナ、これはまた何かオトシ穴だぞ」

と思いました。

「そうですかしら」

とだけ返答しました。で、色々いやな気持ちで、ちょっと良いかと思うとまた追いかけてくる。これではとてもやりきれない。一日も早く自分で死ぬ工夫をしなければならないと思い、もしそれが不可能なら犯人となって死刑になる外、この頭の苦しさからのがれることはできない。

しかし死刑になる前、絞首台に上がる時には、大声で、

「私は真犯人ではない。外国では死刑にした後で、真犯人が出て、捕まって、その裁判をした人まで死刑になったという話をきいたことがありますが、今回ここでそれが行われようとしています。

何とぞ真犯人を捕えて、私の霊を慰めて下さい」

と立派に言って処刑されるのだ、と覚悟していました。

「ただ困ったことには、犯人になるとしたところで犯行の事実がわかっていないことだ。新聞やラジオや雑誌で見ききした位の知識しかない。しかたないから毎晩考えだして編集していっては、できただけずつ陳述するしかないな」

と考えました。

私は犯人ではない!

ちょうどその頃、第二回の床屋がきて頭を刈りました。

「また何かだな」と思うと、

「今度は写真だ」

と刑事が牢場へ連れていきました。

検事初め居木井ほか十名近くのもの刑事連が、中野の自宅から冬服からオーバー、長靴(長靴は昭和二十二年夏から脚気で足がむくみ重くて長靴等ははきたくても重くてはけませんでした)、短靴(赤黒二種)、カバン、ワイシャツ、ネクタイまで取り揃えて持ってきてありました。

「さあ、それを着ろ」

と一刑事が言うので、ワイシャツを着て、ネクタイをしめ服を着終ると、前向で一枚、横向一枚、斜が一枚、立って一枚、こんどは外套を着てまた同じように写す。今度は服を代えて帽子をかぶって、目がねをかけて、靴をはいて、カバンをかけて、警視庁にあった腕章まではめ、腕時計までは

めて、また写す。そのつぎは検事は、

「もっと眼を大きくひらけ」(寝不足の眼ですものといおうとしたが、いう元気がなくていえなかったことを覚えています)

「唇をもっとゆるめて」

とか、

「あごをひいて」

とか、まるで猿回しのような具合で写され、終りにはスキー帽までかぶされて写され、二十数枚写されました。

オカシかったのは、腕時計は服の袖のなかに入っている……

「服の袖のなかの時計が写りましたか、スキー帽は今年二月旭川で買ったのですよ」

とよほど言って笑ってやろうかと思ったことでしたが、心の涙がとめどもなく湧いて、そんなことは言えませんでした。この晩も昼間の刺撃《ママ》でろくろく寝《ママ》むられず、脳髄にさされたキリは益々深まるばかりでした。


その頃はもう呼び出しがあってもフラフラして、刑事が、

「大丈夫か」

といって、私の体をささえてくれて歩かせてくれる醜態の日が続きました。

ますます頭はいたく、

「あっどうしても犯人になるほかない、そして殺してもらうほかない」

とまで思いつめました。（略）

しかし、

「アヤフヤなことを言って苦心して犯人になるよりも自分で死ねたらなお早くてよい、どれだけ助かるかしれない」

とまた後もどりして考え込むこともありました。

そしてこの時分、検事の言う「人の死するやその言正し」がどうも自分に意味が違って聴かれるようになりました。というのは、

「どうもこう毎日毎日同じことを言うのは、これは俺に『死んでくれ』というのではないかな？『お前が生きていては俺も居木井も首が危ない。お前さえ死んでくれれば［平沢は犯行を悔いて死んだんだ］と言えばそれで助かるんだ。居木井の言葉を信じて逮捕状まで書いた俺を助けると思って死んでくれ』と言うんだな」

と思うようになりました。では、

「やはり自分で死ぬ方がいいな」

と、何とかして死ねないか……

「この室では窓はあるが大きなテーブルが前に二つも並んでいて飛びつけないし、壁はコンクリートではなくテックス張りだし、ただドアーの柱だけが頑丈だからこの柱で頭をくだけば死ねるな」

と思いつき、その日の午後、検事に、

「妻の弟が宅にいるのを呼んでくれれば、後のことを頼んで後のことを言いおいてから、すっかり

申し上げます」

と検事に言いました。（自白するとは言いませんでしたが、その日の朝の歌に犯行を悔いて、いかにも自白せずにいられなくなった、という意味を看取するような歌をつくって検事に見せたので、検事は自白するものと思ったらしい）

で検事は、『これは平沢自白するな。そのために弟に会って頼んでから自白するんだな』と思い込み、

「よし呼んでやろう」

と翌日、弟を呼んでくれました。

色々と後のことを頼み、「私は犯人ではありません」と声高く叫びつつ柱に頭を打ちつけるつもりで話しているうちに、同室していた足立刑事係長、がその柱の前に坐ってしまったので、とうとう飛びつくことが出来ませんでした。

で弟が帰ってから、

「言い忘れた事がありますから、もう一度明日呼んで下さい」

と頼み、翌日再度弟を呼んでもらい、話の半《なかば》に、

「私は犯人ではありません！」

と叫びつつ柱に頭を打ちつけました。が距離が三尺ばかりしかなく椅子に腰かけたままでの飛びつきでしたので、頭は割れず、ただグラグラしていた頭だっただけに目まいをひどく起こして、起きていられないほどのことでした。

［昭和二十四年記］

注　平沢の義弟は、手記で「ものすごい勢いでした。頭をぶつけたのですから痛かったでしょう。頭を抱えて苦しみだしました」とその時の様子を書いている。炎暑下の三十日の取調べの衰弱と場所のせまさからか、この自殺は失敗に終わった。この日の「動静報告書」によれば、帰房後平沢は頭痛の状態で頭を押さえ横臥し、食事も手をつけず苦しんでいたという。しかし、すぐに呼出しがあり頭を両手で押さえながら取調べ室に運ばれた。この翌朝、平沢はついに自供を始める。三十四日間犯行を否認して抵抗し通し、死のうとしても死ねず、心身ともに疲れはて限界に達したのである。九月二十三日のことだった。だが、平沢は再び自殺をはかる。

無念の涙

警察病院の外科部長と痔の係医長が二人で検事の目前で肛門をひらき診断して、

「二時と四時（時計の文字盤の位置）に病痕があり、この病痕腫穴は、四時の方は手術できるが、二時の方は大きくて手術できません」

と答えました。検事は、

「ではどうします」

といいました。医者は、

「坐薬しかありません。ただし、一日にそれ以上渡してはだめですよ。三個も五個も一度に渡して、もし一度にそれをのまれたら、生命はありませんからね。よく房の係に注意して、一日一個以上渡さないように、おいいつけ下さい」

と答えました。これを聞いた私は喜んだのです。

「有難い。これで死ねる。死んでこの拷問からのがれる唯一の道だ」

毎日渡される一個あてを使わずに貯めた上六日目に合掌して、涅槃経を奉誦し、仰臥し六個を一度に服用したのでした。

また合掌読経しつつ、刻一刻迫るはずの断命を待ったのでした。心はいささかの恐怖的感覚なく、嬉しい思いさえありました。

すると、胃の中に太い棒をのみこんだようになり、それをかきまわされるような苦しさが同時におそって来ました。嘔吐感です。吐いてはだめ、と吐かないように気をしずめました、が、ついに大衝き上げて、二回の嘔吐は止め得ませんでした。

全部吐いてしまいました。

「完全に死ねると思ったのに」

何の意味か、枕は濡れてしまいました。

〔昭和三十八年十二月記〕

三　三十七号調室、屈辱の日々

魔の時刻

「これ以上はもう犯人になって、処刑されて死ぬ外はない。いたしかたない、犯人にでも何でもなれ。そして殺してもらえばこの苦しみから救われるのだ」

と観念したことでした。

ただ困ったのはこの間から思いまどっていた犯行の告白ということだ。全く行ったことのない事を行ったとするのだから、ちょっと考えても矛盾や撞着がすぐ起きてしまう。

「よく考えて一段一段を言うほかはない」

と思いました。

そして翌日出て行った時は言おうと思ったがどうしても言えないし、ない事を言うのはむずかしいものとつくづく感じたことでした。そしてこれはやはり「おおせ」と両方で接して行くよりないと思いました。

とにかく晩の八時、他の房からイビキがきかれるというのに自分は呼び出され、十時前後まで夜の調べがある、何というなさけないことだと思う夜がつづきました。

一番ひどがったのは、朝の九時半に呼び出されてから夜の十一時四十分まで、実に十四時間十分という記録さえあり、その夜、房の付添の巡査が、

「先生今日は十四時間以上でしたね。労働基準法違反ですね」

と同情してくれたほどで、就床したのは翌日の零時五分でありました。

［昭和二十四年記］

検事は泊り込んで早朝から平沢を呼び出し同席掌握して誘導談話の訊問をし、これを書記が速記した内容を「平沢自白」としたのでした。

午前十時にお茶です。たばこの光十本入箱を検事に三ケ、平沢に二ケ、書記一ケを給与し、昼食は当時の芋主食時代にまぶしい純白米の炊きたての飯に魚と吸物、十五時のオヤツには珍品の昔ながら砂糖製の和菓子、カステラ（どこで買ってくるのか？　取締官の闇買いは官許されていた証拠）を連日卓上に飾食し、三女が差し入れてくれたコーヒーを沸かして検事持参の白砂糖で検事、書記、平沢の三人でオヤツを楽しんだのでした。今度は、逆に検事側が平沢に御機嫌を取るような有様となりました。

が、昼食後とオヤツの済んだ後の一プク喫煙している時刻が魔の時刻だったのです。

食後の一プクで平沢がのんびり喫煙していると検事はスーウと風の流れるように独言を言うのです。

「銀座の露店かぁ……」

と言って平沢の顔を穴のあくほど見つめるのです。平沢が何のことを言っているのか不明で考慮していると、検事は語をついで、

「名刺を頼んだのはさぁ」

と焦点を明示するのでした。で平沢が、

「そうそう幾つかの露店に『すぐ出来ます』と立札が立っているのがありましたね」

と実具《ママ》の記憶を言葉にしますと、検事は書記に顎をしゃくって、

「すぐ出来ますという立札を見て名刺を注文した」

と書記に書かせました。

それは「新宿の文房具店で注文した」ことにされ、そのように記載されていたのが、銀座の露店商から真犯人が注文したことが判明し、何とかして「新宿文房具店で注文した」を改訂して銀座露店で注文したことに改記録しなければならないことになり、このように奸陥功策して改訂記録されたのでした。

この要領でこの仕組で、既記録が塩酸であったのが、

「おいっ、椎名町で皆んなの茶碗に青酸加里を注いだ時にナァ」

と言ってニラミつけ、塩酸を青酸加里に変え、そしてコップも茶碗に変えてしまったのです。

調べはすべて「穴を造《ママ》えておいてその穴を陥落する」ように談話するのでした。

全然知らないことで声にする材料がないのです。検事は、

「ヒントを与えてやるから言え」

と言っていろいろクイズのように言うのですが、非犯人無犯罪の身では何のヒントか見当もつかないのです。困った検事の奸策は独言です。

一例——

「なあ、元来人間には人間らしく栄耀《えいよう》栄華がしたいものだな、芸者遊びや、二号三号と女も囲いた

いものだな……お前も商売柄そんな機会はずいぶんあるだろう」

と非訊問の話をするのです。平沢は、

「それはありますよ」

（宴会やその二次会等の芸者遊びの機会の多いことを言ったつもりなのに）——この検事言の通り書いておまけに、

「そうとすれば金も入用だもの金も欲しくなるサァ……」

と語尾をボカシてサッサと、

「そのために金が入用で……銀行を襲って金を奪おうと計画した」

と書き込んでこれを「平沢自白だ」と詐称したのでありました。また、

「お前の女房はハイカラだってナァ……『オールメンバーカムヒア』と言って食事の時皆を呼ぶってナァ……」

と高い窓を見上げながらの独言です。

これが二、三日後に、必要な犯行用語として、

「進駐軍要員らしく見せるのに英語も使わなければならないサァ……」

と言って蛇のような眼で覗き込むのです。身ブルイさせられたことでした。そして、「あの『オールメンバー』か、そうかそうか」と使うほかはないのでした。

もう一つ思付《ママ》したこともあります。その「思付かせ」は調べでピペットを入れる容器が必要であった時でした。

平沢の旅行用洗面用具入りのバックケースがすぐワキの卓上にあり、歯磨チュウブ入れのニッケ

ルメッキのケースが見えて——否見せてあったのですね——いました。

そして調べが別の手段に用いられました。高木検事は、

「おい平沢、お前は荏原で使ったのはピペットでなくて、万年筆のスポイトだったというじゃないか」

と言い平沢にいや応なしに、

「はあ、そうですか」

と言ったのに、今まで新たなことのピペットがスポイトにされたのです。なるほど中学で化学の実験に使った一尺位の玉のついたピペットでは平沢のケースには入りません。

軍用の小手術用器具入が形の小さい歯磨き入れケースに化け、医用特殊ピペットが万年筆用スポイトに化けなくては無実の者を犯人にはできなかったのであります。

示導→独言教導→教導との仕組は日一日と深くされましたが、これを皆高木検事は頭脳作戦と誇称驕慢しておりました。恐怖すべき陥穽であります。「無から有を捏造」に成功したのでした。

これに味をしめた彼は総て「このやろうはどんなことをしても反抗しない」とタカをくったことでした。

そして、ついに第三十九回調書の日、三七号調室に入るとすぐに検事に、

「検事さん、今日は調書は検事さんの思う通りにお書き下さい。盲サイン盲拇印しますから」

と言ってしまいました。

検事の破顔の笑！　鬼の首でも取ったような笑の止まらない喜び方でした。

［昭和三十二年記］

注　「まとまらなくてもよい。記憶を喚起させるヒントを与えてやるがら」（三十四回聴取書）「お前の今いった事は、決して本当の事と思って聞いていない。しかしお前が前に言った通り、梯子段に上がらせてくれというから、一足飛びには無理だから、本当の告白をしなさい」（三十四回聴取書）というような検事の言葉が、自白調書にはいたるところに記録されている。しかし平沢の供述は実際の犯行とは矛盾する部分が多く、支離滅裂なものであった。

平沢を逮捕して以後、物的証拠は何一つあらわれなかった。犯人が使用した犯行器具は、目撃者の証言から調査した結果、毒物を注いだピペットは短型駒込型ピペットという軍の研究所で使われていた特殊なもの、毒薬ビンもブドウ色の特殊ビンと良質の投薬ビン、そして器具を入れていたものは軍医の野戦用金属ケースであると推定された。だが、平沢のもとからはそれらのものは発見されなかった。そこで検事は、平沢の持っていた万年筆用スポイト、オキシフルのビンとうがい薬のビン、旅行用歯磨きケースで犯行を行ったとした。これに対し、山田弁護人は一審公判で「証拠はスリカエられた」と主張した。

死への旅路

かくして、日はだんだんと進み、調書も検事と係長の補充、訂で、充実を得て、自分の新聞記事の記憶もどうやら犯人らしく縮められたらしく、検事の御機嫌もよくなり、夜も三時間位寝られるようになりました。

今度検事は、

「平沢、お前がやった事を十六ミリにとりたいんだがなあ」

と言って写真班が入ってきました。

そして、部屋でこの間やったような手つきでブカッコウながら写したことでしたが、それが失敗したので、今度は、

「トーキーでたのむ」

というようになり、捜査室が満員になる位でありましたが、何とかして写したのが、茶をのむ要領に困り、ヒマシ油をのむときの要領でのんだのを写していました。

その後、検事は、

「もう一つたのみたいんだがね平沢君、それは現在の君の心境を書いてくれたまえ、調書の終わりに添付するんだからね」

と言われてやむを得ず、三日がかりで書いたことでした。

その手記は、できるだけ自分を悪党にして悪党にしての悔悟を創作するのに骨を折りました。ほんとうに我ながらあきれるような悪党化した自分を思う存分痛烈な語調で書いて書いて書き抜いていき、そしてだんだん悔悟していったように、検事を喜ばせた歌や詩や俳句を佐々木書記官の調書から書き抜いてもらい、記入し菩薩や亡霊のことなど特に誇張して書き込んでいきましたが、「さすがにあんまりだ」と思って涙がポロポロ下って困った事も数回あったことでした。中でも二番目のカコツケは「弟の葬式の時弟の屍体を見て、帝銀の屍体を思い出しゾットした」という誇張的な言い換えでありました。これほどにして悪党になった自分の懺悔録はどうやら三日でできて調書の末尾に添付されました。（略）

「平沢、お前も、一段一段上がらせてくれと言ったなあ、僕も言うとも言うともと言ったなあ、とうとうすっかり上手に昇りつめたなあ。これでお前もねられるよ」

と検事が言ったが、全く、

「さあこれでもう犯人として死刑にしてもらえるのだ。これでこの頭の苦しさから解放されるものだ。ああありがたい」

と言って心が晴々したことでした。そして睡眠時間四十日間迄記録計算せし事によれば、四十日間にて二千七百七十分（四十六時間十分）徹夜七日です。その後の六日間は記録しませんでした。（四十六日間本房でした）

そして一日も早く警視庁から出してもらいたいという第一の願望が達せられる日が来ました。

「明日は朝六時半に君に小菅（拘置所）に行ってもらうことになったからね。僕も居木井君も送っていくよ」

と検事は満足した顔つきで言いました。

「そして行く前に一度居木井君と握手しろよイイだろう。お前は居木井君がいてくれたればこそ、真に悟りがひらけたんだものナァ……」

とつけ加えました。

「はい、ぜひ願います」

と簡単に答えて房へ下がりました。

「自殺を二度まで図ったこの部屋ともこん夜で御わかれか、でもありがたい、明日からはいじめられないんだものなァ。死刑にはして下さるし。有り難い」

と思って寝たことでした。


翌朝（十月八日）、起きてみると驚きました。窓外は写真班の円環でした。見事な布陣だナァ。卓を幾つも持ち出しての円環。

「アア自分が、映されているのか。アア帝銀の犯人としての平沢か……アア」

と思った時、落ちた涙は警視庁で落とした涙の最後から三度前のものでした。

六時半に検事室に行くと、高木検事、安達係長、鈴木刑事も皆立って出迎えました。だまって高木検事と握手しました。

「体を大切になァ」

と検事はいい、外へ出ていきました。その後、ドアがあいて高木検事が居木井警部補をつれて入ってきました。居木井は手を出して、握手を求めました。私はかねて検事との打合せであった辞礼の通り、

「あなたのおかげで浄まって死ねて嬉しい」

と礼を述べたのでした。すると居木井は、

「イヤ何……ただ忘れないでいて下さい。大暲画伯としての尊敬をいつまでも忘れなかった事をね……いつでも画伯として応対した事だけは忘れずにいて下さいね」

と言ったのであります。自分は、

「小樽署で全裸体にした時何といった。この所に来てからも取り調べの時、平塚に何と言わした。

オノレッ」

と口惜しく唇をかみましたが、涙がポロポロと光りながら落ちていきました。

それから送られて自動車に乗る時、

「今日はもう手錠はせずに行きましょう」

と鈴木警部補が言ってくれた時は嬉しく思いました。

写真班の一斉撮影をぬって、自動車に乗ったが、ちょうど乗る時「光」五ケを紙に包み、

「小菅に行ったら御喫みなさい」

と言って、なかにいた付添の刑事に託し平沢に、

「光ですがあがって下さい」

と再度言いました。（小菅の玄関の捜見で「これは駄目です。お持ち帰り下さい」と言われ、なかにいた刑事は煙草包みを持って帰って行った）

ああやっと警視庁から出られた、かと思うと気も晴々として外光が一層明るく嬉しく思いました。

自動車に乗る時、平塚が走って来て、いつもの悪漢らしい眼を細くして、握手して引き下がって行き

小菅拘置所へ向かう

ました。その時、一、二滴だったけれど最後のクヤシ涙が無言のうちに落ちたことでした。

車中には刑事四名がいました。宮城前から神田にぬけて上野池畔に出た時には、

「死刑にされるとすると、これが上野も見納めか」

と一種名状すべからざる心地でした。日暮里に出て、小菅についたのが、九時前頃であったと思います。門前につく少し前、課長が、「写真班の様子を見てくる」といって下車した時、後の車で来た居木井が車からオリて来て、私のそばにあってちょうど、凱旋将軍のように威張っているのが見られたのでした。

〔昭和二十四年記〕

注 五十数日の密室での取調べのなか平沢の精神は異常な状態に陥り、ただただこの場から解放されることを夢にみる。この手記の後半のものはそれから数カ月後に書かれたものだけに生々しい。平沢は同年十二月十日の第一回公判廷で自白を翻し、犯行を全面的に否定した。そして何故虚偽の自白をしたかについて次のように述べている。
「私は逮捕以来四十日近く否認し続けました。にもかかわらず検事はそれを認めようとはせず、連日長時間の激しい取調べを続行しました。私は、何度絶望し、人間を憎悪し、この世の矛盾に突きあたったかわかりません。そのときは心から、死んだ方が楽だ、死ねば証が立てられるという気になりました。それも失敗すると疲労困憊し、検事に合わせる以外に方法はないと思ったのです」

死刑宣告

白蓮の白きに立たん裁き庭（第一回法廷）

傍聴の人のすすり泣きて我も泣きぬ
　裁きの庭の初始りの日に

似たものの災いなるかな此の裁き
　我身ならねば心安けれど

涙こそ我を鍛ふる力かな（法廷吟）

あと幾日生きなむ我ぞ分秒も
　惜しみ磨かむ堅き覚悟を（出廷帰バス中にて）

真実識る国民の公憤の力にて
　邪司浄めて国譲り建てむ（二審判決即詠）

虐殺のラジオ聴く日や桜花《はなかお》匂る（最高裁の棄却の放送をききつつ）

私が「無実の身で死刑にされた」ということはあまりに簡単なことであります。私はこのような仕掛仕組でやられれば、どんな人間でも死刑に出来る見本なのであります。

この事件を要約しますと、〈無犯罪、無自白、無証拠の事実が裁判され、死刑を宣告された憲法違反の実例〉なのであります。

事件内容は全偽瞞捏造、無犯罪を有犯罪と欺獄《ママ》し、非犯人の証拠は公証《ママ》迫湮滅不採とし犯罪の証拠とするための調書を勝手に偽造しその証拠能力なき無効の自白調書を唯一の断罪の証拠として死刑を科したのです。ですから犯罪の立証は不成立なのでした。（略）

御仏は総ての事実をお見通しなのですよ……世の中を欺き得ても御仏と自己は欺くことはできないのですよ。今平沢はあなた方（高木、安達）二人で欺造した偽贋造の調書内容を唯一の断罪の証拠として殺されて逝くのですよ。

最後に「死刑とは死刑に値する犯罪者に科する刑罰である」以上、非犯罪者にその課刑をしたら、その課刑した者はまず自己自ら地獄に堕ちていくことを自覚していただきます。

もし課刑者が無良心から正しさを正しく認証することが出来ず、真実を歪曲欺瞞して逆に正を不正なりとする不正裁判をなし、飽くまで権力の虐殺を敢行したら——真実に生き正義に死する私は笑って殺されていきますが、平沢は犯人ではないのですから平沢は死刑にされたのではありませぬ。立派な権力の虐殺に遭難したのです。

そして私の真実は国民の真実の力となり、その正義は社会の光となって永遠に生きて国民を護り続けることを御誓いいたし、国民の清く正しい美しい栄光を祈って筆をおきたいと思います。

［一九五五年六月六日記］

最高裁宣告二ヵ月目月末の日

注　昭和三十年四月六日、最高裁判所は、平沢拘置所在獄のまま「上告棄却」の決定を行った。平沢は直ちに異議申立を行ったが、五月七日却下され、ここに平沢の死刑は確定した。

当時の新聞の論調の中には、「決め手なき判決」に対する批判の声も見られたが、それも次第に沈潜し、平沢裁判は事実上終止符を打ったように見られた。誰の目からも平沢の死刑執行は、確定した事実であり、目前に迫ったと思われたのである。

しかし、これから三十二年という歳月、平沢は無実を叫び、死を見つめ、幾多の死線を乗り越えていくことになる。

第二章　取調べ

森川哲郎

第１回公判で無実を主張する

一、自白の任意性及び信憑性

平沢の「自白調書」

私は、事実を目撃していないのだから、平沢の言葉のみを一方的に認めるつもりはない。どんな人間にも誇張癖はあり、言葉の表現そのものも真実を伝えるのには、きわめて不正確である。裁判はあくまで客観的に事実を把握して、分析していかなければならない。

平沢の自供は、どのようにして、どのような捜査官からはじめられたか。まず、はじめに彼を取調べたのは、平沢を逮捕護送して譴慎処分をくった問題の居木井警部補であった。

平沢貞通を逮捕護送し、警視庁へ連行し、面通しを終わった八月二十三日午後六時半すぎから調べた、と報告されている。

彼の証言によると六時頃本部に呼ばれ、堀崎捜査課長から、「平沢の取調べをやれ」と命ぜられたといっている。平沢の調べで有名になった三十七号調室を選んだのも彼であった。

自分の部屋はベランダのようになっていて、記者に見られやすく、声が外部へもれる危険がある。三十七号調室は、窓際が断崖のようになっていて、その恐れがないので選んだというのだ。

また「平沢手記」のとおりに居木井刑事と一緒に平沢を調べたのは、飯田・平塚両刑事であった。

もちろん居木井刑事は、公判で、拷問を否定し、その時の調べで、平沢に犯人であると自白させましたと主張している。

ところが、奇怪にもその日には平沢の自白調書は提出されていない。この二人の対決も興味があるが、双方が、感情的に訴え、激越な調子になっているので、客観的資料としてははずした方がよさそうである。

当時、平沢にコルサコフ症候群という既往症があるということで、学者の間でも問題になり、慶応大学の中館久平教授は、「まず、精神鑑定をやることが先決だ」と新聞に意見を発表した。

山田弁護人も再三、検事に「平沢をとりしらべること自体がおかしい。その前に精神鑑定をすべきだ」と主張したが、高木検事は、「平沢の精神に異常はない」としてこれを拒否した。

前掲書『平沢自白は覆えるか』(創人社、一九四八年十二月)の座談会の中で、高木検事は、次のように断言している。

「気狂いじゃないですよ、僕はないと思いますね。だから精神鑑定もしなかったし、普通の調べをやってきました。公判になって調書を読めば、これは気狂いの状態かどうかわかりますよ」

しかし平沢調書を読んで、現在の精神医学者が、はっきり、狂犬病のワクチンによる脳欠損患者としての精神異常の影響を指摘していることは、まぎれもない事実である。検事の言葉、態度は、きわめて非科学的なものである。その上慎重を欠いている。

一審の鑑定人内山・吉益両博士ですら、平沢が狂犬病のワクチン禍による同病のうちもっとも重い「ランドリー上行性麻痺を伴うコルサコフ症候群」を患ったことを認め、その後の人格交代、その影響というべき精神状態を指摘している。

調書の中に、はっきりあらわれている「すぐばれるウソ」を次々というなどは、その影響による「空話性虚言症」の症状をあらわしたものである。彼は、幼稚なウソの創作能力に富んでいるのだ。

そしてそれを子供のように信じこんでしまうのだ。

このような患者を稀代のウソツキだといったり、そのウソにおどらされて走り回った捜査そのものがナンセンスではないか。

また、テンペラ絵具の中に虫よけに青酸カリを入れるとか、下ぬりに使うとか、当局が発表したり、新聞が書き立てたりしたが、結局、平沢にはそういうことはなかった。前掲書『平沢自白は覆えるか』の中で、特にこの問題をとりあげて次のように書いている。

「平沢氏は、板の上に白く塗り、その上に特殊の水彩絵具で画いている。テンペラ画は普通の水彩画の絵具を水で溶かずに、卵の白身で溶かして画く。すると絵に一種の光沢が出て非常に美しい。これは絵具に油を混ぜて油絵を画きはじめた頃よりも以前のものらしい。

今はテンペラ絵具ができているが、日本にはまだない。だから、自分で作って画く。卵の白味ばかりで溶いた絵具は腐敗しやすいので、ある種の薬品を混ぜてつくるのであるが、それは、青酸カリと関係があるわけではないのである。

平沢は、動物や昆虫の絵をめったに画かない。したがって、そのために青酸カリを使うこともなかった。同じように画き損じたとき青酸カリを使って消すなどのこともなかった」

また、当時の『週刊朝日』は、テンペラ画について次のように書いている。

「平沢大暲が〝テンペラ画会会長〟を自称しているが、まんざらウソではないらしい。昭和十一年発行のアトリエ美術大講座、水彩画科第二巻の紹介文を見よ。いわく、

『平沢氏は古くより水彩画の研究にあつく、その後テンペラ画に専心し、比較的試みる者の少ないテンペラ画の発達に心をつくし、この方面の権威者の一人である』

またテンペラ画の歴史にくわしく、かつこれに愛情を抱いていた。すなわち同書中の平沢大暲著『テンペラ画の技法』にいわく『テンペラ画は五千年前すでにエジプトで使われていた。西欧ではルネッサンス前期の十四世紀末が最も盛んだったが、やがて便利な油絵が出来てすたれてしまった。最近、変色しないことがわかり、再びテンペラの研究が復興してきた。誠に喜ばしいかぎりである』

テンペラ画は水彩の一種、半透明で卵やニカワを媒剤としており、油絵のようにも使える。この画法がわが国に伝来したのは明治四年ごろ。大正二年第七回文展に石井柏亭がテンペラ画の秀作『滞船』で二等賞をとったのが全盛時代。以後はやはり油絵におされて全く下火となった」

平塚八兵衛元刑事への反論

最近（昭和五十年六月）平塚八兵衛元刑事が、『週刊新潮』誌上で、「テンペラ絵具には虫よけとして、青酸カリを混入するという証言があった。平沢は、青酸カリの操作を知っていたのだ」と書いて、成智氏や私の説に反駁している。青酸カリが虫よけぐらいに使えることは、平沢ならずとも他の画家でも知っている者はいたろう。だが、帝銀事件は虫を殺した事件ではないのである。午後三時すぎ、都心の銀行で、第一薬に青酸毒物を飲ませ、一分おいて、無害の液をのませ、その間とびかかる者も、外に救いを求める者もいないという確信のもとに、十二人をゆうゆうと殺して、金を奪い去った事件である。青酸毒物に対する深い知識と、人体に対する極量の実験上のデータを知っていた者でなければできない、といっているのだ。

また、山田弁護人は、自白について、次のように主張する。

「いずれにしろ本件の主な証拠は警視庁に拘禁せられた当時の平沢が、その中で行なった三十四～五十九回調書の自白である。この自白を、もし証拠としようとしないならば、有罪の判決理由はとうてい書けるものではなかったのである。

もちろん被告の自白のみをもって有罪と断定できないという新憲法の規定があるために、他の物の証拠らしきものを判決文の中にいろいろと並べてはあるけれども、それすら自白がなければ成立しないものであり、単に表面の形を整えたというにすぎないものである。実質的証拠は、すべて自白であることには少しの変わりもないのである。その自白内容は、検察官自身が作成した六十二回にわたる聴取書自体を見ても、平沢が誘導され、強要され、また暗示されて、心にもないことを言い、また知らないことを強引に指導されて、でき上ったものであることを示し、いわゆる平沢の言う『聴取書は検察官たちの合作である』といわれても仕方のないようなものであった」

平沢裁判の弱い点は、まさにここにある。

確定判決が、いかに厖大な紙数を費やし、贅言を羅列しようと、物的証拠らしいものを形式的に並べて仮装しようと、実質的証拠は、全く自白以外にないのである。

その上平沢は、警視庁で散々責められた末、罪をザンゲする告白書を書いた。

平沢はこの告白書を書いたいきさつについて、もちろん強要のはて暗示にかかって書いたといっている。だが、検事は、自発的、任意的なものだと主張している。はたしてそうであったろうか。

この告白書は平沢の自白調書に添付されている〝天人共に許さざる大逆犯人平沢謹しんで告白する〟そういう書き出しではじまり、それにつづいて〝たとえ動機はなんでありましょうとも、私が帝銀犯人であることを納得してもらわねばなりません〟という何となく不自然な、妙な物の言い回しではじまる告白書である。

第一に、彼が罪の自白をしてからすっかり心の苦悩は去って、ひじょうに楽しい心境になったことを、メンメンとつづるのだが、そのくだりになって、突如普賢菩薩が毎夜のようにあらわれる。そして平沢と歌の遊びをするのである。平沢が作った歌とか漢詩を、菩薩がいちいち訂正して下さるというのだ。この菩薩があらわれる箇所は〝平沢や平沢や、よくお聞き〟という文句ではじまっているが、実はこのやりとりは、平沢が平生もっとも愛好した義太夫の『壺坂霊験記』の谷底の段に出てくる観音様のセリフとひじょうによく似ているのである。

事実、普賢菩薩が毎夜のように平沢の枕もとに立ったとするならば、それはまさしく幻覚をみているということになる。そのこと自体が、彼の精神異常を物語る立派な証拠になるのではないか。

山田弁護士もそれを指摘していた。彼はいう。

「普賢菩薩の言葉が義太夫の本の文句と一致しているというのであれば、それを承知して書いたことは、彼のレジスタンスの表われであるとも考えられ、それが真の自供でない、ということを伝えようとする苦肉の策であったかもしれない。こういうものを、検事は真正面に取りあげて、彼の罪の告白書とし、あの権威ある（？）聴取書の末尾に加えているに至っては、いささかこっけいである」

またこの告白書の中には、次のような矛盾もある。昭和二十三年二月に入って、すなわち帝銀事件のおこったあとのことだが、平沢は旭川にいる自分の弟が結核で危篤になったというので、訪ねて行った。死に目には会えなかったが、彼が枕もとに坐って弟の死骸を見た時に、彼は、弟の死骸の上に帝銀事件の被害者の、苦悶の姿をみてゾッとしたと書いているのだ。

しかし、これはまったくのデタラメであった。なるほど彼の弟は旭川で死んでいて、平沢は死に目にも会えなかったが、平沢が着いた時は、すでに骨になって帰ってきていたのである。そのことは、親戚知人の証言で、はっきり一致している。平沢は、弟の死顔を見得るわけはないのだ。平沢独特の空話性虚言症が作りあげた手記としか思われない。

心からの、自発的な自白手記にしては、あまりに具体性がなく、物語り的、創作的で、彼の趣味さえ強くあらわれている。しかも明白な虚偽さえ含まれるに至っては、任意的、自発的告白手記とは、とてもいい難い。

むしろ、このようなものをものする彼の精神異常を問題にすべきであって、むしろ精神医学の分野で研究すべき材料である。

このようなものを意気揚々と発表する捜査当局の心理が問題とされるべきではないのか。山田弁護人も指摘していることだが、平沢は三十四回目調書から、犯人であることを自白したにもかかわらず、犯行を具体的に述べる段階になって、難行しだした。第一に使った毒物がわからないで考えこむ。そのあげく塩酸だと言う。中学の時おぼえた便所の器具掃除に使うために家にあった塩酸を使ったのだというのである。また銀行で盗んだのは現金だけで十八万円だともいった。一万何千円の小切手などは、思いもつかない。盗まないと言うのである。小切手はなかったのかと念をおされて、ええありましたとはじめていう。しかし足がつくといけないから銀行の床へすててきましたという。床はどんな床かと聞かれると、コンクリートの床でしたと全く事実とことなることを供述する。事実は奪われた金額は小切手を含んで十八万円一千余円である。銀行の床は、コンクリートではなく、板敷きであった。だが、この供述の誤りは後に突如として、なんの断わりもなくみな訂正されていくのである。

　こんな例は平沢供述を調べると数えきれないほどある。その上訂正しないで、ついに最後まで事実とちがったままに残されているものもかなりあるのだ。例をあげれば犯人は二種の薬品を被害者に飲ませたはずである。自分がまずはじめに実演してみせた。それから第一薬を飲んで一分たって、第二薬を飲んで下さいと言って、自分の真正面のむかいにかかっている時計をさして見せたと平沢は自供したのである。平沢に実演させて検事が作成した映画にも彼はその通りやって見せている。ところが、椎名町支店に実地検証に行って見ると、犯人の立った正面には時計はなかったのである。時計は犯人の頭の真上にあったのだ。しかも生残り証人の証言ではみな、犯人は店の時計をさしているとはいっていない。犯人は腕時計を見ていたのである。

　そのような間違いは、実際に犯行をやらず、それでも自白を強要されたものが思いつきでいったとするなら理解できるのである。

「なぜ、犯人でもないのにこのような真実ではない供述を平沢はするのであろうか」

　という疑問が生まれる。

　これについては以上の経緯のみでは、罪を犯していない平沢が有罪の自白に追いこまれていった心理が充分納得できないかも知れない。そこで、以後の平沢貞通に対する取調べの経過を追いながら、その心理を科学的に追って行ってみよう。平沢手記のみを正しとすることは当然冷静な判断を欠くことになるからである。

　では、当局は、平沢の白の面の捜査をどの程度行なったのであろうか。

　これに対して、高木検事は、その論告の中で、次のような告白をもらしている。

「このように白黒未定のまま、しかも人権問題がもっとも尖鋭化した空気の中で、被告人は、八月二十五日早朝第一回の自傷行為をして左手首を怪我したのであります。

私はどうしてもこれは被告人の白黒をもっとも早期に明瞭にしなければいけない。そのためには、万一白であった場合は、出来る限りこれを明らかにして、被告人を青天白日の身にして釈放しなければならないと考え、その結果もっとも黒の意見の強かった居木井警部補以下の名刺捜査班の者たちを除き、白の意見をもっている者を総動員して、頭初三日間を全力をあげて白の捜査をしたのであります」

三日間白の捜査を全力をあげてやったと誇らしげにいっている。わずか三日間ぐらいで、人間の生死を分ける無実立証のための捜査ができるというのであろうか。ただ、その期間だけで、白の捜査の線を打ちきり、黒の捜査の線に打ちこんだとすると、平沢は全く不運であったというべきであろう。

そのころ、もっと白の捜査を徹底的にやっていれば、早期に無実が立証され、平沢は、二十八年も拘禁されず、早く釈放されていたかも知れないからである。その後起訴まで、四十日以上黒の捜査に全力を傾注しながら、ついにただ一つも黒を証明するものは出てこなかった。平沢貞通の黒を立証する物的証拠は、ただの一つも出てこなかったという事情から、なお、そのことが痛切に感じられるのである。

拘禁反応

拘禁心理――逮捕拘禁されると起こる心理、

「従来自由な生活を営んでいた者が、急に自由のいちじるしく拘束された獄中生活に入ると特殊な心理状態に陥る。

これは単純に自由の拘束からだけ起こるものではなく、裁判に対する不安の感情が大いにあずかって力あるものであることは疑いない。拘禁心理現象は、拘禁を契機として起こるいちじるしい不安孤独および、単調感を中心とする不安な心理状態である」（植松正著『裁判心理学の諸相』）

つまり、一般の社会生活から突如捕えられて、獄中に投ぜられるという状況では、よほど信念、意志の強い者を別にして、強弱の差はあれ、正常の社会ではありえない拘禁心理という特殊な心理状態におちいることは、避けられないのである。社会から切りはなされた深刻な孤独、未だ経験したこともない激しい不安、しかも彼はそこから脱出することはできない。

山田弁護士は、これを次のように分析した。

「この状態では、感情的興奮が前景にあらわれる。あるいは驚き、あるいは怒り、恐れ、悲しみが交互に発生し、止まるところを知らない」

この中でもっとも激しいのは恐怖観念である。夜明けとともに取調べを恐れ、限りない強迫観念にさいなまれる。外界のすべてと隔絶された孤独感、その頼るところのない気持は、人を極度に弱気にするという。「鬼にでもすがらずにいられない気持になる」という。「家人、友人、知己みなに見棄てられた」孤独感、こうしてすべての感情が病的になり、何事にも希望をうしない興味を持たなくなる。さらに進んでは、妙に遠慮深くなるという。

何時でも、精神は安定しない。この病的恐怖感は、理性でもどうしても、抑制できないものである。理性も意志力も姿を消す。判断力はしだいに消滅する。記憶力さえ薄れてくる。人に抵抗する力はもっとも衰えるのである。

この弱い心理から必然的に係官に迎合をはじめる。取調官のわずかな微笑を得るためにどんな自己犠牲もいとわないという正常では考えられない心理が発生するのである。

こうした拘禁心理の特性は、国際的に裁判心理学で、数えきれないほど報告されている。この拘禁された者、ほとんど誰にでも発生する特殊な心理状態を、取調べと自供のあり方を探求する前に、まず私たちは把握しておかなければならない。

「拘留自体が、自白強要の効果を伴う制度である」と山田弁護士は指摘した。

「拘留されるということだけで、一般に被告人にとっては、相当大きな痛苦となるものである。被告人の名誉感情、将来の処分に対する不安等が、被告人をして、自己卑下の意識に達せしめ、いわゆる自己劣等感をもたしめることも少なくない。

被告人に劣等感が起こった場合には、それが、きわめて適切に作用して、真実を吐露する機縁となることがあるが、反対に迎合的供述となって現われることもある」(植松前掲書)

「自己劣等感があるが故に、社会的地位にある被疑者も容易に一警察吏の前に屈服するのである。裁く者と、裁かれる者とは所詮対等ではあり得ないのが当然である。このことは、被告人をして真実を供述せしめるためにも、非常に大切な人間的関係なのであるが、それと同時にこの非対等関係あるがために、被告人は思うこともいいかねて、迎合自白の結果におちいる危険性もまた存在している」(同書)

「被拘禁者は、感激しやすくなっているとともに、拘禁生活の禁欲中にあるので、かなり教養の高い者でも本能的になっている。

性的本能も随分露骨にあらわれてくる傾向があるが、それよりも早く栄養本能が生活の前面にあらわれる。

それはもちろん教養のない者においていちじるしい。そのため、被告人は実に簡単な物質的褒賞によって重大なことを自白することがある。

一本の煙草、一杯の酒、一碗の丼で十分なのである。

取調官吏が、時々これを手段に用いて、自白を誘引するというようなことは、洋の東西を問わず行なわれるようである」(同書)

次に、成智英雄元警視の長い取調官としての経験の中から拘禁と心理の問題について次のように述べている。

「平沢貞通の最終判決に、『真犯人しか知らないことを知っていた』という理由で、その自白調書を重要な証拠として採用された。平沢は事件発生後二百四十一日経った八月二十一日に逮捕された。尋問をはじめてから三十七日目の九月二十七日に第一回のまとまった自白をしている。

高名な心理学者は多いが、人間の孤独とその心理状況を理論では解説しているが、実験した人はないと思う。この秘密を知っている者があるとすれば、捜査官だけと思われる。

警察では通常雑居房に留置するが、平沢ははじめの数日間を除いて終始独房に入れられ、ラジオ、読書、新聞はもとより、画筆を持つことも禁ぜられ、接見禁止の決定によって面会も許されなかった。

かくて三十七日間にわたって帝銀毒殺の被疑事実で連日長時間にわたり、入れかわり立ちかわり多くの捜査官と検事の取調べを受けて自白した。

正当な自白は質問と正しい説得による結果でなければならない。捜査官と被疑者という立場の相違から、その捜査官が意識していなくても、極度の心理的圧迫を与えるのである。その影響をもっとも強く受けるのは精神薄弱者、初犯者、長期拘留された者に多い。

捜査官は逮捕した責任感から、その質問と説得には真犯人である事を期待して行ない、『希望供述』を示唆しないということは至難である。

一般被疑者は、手配して逮捕押送して貰うのであるが、平沢は、遠く北海道に出張して逮捕し、長い車中を両手錠をかけ、頭から毛布をかぶせて押送したので、当時人権問題として批判されたが、私はそのことよりも心理的影響を重視するのである。

したがって訓令通りの押送と取調べが行なわれなかった疑いもあって、真実の発見方法が公正でなかったとも想像される。帝銀事件は連日大きく詳細に報道されたので、平沢は犯行の模様をよく知っていたはずであった。

私の三十年間の捜査経験によると、留置されると、どんな人間でも大きなショックを受け、女子の場合は閉経していない限りほとんどがメンスになる。日数と共に漸次意思が弱くなって、憎いはずの刑事を恋しがったり、死んでも言わないと心に誓っていたものが、余罪まで自白するようになる。

留置が長期になると、取調べに迎合するような偽供述をするものも少なくなかった。独房に留置すると、孤独に耐えかねて早期にこのような傾向があらわれる。この留置人心理を巧みに把握活用する者が取調べ上手と言われるのである。

平沢の『真犯人だけが知っている事実』と認められたのは、当時の被害現場の模様を見取図を書いて説明したことであった。

独房に入れている人間に対し、長期にわたって連日同じ事件についてくりかえし質問と説得をつづけていると、犯人でなくとも、ほぼその現場の模様を知ることができるものである。

これは捜査官が強制誘導等の意思がなくても、事実上の強制と誘導尋問ということになる。こうした調書でも裏づけ証拠があると、それがキメ手になって有罪となるのが通例であるが、平沢の自白の裏づけ捜査には決定的キメ手の証拠が発見されていないところに問題がある。

平沢の自白は、精魂つきて自棄――精神が混乱して錯覚――孤独に耐えかねて迎合の何れかに該当する自白と思われるのである。

このような事例も他に少なくないし、偽犯人にみずからを仕立てることも多い。

私はこの事件の毒物関係の専任捜査官として、人間に対する青酸化合物の事実上の極量を知ったが、平沢にはそうした知識が皆無だったので、やろうとしてもやれないものだという確信を持ちつづけている」(これは私の要望に応えて「救う会」宛に書いてくれた一文である)

拘禁性精神病

八王子の医療刑務所には、拘禁性情神病の患者が、多数つめこまれている。彼らは、深夜まで、ガタガタと扉をならし、孤独な叫びをあげる。

戦後の女性死刑囚第一号といわれた山本宏子は、「占領下の死刑確定囚に積極的に恩赦を適用する」という西郷法務大臣の言明により、その第一号として減刑の適用を受けたが、未だに、所内の精神病棟で治療を受け、釈放されていない。

拘禁性精神病者の症状は、妄想、幻覚、意識混濁など各種の精神病理的現象が一つだけ、あるいは数個重なりあって出現するという。

以下心理学者三宅鉱一氏の説によると、

この原因は、はなはだしき心痛、暗示、拘禁等の心的影響から生ずるものだという。

その症状は、興奮、昏迷、朦朧状態、強烈な感情発作、躁病線緊張病様状態であり、時に妄想幻覚症などを発するものだ。

病症は次の三種に分れている。

一、常人が刑務所に入れば、誰にでも発する感動変調が特に激しく発現するもので、精神病までに至らないもの。これを病的拘禁反応という。この型も次の四つに分けられる。

①暴行昏迷のいちじるしいもの。②一時性妄想幻覚、③言語のまとまりが悪い。時に供述の変化があらわれる。④意識混濁強く、幻覚夢などの恐怖に襲われる。これはガンゼル症状とも呼ばれる。

二、特殊精神病というべきもの。

個人差はあるが、だいたい拘禁されてすぐ気欝し、食欲不振、不眠、被害追跡、誇大妄想をあらわし、幻視幻覚を見る。大発見をしたなどとしゃべる。

あくまで自説を主張する力なく、境遇により供述も変わりやすい。経過は長いが、拘禁からとかれると平生の状態に復帰するものもある。

三、妄想病様症状を主とする型。

変質者の空想性妄想病と名づけられる。妄想性空想のため、個性まで容易に交換せられる型もある。これは長期刑に服する囚人に多く、経過も長い。被害、被毒、追跡その他の妄想を抱く。

これ以上拘禁心理、または拘禁性精神病を掘り下げると専門的になり過ぎるので、この辺で止めるが、いずれにしろ、逮捕拘禁されれば、よほど意志の強い者でない限り、強弱、遅速の差はあっても、このいずれかにかかることはふせぎようがないといわれている。

中でも、長期拘禁、過労、睡眠不足、心痛、苦慮、暗示などは、もっともこの症状を深め、促進させるのに有害な力をもっているといわれている。

係官の立場からいえば、過度の取調べ、長時間連続の尋問、恐怖や不安をあたえる強迫、執拗な自白強要、強制誘導、催眠術的なくり返しの暗示などが、拘禁している被疑者にたいして、そのような強い病症を発生させる原因になる。

中には、幻想で、やってもない犯行を口走ったり、催眠状態になって「真の犯人だ」などと思いこむ例も、国際的に数多く報告されている。まして既往症のコルサコフ氏病のような、記憶力不良や暗示に非常に左右されやすい病気をもっている場合は、なおさらであり、その速度も、強さも、当然正常人の何倍かになると想像される。

とすると、そのような悪い条件と状況で、行なわれた自供は、当然法的に認められないことになる。こうした観点で、平沢の聴取書を追って行く必要があるが、そうした拘禁性精神病などのケースを考えなくても、人間の体力の限界をこえたとうてい耐えられない取調べが行なわれれば、その苦痛から逃れるために、無実の人間が、虚偽の犯行自供をしてしまう例が多数報告されている。

戦時中あった有名な横浜事件（進歩的出版社の人々が、細川嘉六の招待で富山県泊町で宴会をやった。それを共産党再建の共同謀議とみなされて大量検挙された）では、優れた思想と意志の持ち主たちが、みな拷問や連日の猛追及に屈して、ありもしない自白をしたという。

この時自白しなかったのは、細川氏だけであったというのだ。

どのような闘士でも、睡眠不足にすれば、音をあげて、迎合の自白をするものだといわれるほど睡眠不足は影響をあたえる。

最近肉体的拷問は禁止されたが、巧妙に跡を残さない技術的な拷問は、行なわれている形跡がある。また、そのために、よけい体力と精神の限界を狙った、実質的拷問に切りかえられ、取調べ方法が非常にテクニカルになったという人もある。

松川事件の赤間被告、幸浦、二俣事件の被告らは、その体験の中で、その生々しいテクニカルな拷問の方法を物語っている。

こうした例を一方的に信用するわけではないが、人間が人間を取調べる制度である以上、十分にそうしたケースが発生する危険性は考えられる。

また、日本の警察、検察庁が民主的な取調べ方法に習熟していない形跡もあり、かえってそれに反発する動きさえあるといわれている。このような環境の中では、旧態依然として、被疑者を疲労と混乱の苦痛におとしいれて、自白に導くケースもおこりえよう。これだけでも、無実の者が検事や捜査官のテクニックに敗け、あるいは神経作戦で、犯人に仕立られて行くことはあり得るのだ。

平沢の場合は、そのどれにあたるものであろうか。その取調べの経過と推移を、その肉体的条件、環境、取調べ時間、睡眠状態、食欲、精神の安定度などを緻密に解剖し、追究して行かなければならない。これは、被疑者である平沢の側だけを見ても、正確に知ることはできない。取調べという狭い、限定された環境の中で影響しあう相互の人々の精神状態、健康状態を、時々刻々追って行くべきなのである。そこまで完全に究めることが不可能でも、検事の思想、性格、テクニック、取調べ態度、強迫、誘導、強制、暗示の程度などを緻密克明に追って行く必要がある。心理学者もいうように取調官と被疑者は元来対等の立場ではあり得ない。

はじめから劣等意識をもち、強迫観念をもたされた被疑者と、はじめから優位に立ち、強烈な支配的影響をもつ検事との相互関係から、どのような取調べが行なわれていったかを、まず公正な目で、分析して行ってみよう。

取調べの経過

平沢の自供は、どのようにして、どのような捜査官からはじめられたか?

まず、はじめに彼を取調べたのは、前述のように平沢を逮捕護送して謹慎処分をくった問題の居木井警部補であった。逮捕護送し、警視庁へ連行し、面通しを終わった八月二十三日午後六時半すぎから、調べたと報告されている。彼の証言をもう一度くり返すと六時半頃本部に呼ばれ、堀崎捜査第一課長から「平沢の取調べをやれ」と命ぜられたといっている。とにかく家まで売り払い、その金で平沢追及を行ない、捜査資料を入れたカバンをいつも足にくくりつけて寝ていたという伝説のあるほど、平沢に執念をもやしつづけた刑事である。おそらくこの日の到来をどのように待ちつづけていたか、その心理は充分に推測できる。

居木井警部補と一緒に平沢を調べたのは、飯田、平塚両刑事であった。とにかく、平沢の長女を待合に連れだして調べたという、乱暴な行為を強行する荒っぽさを持っている。この間の事情を平沢は、「ありのままの記」でこまかく生々しく書き、三人に激しい肉体的拷問をされ、吐けと追られたが、歯を食いしばって耐え、否認したといっている。また、居木井警部補は、これに対し公判で、拷問を否定し、その時の調べで、平沢に犯行を自白させましたと主張している。

ところが、実際に、その日居木井警部補の名で平沢の自白調書は、出されていない。この二人の対決は前述のように感情的に訴え、激越な調子になっているので、その後の冷静な批判、判断に予断をあたえる恐れがあるので、後章に回そう。まず、これからはじまる取調べがどのようなものであったか、から分析していこう。

平沢に対する取調べが、かなり苛酷な、激しいものであったということは、検事聴取書、動静報告書をはじめ種々の証拠がある。まず、前にもふれたように逮捕、北海道から炎暑下に、上衣をかけた上に毛布またはタオルですっぽりつつんで、長時間東京まで送ったという人権侵害的な処置、そして真犯人扱い、着京した当日の大群集からの苦心の脱出、その日のうちの三回にわたる面通し(駒込署、本庁)、それに引きつづく、逮捕者の居木井、平塚、飯田三刑事の取調べ、翌日の峰岸警部補の取調べ、こうして連続して、休むことなく続いた激しい変化、心身消耗、ショックと緊張の持続は、平沢に嵐のような心理の動揺をあたえたであろうことは疑いない。

平沢は、前科はなく、社会的地位の上では、先生と呼ばれる身分であった。それが、にわかに手錠をはめられ、引き立てられ、犯人扱いされ、荒っぽい処置をうけ、衆人に環視され、悪罵され、証人たちに不審な目でじろじろ見られ、犯人だろうと責められ、監房にぶちこまれたという急激な環境の変化をまず考慮しなければならないのである。しかも長途の護送であったので、肉体的消耗も激しい。その上彼は五十六歳という老齢であった。

ここまでの経過の間に、弱い者ならかなりの錯乱におちいり、精神異常者なら病的状態が再発しなかったとは保証できない。その上、翌日も、居木井警部補にかわって峰岸警部補が調べ、翌々日の二十五日からは、高木検事、佐々木書記官の手にわたって、本格的な取調べがはじまっている。実に休む間のない、たたみこみであり、追及である。

そして、八月二十五日に、ついに第一回の自殺未遂を企てているのだ。

この取調べに対する平沢の心理状態について、当時弁護人としてようすを詳しく見ていた山田義夫氏も、一審の弁護の中でかなり精密に指摘している。

「平沢は、連日の激しい訊問の日がつづいて、頭は加速度的に狂っていった」として、「第三回聴取書（八月二十七日）の終わりにも、『なんだか頭がボーッとしてきました。気違いになるような気がします』といい」

といった言葉をあげている。

八月二十七日といえば、第一回の自殺未遂をはかり、ガラスペンで、手の動脈を切り、昏睡状態におちいった翌々日である。

自殺失敗の当日も、引き出されて、取調べられているが、自殺未遂直後の精神の混乱、肉体的衰弱、神経の疲労など、容疑者の状態を考慮に入れないで、すぐ引き出して、取調べを開始するという処置は、はたして人権問題にならないのであろうか。

自供の中で、認められるものは、任意の自供だけであることは、旧刑訴時代でも変わりはなかったはずである。とすると、そうした混乱と疲労の中にある容疑者を取調室に連れ出してくるということ自体が問題であったのではなかろうか。

「気違いになりそうです」という言葉は、むしろその時の当然の心境とも聞こえるのである。錯乱して、認めたことでも、検事は、正式の自供として自分の方の材料にほしいのであろうか。

取調べにあたる人間の心理としては、当然、追及に急になり、せっかちになることはわかる。しかし、当然無理な追及をすれば容疑者の側には苦しまぎれの嘘の自供もあらわれてこよう。たった第三回目の聴取書に、このような錯乱状態がはじまっていながら、平沢は、三十三回聴取書までがんばり通し、否認しつづけた。

耐えに耐え、はりつめにつめていた琴の糸が、三十四回目に（三度目の自殺未遂を経て）ぷっつり切れたとしても、だれが平沢を責められようか。そうした状況を作らないためにも、憲法第三十八条の明確な規定があるのだ。

現在、私たちは現代の進んだ心理学の世界に、この取調べと自供の問題をもちこんで、追求しようとしている。

当時の心理学の水準では、まだ解決されなかったものが、現在の水準では、深く正確にさぐりあてられようとしているからである。

最近の心理学では、宇宙飛行士や洗脳の問題などで、人間の孤独と、拘禁性心理にたいする研究が盛んになっている。

心身ともに頑健な青年を密室に視覚、聴覚、触覚を制限して、閉じこめると、食事はしていても、三日間で狂乱状態になる例が報告されている。

平沢の睡眠不足については、私が昭和三十八年九月高等検察庁で発見し、同行した磯部弁護士に、耳うちして謄写申請をすすめた「動静報告書」の中にも、明らかに記されている。

看守によって、睡眠不足と報告されている容疑者に対して、取調べをつづけることが、妥当な方法だろうか、また民主憲法下ではたして許される行為だろうか。どうしても聞き出そうとする検事の態度と追及によって、疲労しきっている容疑者は、精神錯乱状態におちいりはしないか。平沢に対する「検事聴取書」および「動静報告書」を詳細に見るならば、随所にそうした状況があらわれている。まず、「動静報告書」では、次のように報告されている。

帝銀事件容疑者監視状況報告

午前九時四十分入浴出房、同四十七分入房、用便の後平常通り十時五分より取調べのため出房、同十時三十五分入房、左手にてひたいを押え何か一心に物思いにふけりつつありました。

二時五十分に「苦しいですから寝かして下さい」と言うので「何処が痛むのですか」と問えば「頭やら身体全体が苦しい」と言うので坐らせたまま置きました。同三時十五分診断のため出房、同十七分入房診断の結果は異常ありません、なお医師との対談において「晩良く眠れますか」と問われ「毎晩一時乃至二時間位しか眠れません、眠ろうとすると拳銃で射たれるような気がして眠れません」と答えました。

妄想と幻覚について言えば早くも、第五回聴取書あたりから、彼の心理錯乱はあらわれているのである。検事が「昨夜は眠れたか」と質問すると、

「大変なことを見つけました。頭が割れそうです。帝銀事件なんか、ちっぽけなものです。私は、高橋是清と犬養毅をやっつけております。まあ死刑になるでしょう。居木井さんにやられるかと思ったが、検事さんも良い方だったけれども、途中で裏切っちゃったからなあ、頼りにするところがなくなっちゃったからねえ。十二時頃に寝て、二時半頃ようやく思いつきました」（第五回聴取書。八

月二十九日）

まるで、わけの分らない、意味をなさない供述である。とても正常の心理状態にあるとは思えない。そして次のような疑いをもいだくようになる。

「検事さん。居木井さんは、僕の長女を妾にしているというが、本当ですか？　何だか、刑事さんから聞いたような気がします」

ところが第五回聴取書は、その日のうちにとりはじめられている。

「検事　少しは冷静になったかね。

平沢　はあ、やっぱり。

検事　首をふるのは、西式か、何かやっているのか。

平沢　ただ、こうやると肩の凝りが直るのです。血液循環療法はやっております」

この頃、平沢の手記の中に、「真夜中、居木井さんが、私の頭をピストルで狙いまして云々」という妄想が語られている。

このことは、別の日には、「便所に行ったら、その窓から、居木井さんがピストルで私の頭を狙っていました」という幻視、幻覚が語られている。

山田弁護士は、これについて、前の手記をあげ、一審の法廷でこう弁論した。

「精神鑑定人は、仮性幻覚であるといって、その故に大して重きをおいてない口吻を見せるが、真性にせよ、仮性にせよ、幻覚であることは事実であり、その他の事情を勘案して、自供当時の平沢の精神状態を判定するには、もっとこれに大きい比重をあたえるべきであった」

これは、「動静報告書」に確かにそのような状況があったことが報告されている。

帝銀容疑者の動静に関する報告

一、期間八月三十一日午後四時より九月一日午前八時までの間。

一、八月三十一日午後の交代当時は頭をかかえ考えこんでおりましたが、五時の食事の時も差入れ物がない様子なので（食事を）美味と言いながら、食していました。

一、六時三十分頃どうもこの三、四日は一時間か二時間位しか寝れぬ、また二、三日続いて覆面の男が鉄棒越しの窓よりピストルをつきつけ自分をねらっている夢を見る（これはコルサコフ症候群にかかった初期、天井から泥棒が三人入ってきて、自分を狙っているなどと、恐れた模様とそっくりである）。

一、七時就寝時間となりますと目がかすみ頭が重いからと言い目をとじていましたが、そのうち二、三回寝返りを打っていましたが眠りについたようでした。

一、九時頃取調べのため呼出しがありましたが、しばらくして起きあがり出房し、十時五分入房、ふたたび就寝。

九月一日午前六時の起床まで四、五回寝返りを打っただけでした。

一日午前八時交代時まで頭、ひげをさすりながら物思いにふけっている様子でありました。

こうした睡眠不足と、精神錯乱、幻覚状態はなおつづく。

「昨夜は、何だか、知らない人が、首実検に来ましたが、知らない人ばかりです」（第十六回聴取書。九月十日）

ところが、こうした睡眠不足の上に、なお肉体的疾患の苦痛が加わってきている。

「今日は痔がひどい出血をして困りました。それより、頭の痛みのなおることはないでしょうか」

(第二十三回聴取書。九月十七日)

痔の出血は、下獄前からの長い間の持病で、これは拘置所当局も認め、その後も仙台拘置場のカルテによると、痔に対する座薬の投与はつづけられていた。小菅、巣鴨時代も、つねに、

「毎日卵一個分位の出血があります」

と、私に訴えつづけていた。

平沢のしだいに蒼白になって行く顔は、独房に拘禁されているためもあるが、この痔による貧血のせいではないかと、早くからいわれてきた。

長期の痔の出血は、時には交通事故の負傷による出血や、結核による喀血より危険なことは、専門医の等しく認めていることである。

「今朝、また痔から血が出ました。一昨日茶碗二、三杯ぐらいと、昨日一杯ぐらいと、今夜また一杯出ました。頭が、ぐらぐらして、目がまわりそうです。目がまわるのが、いちばんつらいですね」

(第二十四回聴取書。九月十八日)

検事は一応、「取調べても大丈夫かね」と聞きながら、その後も変わらず、かなり長時間の取調べをつづけている。

頭がくらくらして目がまわるのが事実なら、かなりの貧血か、あるいは心労と疲労と苦痛と複雑な悪条件が重なりあって、取調べられる本人は、かなり苦しい状況にあることが考えられる。

検事としては、一応直ちに診察を受けさせ、休養させ、心身の落ちつくのを待ってふたたび聴取

をはじめるのが、法にかなった行動ではなかったろうか。

「そんなこといちいち取りあげていてはたまるか」という検事があるかもしれない。そういう場合も、あり得るだろう。しかし、平沢には、痔の出血という条件があり、それは拘置所のどのカルテを見ても、虚偽でないことが明らかにされている。

たとえば警視庁から小菅に送られた当日のカルテにも、「膀胱結石及び貧血あり、出血疼痛を訴う」と記されている。

客観的に否定できぬ持病があり、これだけの苦痛の訴えがあったのなら、とりあえず診察を受けさせるのが当然である。

そうでなければ、われわれは安心して、法に従うことはできない。

一方、捜査本部では、平沢に事件当日の犯人の扮装をさせ、極秘裡に、捜査資料として各署に配布した。読売新聞には次のように報道されている。

「帝銀事件捜査本部では平沢画伯に帝銀犯人の服装をさせ、とくに防疫班員の腕章をまいたものと、小切手払出しの扮装のハンチングをかぶり眼鏡をかけたところを写真にうつし目白、戸塚、板橋、荏原など関係署へ極秘裡に配布した。

これは考えようによっては人権蹂躪となるおそれがあるが捜査本部では『手配写真ではなく、あくまで捜査の参考資料として配布したものだ』といっている。

平沢画伯の容疑のうちもっとも重視されている『松井名刺』の行方については省線三河島駅でスラれたという画伯の陳述により捜査中だが、その際スリの遺留品として画伯のカバンの中に入っていた扇子の出所について二十日午後堀崎捜査一課長から一般の協力を要望した。画伯の陳述によるとこの扇子は昨年八月十二日スリのためにカバンの中から現金一万円と『松井名刺』の入った財布をスラれた際スリが遺留していったもので、表面が鉄無地に銀波模様、裏面は薄ねずみ色の無地で、両端には『松本』の認印、骨の左端には『八重菊』というゴム印をおした扇子である。画伯の陳述が真実ならば扇子の出所がまず究明され、さらにそのスリ犯人にまで捜査がのびあるいは失われた『松井名刺』が発見されるかも知れず、一方扇子の出所が判明すれば財布もスラれたことがウソの陳述となるわけである。

この扇子の出所如何は画伯の黒白いずれをも決定するものとして期待がかけられるので、心当りの者は届け出るよう要望している」

当然、弁護側は「人相鑑定者にある種の予断をあたえる行為だ」と抗議したが、当局はうけつけなかった。同日の読売新聞は次のように山田弁護士の抗議を掲載している。

「平沢氏に帝銀犯人の服装をさせた写真を各署にくばったことについては、そのとき着せたオーバー、ゴム長ぐつ、茶の格子じま洋服などが同氏のものであれば、ある程度やむを得ないが、そうでない他から持って来たハンチングやメガネ、腕章などをつけさせたとすれば、これは明らかに人相を鑑定する者に先入感をあたえ、ある種の予断をさせることになるので、本部のやり方としては適当でないと思う。それをあえてした当局の意図またはその品物などにつき、高木検事によくただしその間の事情が納得がいかなければ当然抗議するつもりでいる」

睡眠不足と錯乱

睡眠不足は、自供をはじめた後のかなり末期まで、つづいていたようだ。九月二十七日の第四十五回聴取書でも、平沢は訴えている。

「昨晩は、仏様が出て見えました。お書取り願えませんでしょうか。

吾雲を清ませ給い御仏の
手招き給う法の大道
お調べからあちらに帰ってきましたら、進駐軍が入ってきて、なかなかガタガタして、寝られず、十二時の時計がうってから、うとうとと致しました。

そのうちに足はしびれる。胸は苦しくなると、また四人出て来られ、私に何かいおうとしておられるので、私は合掌して、許して下さいとお詫びをしていたら、ボーと明るくなって来たので見たら、法隆寺の壁画のような方が背光を放っていられます」

もう正常な自供ではない。こうした幻視の訴えからはじまる自供をとって、正当な証拠として取りあげる裁判所の方がどうかしてはいないか。はたしてこれが文化的国家の裁判といえるものだろうか？

それからは毎日のように、この幻視の訴えがつづく。しかし平沢の幻視は、一般の殺人犯人の見る被害者の凄惨な死に顔や、怨霊の類いではない所に特性があるといわれる。

翌日の二十八日の聴取書にも、

「五人出て来ました。一人は女で、その人が主人で普賢菩薩の姿に変わり、四人は、自然に消えて行ってしまいました。そしてその菩薩が、平沢と呼ぶのです」

とはじまるのである。

検事はこういう妄想か幻視かわからぬ異常な告白を書きとった後で、松井名刺や毒薬、腕章のことなど証拠になる物を次々と詳細に聞いて、それを犯行自白だとして論告に整理して用いているのである。

はたして、その自白からは、何一つ裏づけになる物的証拠は、あらわれてこなかった。検事の作業、裁判官の行為など、みなナンセンスな、はじめから真実から遠くはなれた喜劇ではなかったのか？

しかし、第三者がその局面だけを見れば、喜劇であっても、被告の立場になれば、恐ろしい悲劇になり得ることもある。もし平沢が、五十六歳という老軀と、思いもかけぬ環境の激変による精神的ショックと、それからはじまる三度の自殺未遂、真夏の長時間の護送、取調べの苦痛、肉体的疾患など、無数の要因が重なって、心ない自白に追いこまれたとすれば、単に悲劇とすますことはできない。

有名な判事であり、終生を法制度の人道的改革に捧げたアメリカのジェローム・フランクの言葉をあげておこう。

「警察官たちは、自白させるためには、手のこんだ工夫も暴力も必要としないことを知っている。一人の人間を説得して、諸君の欲することを何でも自白させるもっとも安易な方法は普通では極度に疲労したと思われる程度以上に、彼から睡眠を奪い、はてしなく尋問することである。ルイジアナの一裁判官が述べたように、『もし、睡眠を与えられないで尋問ぜめにされるなら、私自身、自分の父を殺したという虚偽の自白をするかもしれない』のである」（児島武雄訳『無罪——三十六の誤判例』）

検事のテクニック

次に高木検事は、誘導、強迫、同情的媚態というテクニックを駆使して平沢を追いこんではいないか。あるいは、平沢の拘禁心理や、コルサコフ症による暗示、刺激にかかりやすい特性を利用してはいないか。

また、長時間の継続取調べから当然疲労、不眠、混乱状態に追いこむテクニックを用いていはしないかを調べて見る必要がある。それはあくまで、前に述べたように、データをそろえた実証でなければならない。実証のない強弁では、私たちも弁護のための捏造を行なうことになるからである。

また、平沢が犯人であるという予断を抱いたために、意識せず、そうしたテクニックを用い、平沢を追いこんだ結果になりはしなかったか？

昔から捜査官の容疑者に対する取調べのテクニックは、どういう段階で、どういう状況を作り、容疑者の心理をどのように巧みにつかみ、強迫、誘導、同情をいかに使いわけるかにあるという。

そのためには、言葉は強力な、尖鋭メスともなり、扇情者ともなり、観念させ、引導をわたす杖ともなる。否認する時には、どういう態度に出るか。どう混乱させて、どう導くか、敗戦前の時代にきたえられた悪い意味のベテラン検事や刑事は、その辺のかけ引きや、テクニックは心得きっていたという。

相手の否認の出鼻をぴしりぴしりとおさえてさえぎり、あいまいな古い記憶をつかまえて、間違った証言を導き、お前はまた嘘を吐いた、真相を言えと迫る。これは、取調べの定石になっていたとさえいう。

また、突如大きな声を出して、心理を撹乱し、動揺させ、その間隙に追いこみ、混乱させて、完全に相手を把握してしまう。こうした技術にたけた検事や刑事を名検事、名刑事と呼んだ時代があったのである。そうした時代は完全に去ったのであろうか？　このような強制、誘導、強迫などのテクニックを聴取書の中で、検事が用いていないかどうかから調べて見よう。

「まとまらなくてもよい。記憶を喚起させるヒントは与えてやるから」(三十四回)「お前の今いった事は、決して本当の事と思って聞いていない。しかしお前が前に言った通り、梯子段に上らせてくれというから、一足飛びには無理だから、本当の告白をしなさい」(三十四回)

高木検事の質問のしかたには、随所にこのように、不穏当な、新憲法下の検事としてはあるまじき内容のものが見受けられる。たとえば、第三十六回聴取書の中だけでも「まだあるだろう」「まだあるだろう」という言葉が、二回もあらわれている。

その他、このおなじ聴取書の中には、「嘘をいってはいけない」「本当のことをいいなさい」「とにかく、以上の事でお前が財布のスリ被害にかかった事は認められない」「まあ、傍系の瑣末な事はよいが、とにかくもっと本当の事を告白する気持にならないか、少なくとも一段ずつでも前進しなさい」と、嘘ときめつけ、強要するよう空言葉がたてつづけにいくつも並んでいる。

平沢が、財布のスリ被害にかかったことは、荒川署に明らかに届けが出ているのに、頭から認められないというきめつけ方は、冷静に見ても強圧にすぎる。お前の供述ではだめだ。俺の気にいるようにいえ、という強要にしか聞こえない。

この時の聴取書中には「まだ、本当の事がいえないのかね」「違うよ」という言葉が、その後にもつづき、その間に、次のような強迫としか思えない言葉が入ってくる。「今のお前はそれと同じだよ。本当に苦しい立場に追いこまれている。殺すのが慈悲だと思う。告白には多くは要しない。本当の事をいいなさい」

こういう激しい、強迫に類した言葉で追いこまれた自供書を、はたして合法的なものとして認められるだろうか？

ところが、死刑確定判決は、こうした検事の不当な追いこみを認めずに、平沢の自供のみを唯一の強力な証拠として認定し、採用しているのだ。

また明らかに誘導と思われる質問は、

「銀行は目蒲線と池上線の真ん中の位置にあって、東横線とは大分離れているのだが、考え違いではないか」（第四十二回聴取書）

「西小山駅の記憶違いではないか」などと、位置を指摘した上に、「記憶違いではないか？」という言葉が、執拗にくり返しとび出してくる。

だいたい綿密に、時間や地理を計算して、みごとに大量虐殺犯行を遂行した犯人が、犯行に選んだ現場に対し、思い違いや、記憶違いをするものだろうか？

平沢の間違いを、ヒントを与えて、自分の気に入った方向へ誘導して行くというテクニックであるととられても仕方のない質問のくり返しである。何とか、誘導してでも、犯行に結びつけようという意図の見える質問は、このほかにもある。

「お前、まだ間違っている事をいってはいないか、特に青酸カリをもらった事について」（第四十六回聴取書）

「そうして帝銀でとった金は少しでもその女にやったか」（第四十七回聴取書）

さらに次のような質問が出てくる。

「今度の事件全体の原因は、はじめ戦時中何とかして、テンペラ画会の復興と自分の技法の研究のために資金を獲得するために、銀行で青酸カリをつかって行員を倒して、まとまった金を持って逃げようとする計画をもって野坂弘志（平沢の知りあいの薬剤師）から青酸カリを貰った時の計画のヒントか？

戦争後、家が建築できても、家族と一緒に住まず、一人下馬の伊藤梅吉（平沢の知人）の家におらなければならなかった淋しい境遇から、偶然その女に会って一緒になりたい熱情が出て、そのために、急にまとまった金が欲しくなり、一時心の中で眠っていた戦時中の右のヒントが再燃して来て、松井の名刺もあったため、これを利用してやろうと決心して実行に移ったのだろう

これだけ長々と平沢の犯行動機を並べ立てて、「そうだろう」ときめつけては、被告は、何もいう必要がないほどである。

こうした強要は最後までつづいている。

第五十三回聴取書にも、まだ、「いま少し清められて、本当の事をいったらどうか」という頭からのおしつけ、強要があらわれている。

投げられた餌

こうして追いこまれていって、疲労困憊し、心身ともに限界に達した（平沢の主張）平沢は、最後に投げられた検事の餌（山田弁護人）で、約ひと月以上つづいた否認を投げうって、自供に持ちこまれる。

実に、その間、検事は執拗にたたみかけ、前記のような尋問攻めで、「嘘をいっているだろう、本当のことをいいなさい」と強要しつづける。平沢の供述は混乱し、支離滅裂をきわめ、すでにその面でもぎりぎりの状態になっていることを感じさせる。張りつめた琴の糸が、さわればぷつりと切

九月二十日）

れる寸前である。この間の検事と平沢の応答を自供寸前の聴取書の中から見てみよう。（第二十六回、

検事　一月十七、十八、十九日のアリバイは。
平沢　朝のうちは写生をしており、午後どこかへ出ているかも知れません。多分家で画を眺めておったのではないでしょうか。
問　このように皆に見られて、お前の腹中はどんな気持か。
答　いやな気持ですね、一種の侮辱を感じます。
問　しかし侮辱と言えば僕の方がお前から侮辱されているよ。
（黙して答えず）
問　午前中もあんなわかりきった嘘を言って僕に面しているのだもの。しかしこのような感じを抱く必要もない段階に入って来ている。ただ、お前の芸術的生命をどうかして残してやりたいと考えているのだが、もう一度清純な心に立ちもどって絵筆をとって見たいと思わないか。
（この時被疑者は涕泣した）
答　とって見たいです、法隆寺の壁画を技法で表現したいという私の望みも九分九厘まで出来かけ、ここで死ぬのは残念です。四十年の生活ももう駄目です。なにとぞ龍に会わせて下さい、龍に会って後事を託して、そしたら一切の事を申しあげます。そして処罰を受けます。

「このように皆に見られてどんな気持か」という検事の質問は、大変残酷な質問である。平沢にとっては、致命傷にひとしい、もっとも痛い傷に火箸をつっこむようなものである。妻や子供、弟や親類までが、自分を世にも凄惨な虐殺犯人と思っているであろう。

自分を先生と呼んでいた人、信頼していた人、愛していた人たちも、自分をそんな奴だったかと見なおしたであろう。あるいは、自分と仲が悪く、きらい、憎悪をもっていた連中は、冷笑し、「ざまを見ろ、やはりあの男は」といっているであろう。平沢の気持がどのような煩悶と焦燥に転々としていたかは、自分をその場において見れば、誰にでもすぐわかることである。

他人の心の動きに対する理解は、相手の立場になって考えるということの他はない。ことに検事などの立場にある人たちは、容疑者を犯人扱いしてはならないはずであり、ことにもろい人間心理は大切に扱ってもらいたいものである。それは、強制による自白をさせないためにも大事なことである。

心理の傷口にふれられれば、人はみな痛みから自棄的絶望におちいりやすい。これは、悪く考えれば、容疑者に対し、真実でない自白を招来するテクニックであるかもしれない。

練達な刑事や検事は、そうした容疑者の心理の動きは心得きっていて、巧みに用いる。それを名刑事、名検事というのだと成智元警視もいっている。あるいは、取調官が意識しなくても、結果的にはおなじ事態が起こりやすいのである。さらにこの時は、例によって、「お前は嘘ばかりいう」ときめつけ、ぬきさしならぬ心理状態をつくり上げて行く。こうした心理的攪乱と、追いこみがおこなわれた上で、「もう一度、清純な心に立ち戻って、絵筆をとって見たいと思わないか」と、大きな誘惑の餌を投げている。

検事は無意識にいったというであろう。が、容疑者の心理の推移、経過を分析して行くと、実に巧みに計算され、緻密な心得きったテクニックで、段階を追って行って、誘惑のわなをしかけたのではないかと疑惑の念を抱きたくなるのも当然であろう。山田弁護士は一審の弁論において、この個所に対してこう論じている。

「平沢は、絵を描くより他に、何の欲もない男である。その男を捕えて絵筆をとりたくても、絶対にとれぬ境涯に置いて、絵筆をとって見たいと思わぬかというほど残酷非情な事はない。検事の明敏は、誠に画家のもっとも触れたくないところをついたのだ」

平沢はこの時涕泣したと聴取書に記してある。

これを、検事はどういう目で眺めたか。獲物を追いつめた効果として眺めたか、あと一息で、射殺できると思って、なぶるようにみつめていたのか。それとも、ただ無意識にそういう言葉を投げ、無感覚に平沢の泣く姿を凝視していたのか。

とすると、大変不用意なことであり、容疑者心理に無知なための残忍無情さということになる。どのような心理で検事がいったにせよ、こうした一連の言葉の作用は、もっともデリケートに、もっとも病的になっている容疑者の拘禁性心理に独特の効果を及ぼしたであろうことは、想像に難くない。

山田弁護士は弁論する。

「平沢の緊張しきった心理はこの時崩壊した。これは、明らかに一種のよく計算された拷問である。心理的なもっとも巧妙な拷問である。吐けば絵筆をとらせる、というならば、これは強要である。また、肉親にあわせることを条件として一切をいうことを約せしめたらというならば・これまた強要である」

事実、この時それまで三十日間闘いぬいていた平沢は、がっくり崩れたのである。

「とって見たいです。四十年の生活も、もう駄目です。なにとぞ龍に会わせて下さい。後事を託したら一切の事を申し上げます」

「明日でも明後日でもよろしいからなにとぞ龍に会わせて下さい」

と叫ぶ。

この事に対して、平沢の再審請求ではあらためて明らかな誘引尋問として再審に持ち出した。一審から最高裁までは、山田氏の弁論はあるが、心理学上の裏づけのある鑑定書が提出されていなかった。

弁護士といえども、心理学の専門家ではない。正しくても、価値ある科学上の証拠とは、見なされにくいのである。

もっとも、当時の心理学は、現在ほど進歩していなかった。拘禁心理に対しては、前述したような事情から、最近はとくに発達し、研究が深まっているので、このような質問の仕方が妥当かどうか、疑問あるが、しかし、ここで公正な気持で検事の主張も聞く必要がある。頭から検事が悪いと予断を抱くような運動を私たちは排する。真実は、つねに事実の本質をつかみ、偏見なく判断する以外には、見いだしようがないからである。

高木検事は、その論告書の中で、こう論じている。

「この全取調べを通じて、ほとんど新聞記者の重囲の中にあって、向う側の窓からは望遠レンズで、常にのぞいており、時には窓枠にぶらさがって聞きに来たり、マイクや写真機が四階の屋上から窓のすだれの隙間にたれ下ってくる等、油断も隙も出来ない状態で、まして人権蹂躙を云々されるような所為はとうていできない状態で、取調べの時間も常に深更にわたらないように注意し、午前は十時頃からはじめ、午後九時には原則として取調べを止める方針をとりました。調書をとる関係上、十一時を過ぎた事が一度だけありますが、それ以外は、常にこれを守って来ております」

これは、よく気をつけないでさーっと読んでしまうと、なるほど検事のいうことにも理がある。人権蹂躙はできない状態にあったのだなという印象をあたえる文章である。しかし、検事は、みずから古い思想、古い訓練の中で、育ったという告白をこの中でしている。

「午前は十時頃からはじめ、午後九時には原則として取調べを止める」という点である。午前十時から午後九時というと、ぶっ通しで十一時間、昼と夜の食事の時間を一時間として抜いても、九時間になる。もっともその全時間を取調べに使ったというのではないだろうが、しかし、被告はその十一時間という長時間中、極度の緊張と、精神動揺の間を彷徨しているといってもよい。五十六歳という年齢、持病、自殺未遂、先ほどあげた睡眠不足（これも一種の緊張）、時期的には酷暑の時が長かったことなどを考えあわせると、平然とその時間を主張している神経を疑うのである。

現在でも、一般の人びとは、容疑者などは、無理な追及で、深夜まで調べるのだ。それでもよいのだくらいに考えている。まして、当時は、こうした裁判批判や、容疑者の心理状態までを論ずる風潮などは一般になかった。検事でさえこの無神経な状態である。

新聞記者がこの時代に人権蹂躙云々を書き立てたとしたなら、肉体的拷問や、徹夜がつづいたような時のみをひろいあげる以外にない。

検事の警戒していた点は、主にそういうところに過ぎなかったであろう。

もっとも、その時間中、すべて取調室にいたというのではないであろうが、聴取書作成の時間、方法、状態、その回数などを記録にとって見ると一目瞭然のように、病弱な老人に対して検事のとった処置は、決して適切でも、科学的でもなかったことが分るのである。「人間の取調べに対する頭脳の限界は、二時間です」と東大の相良教授は、私たちの質問に対して答えた。

検事の弁解をさらに聞いてみよう。

「私は、この取調べ以外に、各刑事の捜査指揮報告の聴取から上司への取調べ状況報告等一切を一人でやっておりまして、被告人よりもよほど長時間の労働に従事しており、それだけ多く疲労しておって、かえって被告人から御見舞いをいわれた事があるぐらいです」

ここで、高木検事は、検事として致命的な告白をしてしまっている。

前にも心理学者の説をあげて主張したように、人間の健全な心理状態に対してもっとも障害になり、危険な存在になるのは、疲労である。このことは、調べられる側の容疑者の自供にとって危険であるばかりでなく、取調べる側の頭脳に対しても、危険信号であることはいうまでもないのだ。過重の労働、それから発生する疲労などはかなり広量で、公平な人までもヒステリカルで、狭量に病的な状態に追いこむものである。これは裁判心理学のイロハであるはずである。それを誇らしげに論告の中に入れるなどはこの検事の取調べ態度、心構えの程度を疑うとともに、理性的でない感情の強い一面を示しているものではなかろうか。

しかし何よりも恐ろしいのは、容疑者取調べに対する古い制度下で育った検事、判事の考え方と心理学上の知識の欠如、それから起こる無理解、誤った取調べの手段、方法などである。このように、心理現象に対して、軽率、無理解な状態で調べられては危険はいつでも発生するのだ。

義弟との面会

こうして、平沢は、九月二十一日に逮捕護送以来はじめて家族の中の義弟龍に面会させせられた。

九月二十一日付第二十七回聴取書

検事は龍を同席せしめ被疑者を入室せしめたるに被疑者は風見龍と握手したるうえ涙を浮かべ風見に対し、

「龍ちゃん申し訳ありません、申し訳ない」

と言いながら着席し、しばらく黙したる上、「どうしてあんな事をしたのでしょう、四十年間の研究もこれひとつで全く無駄になってしまった（一万円詐欺に対する自責の言葉）。

あの札が落ちているばっかりに、ふと悪い気が起き一万円とってしまい、また小切手は未遂とは言え未遂だって同罪だ。私はこの罪だけでも検事に願って死刑にしてもらうつもりだ」

この時龍は被疑者に対し、

「そう悲観することはありません、元気でいて下さい、経済的な問題は私が責任を負って皆家中で持ちあってやっておりますから家中の者の心配はそんな事でなく、帝銀の事件の事です。家中の者も、皆義兄さんのそんな事をする人でない事を信じて皆一生懸命やっておりますから」

検事はこの時、龍に対し事件に関する発言はしないように申し向けたるに龍は黙し、被疑者は「有難う、しかも調べられる人はどうしても私を帝銀の犯人にしなければ承知しないようななされ方で、私は疑われただけでも恥と思っております。私が前に本当の事を言っても全部嘘だと言い、アリバイの事等も、山口（平沢の娘聟）や娘だけはよく承知していてくれるのに、それを、嘘だと言われるのです」と言えり。

これには、検事も驚いた。龍と面会させるために、平沢と約束した話と違う。龍とあわせれば、素直に自白するということであった。

高木検事は、あわてて、その間に割りこみ、金のことを追及して、平沢と論争をはじめるのである。一時平沢を退席させ、龍と話しあい、また平沢を入席させる。

龍は、平沢に対し、

「とにかく本当の事をいって、早く家の者や世間の人も安心させ、取調官にも迷惑かけないようにして下さいよ」

という。平沢はこれにうなずいている。

その日の午後、高木検事は、またすぐ平沢をふたたび呼び出し、追及をはじめている。

第二十八回聴取書

検事　昨日と今朝とは心境が変化したね。

（おしつけるような、断定した質問だ）

平沢　いや同じです。

検事　しかし僕が見た目では完全に違うと思うがどうか。

（なおも、執拗に検事は念をおしている）

平沢　（黙して答えず）
平沢　話そうと思った事の三分の一も言えませんでしたね、もっと家の事を聞きたかったたし、将来の事も言いたかったのですが。
（平沢は龍との会話の不十分なことを嘆いている）
検事　お前が本当に心の中を打ちあけて言ったのだったらいくらでも話はさせてあげましたよ。
（これが強制、あるいは取引き、誘惑でなくて何であろう）
平沢　家の者がどういう気持でいるか知りたかったのです。
検事　不安や焦燥で困っているだろう、お前が割りきれなければ、家の者もやはり同じであろう。
平沢　そうでしょうね。今朝どうして言えなかったかしら、最後に龍ちゃんを引きとめて言おうかとも思いましたが、意気地がなかったのです。
検事　それでは僕に言ったら良いではないか。
平沢　いや、介添なくては言えません。龍ちゃんでなくても下馬の伊藤でも良いのです。介添をつけていただければ、今晩一晩頭を澄ませて明日にでも介添の前で、検事さんに一切を告白致します。
（もうこの時平沢の頭の中では、第三者の誰かに、犯人でないことを告げて、自殺をくわだてる次の日の計画が定まっていたようである。しかし、検事は、自白を自分の側の条件に合わさせようとしてかけ引きをはじめている）
検事　しかし今日の同じ轍を踏むのでは、何の告白にもならない。無駄な事だから先にどういう告白をするか結論だけでも聞いておかなければ困る。

(このように、自白と引きかえで親族との会見をおしつけるようなテクニックが、検事の職権に許されているのだろうか)

平沢　いろいろ聞きたい事を聞いた上で帝銀事件の犯人である事について告白します。

(それからくり返し高木検事は今日なぜ告白できなかったのかとからんでいる。そして、次のような意味ありげな言葉を吐く)

検事　しかし一度お前に裏切られたから、本当の告白であるとおもえるように、僕の猜疑心を除く方法はないか。

(実に巧みな、自白誘導あるいは妥協的自白を導くテクニックではないか。今自供しろ、そして俺に安心を与えろ。これではどんなにしてでも、自供してしまえという激しい追いこみである。検事はそうでないというかもしれないが、被疑者に対する心理的圧迫としては、そのような結果になる)

平沢　何の抒情的な事もない私が申し上げるのでお疑いになるのかも知れませんよ。それに私の今の心は濁っておりますから、ひと晩なにとぞ心を澄まさせて、明日介添つきで、告白させていただきたいと思います。

(平沢はどうしても、第三者に会わせてくれと食い下っている。双方の必死のかけひきの攻防である)

その翌九月二十二日、検事は、戸谷桂三、高山興正、大久保忠孝、浜口充曼、若林茂樹氏など銀行関係の目撃者を入室させ、数度目の平沢の面通しをさせている。

そうした中で、早くから聴取書はとられている。

平沢　昨晩は一睡も出来ませんでした。
検事　上の娘に贈る歌は出来ましたか。
平沢　出来ました。
夫逝きていとし子二人抱えたる
汝に幸あれと吾霊は守らむ

こうして、検事は、四人の証人を退席させて（検事に取調べられている状況の被疑者は、元来犯人に見えやすい。しかも一人だけに対する面通しである。法的に公正な面通しといい得るのであろうか）平沢に対し、たたみかけて追究をはじめている。

検事　そのような末端の事はどうでも良い、清明心を取りもどせ、お前が一昨日言うた事は本当だと思う。今でもあの時は欺かれたのではないと信ずる。
平沢　御明察の通りです。今朝も私はあの清らかな心になっていたのです（中略）。それなのに今朝ここへ来て見ると大勢の人が部屋にいて何とも申し上げようなく、その出鼻をくじかれてしまったのです。大事な方の事を私に言わせていただきたいのです。「どうか帝銀の犯人としての義兄に会わせてやるから」と言うて龍を呼んでいただきたいのです。
検事　それなら第一段階に僕に少しでも話したらよいではないか。
平沢　どうか私に階段を上らせて下さい。階段を上りたいのです。一度に飛び上がれないのですね。弱虫ですよやっぱり。
検事　信用をおけるかどうかのために聞くが、銀行預金の林名義はお前が使ったのだろう。
平沢　そうです。林は本当に昔水曜会で会った男で、室町三共製薬ビルの何階かに事務所のある薬物関係の会社に勤めていた男でした。それで思い出して私が使ったのです。
検事　龍にも、なにか書きのこしてやらなくてもよいかい。
平沢　書きたいですなあ、娘聟にも書きたいです。

こうして、義弟龍と娘聟である山口との二人に、平沢は遺書めいたものを書き残している。だが「書き残してやらなくてもよいかい」などと、いかにも、平沢、お前は死刑になるのだ。真犯人なのだぞという断定した口調で、ぐいぐいたたみかけている。

平沢は、後で高木検事の催眠術にかかったと言っているが、暗示がくり返されて、誤った幻想が生まれ、無実の者が、犯人と思いこむという例が国際的にも数多く報告されていることから見ると、こうした執拗な、くりかえす迫り方、それも頭から真犯人扱いしているたたみかけた尋問の仕方は、裁判心理学上、また精神医学の面からも、大きな問題を後世に残すのではないか。

平沢は、この時、検事には、義弟龍に会わせてくれたら自殺を企てるなどということをそぶりにも見せなかったが、二人の親類に対する手紙には、「小生亡き後」として、はっきり覚悟の遺書をしたためている。

検事は、この時、その書を自殺の前提などと考えずに読み、平沢の自白を期待して、龍に会わせている。平沢が自供に至る重要な時期の心境を知る資料になるので、次にあげておこう。

龍様　　　　　　　　　　　　　　大暲謹記

色々とこの度は一方ならぬ御親切御厚情を辱う致し、何とも御礼の申上げようもなく唯々深く深く厚く御礼申上げます。

何卒小生亡き後家族全般にわたる貴殿の御親切の指導を心から伏して御願申上たく、かくて小生も冥し得ますことと存じます。

なお御尊父様にもくれぐれも宜敷く小生の意中御伝え下さいまして、小生が御詫心と感謝を御伝え賜わりたく御願い申上げます。

小樽の小生の両親にも右同様御伝達下さらば一層の幸甚に存じます、ではは御礼とフェアウェルの言葉まで。

昭和二十三年九月二十二日

この遺書の中には、一言も罪を認めた文字はない。彼は死刑を予想して、訣別の意をあらわしているのではなく、自殺を前提にして、遺書を記しているのである。

検事は、真犯人——死刑——と結びつけて、「書き残すことはないか」と聞いている。その辺に、二人が一つの遺書をまるで違った角度から眺めているさまが感ぜられる。皮肉な現象である。娘聟に対する他の遺書も同じような内容なので省略する。

聴取書には「右各記載を唱読しおるうち被疑者は涕泣したり」と記されている。平沢は泣いたというのである。そして彼はこういっている。

「私が書いた三通のものは、今日龍ちゃんが来たら直ぐ御渡し願えませんでしょうか」

風見龍でも誰でもいい、親しい者に会いたいと検事に催促しているのだ。会った後で、いったい何が起こるか、それは平沢は検事には何もいっていない。この時ただ泣いただけである。

いまにも嵐になりそうな雲をはらんだ静けさである。その雲は、やがて激しい雷鳴をともない、上空一面にひろがりみち、ついには裂けて、轟然たる沛雨になるであろうという張りつめた緊張感をはらんだものであった。その予測しない異変は、その日の午後発生している。

二度目の自殺未遂

平沢が三十七号調室に入ってきた時、すでに風見龍は入って椅子に坐っていた。平沢は差し出される煙草に二本火をつけて、一本をみずから喫い、他の一本を風見に喫わせて交換した。平沢は、

「お別れの一服です、私としてはどうしても一度お詫びしたいと思ったのですが、検事さんが一度裏切られたから話をする結論だけでも聞かせて置いてくれと申されたので、帝銀の犯人であると申上げましたが、検事さんも僕も腑に落ちないと言うて下さいましたが」

平沢は一見ちぐはぐな事をいって、話をはじめている。聴取書をしばらく追って見よう。

「この時風見は、

『義兄さんも苦難の中を生きて来られた人で、義兄さんがこんなになったのも義兄さん一人の責任じゃないと思います』

と言いたるに対し、

『いや私が悪いのです、私一人です、検事さんがもう一度画を描かせて下さるとおっしゃいますが、

このけがれた体（一万円詐欺事件を指す）で何が描けるという気持で一杯です。本当の事を言います、言いますとも。

検事さんも、どうしてもそうだと受け取れないと申されましたが、率直に澄んだ心で申しあげます。死んで行く者の言葉は正しいと申されましたが、龍ちゃんよく信じて下さいよ。御免なさい、ある事はある、ない事はないと十分申しあげますから命にかけて申しあげますから、私は龍ちゃん、帝銀の事に関して、天地神明に誓って犯人じゃーありません』

と言うや否やふらふらと立ちあがり入口ドアーの下から約一尺五寸の個所のドアーのへりに倒れかかり、頭部を打ちつけたり」

ついに、ぴーんと張りつめきっていた嵐の前の静寂の気は、音を立てて破れたのである。平沢は、「あることはある、ないことはない。私は帝銀犯人ではない」と絶叫して、自殺をはかったのである。ここ数日のたたみかけで、追及する検事との激しい応答、遺書、遺族に会わせてくれとの懇願、そうした異常な緊迫した時間の連続が、このような形で爆発するとは、検事も、安達警部も予想もしていなかった。

聴取書には、次のように書かれている。

「安達警部はただちにこれを助けおこし椅子に坐せしめたるに両手にて頭部を抱え、その後頭部を検するに、別に外傷も瘤もなし。（中略）

しばらくして山田雄三医師を入室診断せしめたるに、同医師は診察の上、

『別に何もありません。頭痛は少ししているかもしれませんが、脈も呼吸も変わりありません。脳震盪等もおこしておりません。精神的な打撃で黙りこんでしまったものと思います。頭痛のなおる

注射だけうちましょう』

と言って注射一本うちたる上、

『直ぐ診断書を書きましょう』

と言って、診断書一通を提出したるをもって本聴取書末尾に添付す。

右録取し読聞けて、被疑者に署名拇印せしむる事不能なるをもって、これを省略したり」

署名拇印のない聴取書というのが、はたして成立するものだろうか。大体連日の自白強要といい、日に数回のたたみかけた取調べといい、家族に会っては、犯行を否定し、また会わせてもらっている平沢の精神の動揺、心理の不健康の波など、少しも考えず、無視した取調べの連続は、元来無理な尋問であった。

この辺全体の聴取書は、私はすべて無効であるといってよいと思う。いやそれよりも、むしろ検事の職務に関する罪、被疑者に対する人権侵害といってもよいと思う。その観点から再審請求における新しい申し立てとして提出していたが、人権問題として、今後も深く追及されるべき内容を含んでいる。

しかし、検事も安達警部もこれを狂言だとみなした。だが、平沢のおかれた環境や、聴取書にあらわれている一連の自白強要、睡眠不足などから考えると、狂言などという余裕は平沢には、まるでなかったように思われる。

強要されつづけるということは、一般の社会生活にあっても精神的に苦痛の限りのことである。それを拘禁された絶対逃げられない環境で、連日くり返しつづけられるということが、どれだけの精神的緊張と肉体的疲労と抵抗を要することか。

ましてて平沢には、脱髄性脳炎という精神刺激に弱い既往症がある。それがなくても普通の健康人でも、約ひと月の追及では、拘禁心理で精神的に錯乱し、身心ともに疲労困憊の極に達したとしても時期的に当然である。むしろ平沢はあの年齢で、よくここまで耐え抜いたというべきであろう。こうした状況を無視して、検事や刑事は、平沢の狂言だと一方的に断言する。

もしこれを本当に信じているとすれば、単純のそしりをまぬがれないであろう。もっとも自分たちが追いこんで、自殺をはからしめたということになると人権侵害になり、職務上の罪にもなりかねない。

自分の身を守るためには、どうしても平沢の狂言だとしなければならない状況である。この時の平沢の状況を山田弁護士は、一審の弁論書の中で、こういっている。

「彼は、激突しようとしたつもりであろうが、既に弱り切って力なく、且つ場所は狭きに過ぎたのであろう。自殺企図は失敗した。彼の思いつめた死の抗議も果せなかった」

身体の衰弱と場所のせまさが、自殺計画を失敗させたというのである。炎暑《えんしょ》下の三十日間の拷問に等しい状態のはてには、ふらふらになり、いざ決行して見て、力がなかったのかもしれない。その上、彼には、新しい大きな圧力が加わることになる。それは狂言自殺という批判と嘲笑である。山田弁護士はこの状態を説明してなおつづけている。

「平沢の行為は、すべて虚偽だと解釈されて、潔白の証に死をはかった。そしてその失敗がもたらしたものは、その死も虚構だということである。

真に死ぬつもりで、壁に突進した人間が嘲罵された時、その人間は、死よりも、恐怖すべき嘲笑者を発見するであろう」

検事たちが、自分の身を守るために、どうしても平沢の狂言自殺だとしなければならなかったとしても、すでに二度目の自殺未遂であった。

検事は、みずからの取調べや自白強要の追及方法にこの際、深く反省すべきではなかったか。しかし当時の検事や刑事たちはこの程度の追及の仕方、被疑者の精神的錯乱、神経的苦痛などは軽く無視して通りすぎたのであろうか。かえってその精神的窮地を逆用して、追いこみをかけたのであろう。すぐその後で、また取調べを続行している。

自殺未遂の直後の取調べがはたして法的に有効なのか、取調べ方法として、妥当なものとして認められるものなのか、自殺未遂者の精神の錯乱、肉体的疲弊などは、はたしてみな正当な取調べにかなう条件なのか、こうした追いつめ方から、その当面の苦痛から脱れるための虚偽の自白、あるいは精神錯乱による幻想的、被催眠的自白が起こりはしないか。その可能性が十分にあることは、裁判心理学が例をあげて認めているところである。

ところが、この当時の日本の検察官は、そうした人権擁護の人道的、民主的取調べ方法に習熟していなかったのではなかろうか。あるいは、理論としては知っていても、自分たちの教育された時代が人権の認識に浅かったために、思想的、感情的には、全く全体主義時代の非人道的な取調べの垢から抜け出せなかったのではあるまいか。

この日の動静報告書には、ありありと、死を覚悟した心境があらわれている。風呂に入り、正座して拝み、はればれとして田舎の思い出話を語り、その後、力なく一点に目を注いで考えこんでいる。取調べから帰房した後、頭の痛みで苦しんでいる様子がうかがえる。

帝銀事件容疑者の動静について

捜査本部より六時十五分入房す、入房当時より頭痛の状態で頭を押え房内で横臥す。頭に手を当てる。

右横になり食事にも手をつけずそのままになっており頭を両手でおさえて寝ており、七時三十五分呼出しがあり頭を両手でおさえながら調べには一人では出られませんと言い、刑事二名につきそわれて調べのため出房す。捜査本部取調室より九時二十分森刑事より引継ぐ。入房し同時に就寝いびきをする。寝いびき甚だしく後静かに目を閉じ突然目を開き再び目を閉じ就寝する。二時―三時、頭をおさえて寝ており他に異状無し。七時―八時、朝食を食べ頭に手をやり、どうも頭痛がしてならないから手拭を冷やして下さいと頭に当てる。

平沢の第一回の犯行自供は、実にその次の日の第三十二回の取調べで、行なわれたものであった。自殺未遂をはかったその当日の九月二十二日の中にも、三回の調書をとられているのだ。

第一回は、遺書を書き、第二回は、自白を条件に親類と会わせてもらい、そして自殺をはかり、第三回目に、夜また引き出されて金の出所を追及されているのである。

冷静な時に、自供したのならともかく、自殺未遂の後の夜までたたみかけられて、その次の日の朝自供する。このような犯行自供が、民主憲法下の日本ではたして認められるものであろうか。

なぜ、自殺未遂の後、身心ともに回復するまで、しばらくの間余裕をあたえてやれなかったのであろう。

では、未遂の夜の追及から調べて見よう。

検事　どうだ、まだ頭は痛いか。
（頭を抱えて黙して答えず）
検事　さっきにくらべて気分はどうか
平沢　吐気がしなくなりました。
検事　頭はどうか、どう痛むか。
平沢　芯がじーんと痛みます。
検事　お前、あんな事をまた真似をするんじゃないぞ、お芝居に見られても仕方ないよ。
（黙して答えず）
検事　そのような自殺をしたのでは、永久に家の者にも焦燥と疑惑の中に陥れたままになるよ。
（黙して答えず）
（平沢は検事に何をいわれても答えない。内面しきりに苦悩している模様である。検事はそれにたたみかけて、すぐ金の追及をはじめている）
検事　とにかく今晩はお前が前に言った画会の寄附金の事を聞こう。
（平沢のいうことは何をいっても信用しない）
検事　しかし引きつづき調べてきた僕にはお前のいう事が全然信じられないよ、あれほどいう機会を与えたのにどうしてか。

こうして九月二十二日、この日第三回目の第三十二回聴取書が書きとられた。

二　自供

第一回自供調書

逮捕護送された昭和二十三年八月二十一日より三十四日目、九月二十三日、第三十三回の聴取書より、問題の平沢の犯行自供がはじまったのである。

その日の朝も、高木検事は、荏原の安田銀行での飯田隆太郎、関口徳郎、式部為五郎、平塚義雄という四人の目撃者の面通しをしている。

平沢　今日は頭が少し楽になりました。夜はガンガンしてろくに眠れなかったのです、食事もあまり食べられませんでした。

検事　誰もいなくなったから、本論にはいろうではないか。

平沢　昨晩から昨日の事の七言絶句を考えておりましたが、お書取り願いませんでしょうか。

再度死を決行して果さず
我が総体畢意滅せず
今は唯神霊の清浄を期す
希くは唯随喜の光明界に到らん

です。書いてお出ししましょうか。

（それを検事は書かせて、末尾に添付した後）

検事　昨日のつづきを少し話しなさい。

平沢　ただ困った事は腕章も手に入らず、薬も手に入らないので、どうして人殺しが出来るか、それでつじつまが合わないので困ります。

平沢は、突如として、思いもかけぬ自白をはじめたのである。

昨日の自殺未遂をはさむ三回の聴取書の猛追に、眠れないまま、一晩転々と煩悶して、覚悟をきめたものなのか？　あるいは疲労困憊して、出てきて相変わらずの面通し、追及ぶりに、ここでがっくりまいったものなのか。

検事は、これに対して、

「腕章や青酸カリの事など気にする必要はない、こちらに判ってないと思う事は言わないでもよい、お前の本当の告白であれば、それが本当であるかどうかをはかる支度は十分あるのだから」

と答えている。

いままで、何をいっても、嘘だ、嘘だときめつけてきながら、いざ犯行自白となると、「こ、ち、ら、に、判ってないと思う事は言わないでもよい。本当の告白であるかどうか、こちらは何でもわかる用意はあるのだから」

と脅しているのだ。平沢はこれに対して、黙して答えない。長い沈黙であった。

そこでこの回の聴取書は打ちきられた。その日の第二回目の取調べの第三十四回聴取書の際にも、安田銀行の女子行員の大山滋子、幸坂ミサ子、日野てる子を同席させて、首実検をつづけている。

平沢は、この朝、実に奇怪なはなしを冒頭にはじめている。

「検事さん、私が考えた事で、まだ一つ二つ世の中のためになる事があると思いますから、お聞きとり下さいませんか。

卵に味をつけて産ませる事です。

牛でも豚でもよいから切り出して買い、メンチにして、塩と砂糖と味の素とを入れてから煮て、カラカラになったのをフスマでも糟でも良いから混ぜて食べさせ、翌日、産んだ卵を取るというわけです。原始動物ほど出来るのですね。これはよいメデュームを作ろうとして偶然に発見した事です。それから染物をするのに味の素を入れるとむらが出来ませんよ」

これに対して、検事は、

「お前は中学校の時落第した事があるね」

と答えている。しばらくして大山滋子たちが退席してから、
検事　誰もいなくなったから、先のつづきをはなして御覧。

平沢　昼御飯を皆食べたので、腹がくちいですな、ゲップを皆出してしまいますから御待ち下さい。

と言いながら背骨をおさえ数回ゲップをした後、
話が全然まとまらないので困ったものですな。

検事　順序が立たなくともよいから。

暫く黙した上、

平沢　エート一服させていただきます。
　この時被疑者、煙草の「光」に点火してこれを喫い終わった後、
順序と言いましたが、それよりも記憶の方がどうも。
検事　体裁の良い言葉を聞こうとは思わんから、思い出すままで良いでないか。
平沢　大事な事ですから、嘘になっては何にもなりませんから、しっかりまとめたいですね。最後の大事な事まで私が嘘をついたと思われたくないですから。だいたい銀行もどこからはいったか憶えがないのだから、そいつが困るのです。申し上げるからには確然たる事を申し上げたいと思います。さすがに最後に平沢は綺麗に言ったという事をお認め願いたいものです。ですからどうか時間の余裕を下さい、今晩一と晩寝てゆっくりまとめますから。
（平沢はしどろもどろで、激しく苦悶している。なにひとつ出てこない模様なのだ。しかし検事の方はあせっている）
検事　まとまらなくても良い、記憶を呼びもどせるヒントを与えてやるから。
（誘導してでも、自供をつじつまのあうように作成してやるという言い方である）
平沢　いや、自分で記憶がよみがえって来ると思います。ただ考察の時間を与えて下さい。
検事　しかし長い間の出来事だから十分整えて全部記憶を喚起するにはなかなか困難だろう。
平沢　いえ時間だけ与えて下されば、十分出来ると思います。
検事　今一番考えているのは何か。
平沢　銀行の中の状態を考えているのです。紙を拝借して書いて見ようと思ってるところです。
（ところが事件の実情を知っている者は、この最初の平沢の犯行自供を読んで、驚くであろう。一

度追いつめられて、自白を決意した動機は、犯罪の黒白にかかわらず、苦しさから逃れようというとだろうから、それ以上追及され、時間の長びく嘘をいいつづけるわけはないと思う。しかし、平沢のいう事実関係は、実際の犯行とあまりにも違いすぎているのである）

平沢自供と事実の相違

検事　どんな話をしたか。
平沢　伝染病の消毒に来たと申しましたら、「そうですか」と言ったので、皆に薬を飲んでもらわなくちゃならないと言って坐って、煙草を飲んだんでしたかなぁ。
（このくらいの事は、新聞を読んだ記憶と想像で誰でもいえることだ）
平沢　それからお茶が来ましたね、お茶を飲んでと、判然しませんなあ、はてなぁ。
検事　名刺は何時出したか。
平沢　まだ坐らないうちに出しました。
検事　どんな名刺か。
平沢　山口二郎の名刺でした。
（山口名刺は、それまでに追及されて知っている）
　お茶を飲んでからどうも判然としないのです。そのところへ誰か出て来たような気がするのですがね。お茶を飲んでるときにごちゃごちゃになっちゃって、そのごちゃごちゃが、何のごちゃごちゃか全然判らないのです。五、六分か十分ぐらいしてからちょっと思い出させてくれませんか。

　しばらく黙したる上、
コップを借りましたですね。

（コップはなかった）

そして薬を注いで、その薬がこまるんですよ、青酸カリなのですが、私持ってないですから。

検事　まあいい、その薬はどこから持って行ったのか。

平沢　家の塩酸の瓶にあったのを持っていきました。手で持っていったのです。その薬を皆が飲みました。

検事　金庫にどうして手をつけなかったのか。

平沢　どうもこうも目の前にあった金を一包にしてつかんで持って来たのです、あっ、その時、上に小切手が一枚あったので小切手等で足がつくと思ったので、ぽんと道（店内の）へ捨てました。

（小切手では足がつくと思うのは常識である。ところが、事実は犯人は、翌日小切手を持ち、現金化しに板橋の安田銀行支店へ現われているのだ）

その金はかぞえてみないで、画嚢の中へ入れておきました。

高さは三、四寸の厚さの百円札の大きさのものでした。

（犯人がとった金をひそかに数えてみないということも考えられない。これは平沢が新聞で見た金額を正確におぼえていなかったためではないか？　検事はどうして正確な数字を平沢に迫らなかったのだろう。また十六万円という金の厚さは、三、四寸ではすまない）

検事から「その次の日はどうしたか」と、聞かれた平沢は「三越の搬出の前日ですかなぁ、家にいたと思います、いや三越へ行きました、午後小山に会って……」と色々思い出し、「それに違いはないか、秋葉原で電報打った日だよ」と検事に言われると、「そうするとちがいます、いや何か用足しに銀座へ行き」と、また別の記憶をたぐる。

検事　板橋の安田銀行へ行ったのはお前ではないか。
平沢　私でありません、私は知りません。
検事　中井の銀行や荏原の銀行はどうか。
平沢　両方とも存在する場所さえ知らないのですから本当に知らないのです。いまさら嘘を言ったところで仕様がないんですから申し上げますけれども。
(帝銀を自供しながら、他の三つは知らない。場所さえ知らないといっている。次はなお興味がある)
検事　帝銀へ行った日は天気はよかったか。
平沢　よかったと思います。
(当日は朝から雪が降り、昼ごろ止んだが、その後も重い雲がたれこめていた)
赤い格子のあの洋服を着て親ゆずりの靴をはいて、こちらへ来ている肩掛鞄をかけて行きました。
検事　帽子は、

平沢　ソフトをかぶって行きました
（服装も大きく違う）
検事　薬は。
平沢　家にあった塩酸の瓶から医薬用の二百グラム入り瓶でしたがその薬瓶へ入れて持って行きました。
（薬は青酸化合物である。瓶は小児用薬液に似た物で、全然大きさも型も違う）
検事　それ以外に持って行かなかったか。
平沢　その他には持って行かなかったと思います。
検事　お前の今言った事は、決して本当の事と思っていないよ。しかし、お前が前に言った通り梯子段を上らせてくれと言うから。
（これでは、平沢に対して、「とにかく一段ずつでも事実にあわせて供述する努力をしろ」と圧力をかけていることになる）
　一足飛びには無理だろうが、本当の告白をしなさいよ。
（一度自白させておいて、まだ駄目だという。こうなると自白強要を通りこして、俺に合わせて、白状しろというにひとしい。平沢の苦しみはまだまだつづく）

こうして、平沢は、検事に再三嘘だときめつけられて、一歩一歩自供を検事に合わせて、近づけ、最初のものとすっかり違ったものに整えて行くのだ。
平沢自白当時の模様を前掲書『世紀の容疑者』の中で、朝日新聞記者団は、次のように述べている。

「九月二十三日、うす雲りの朝、小雨さえ降ったお彼岸のお中日。警視庁も休み、新聞社も休刊日で、時は帝銀事件の大詰めとはいいながら、何やら気分がのどかである。留守番を余儀なくされた各社の事件係の記者が、それでも差入れの酒などをなめるうち暗くなる。もちろん、帝銀捜査は祭日でも強行されていたが、やはりお彼岸、刑事たちも、盃ならぬ茶碗をほしていたころ、A社のH記者は酒の勢いもあったろうか、ふだんは係官以外お断わりの三十七号調室の階段をのぼって行った。

はだしになり、靴を片手にぬき足さし足である。とっつきの平沢のいる調室のまわりには、今宵ばかりは油断したのか、見張り刑事はいない。追っかけて、M社のM君がこれもはだしできき耳をたてる。

捜査一課の事務室では夕食も終わり、刑事の大部分は帰ったが、二号鈴木、三号都丸、三十九号居木井の三主任は、大分まわったようで並んでデンと腰をすえ、控え目がちな居木井警部補も笑いを飛ばしている。

調室の中から高木検事のややかん高く、鋭い尋問の声がはっきりともれてくる。

『お互いに男なら、心にふれあう告白をしたらどうだ』

平沢の返答はただボソボソと低くひびくだけでわからない。十数分間は目を閉じ、電灯の光に面を青白く浮かばせて、思いにふけるさまが手にとるようだ。

『犯行計画をどう思うか』『毒物、腕章の入手についてはどうだ――』検事の声だけが高く廊下を流れていった。

平沢自供に間違いなしと両君、靴をブラ下げたまま記者室に飛び込み、『号外の用意』と電話にどなったはいいが、肝心の裏づけが何もない。それに、いくら特ダネでも輪転機がとまっているのでは話にならぬ。

この夜から高木検事が平沢を帝銀容疑者として本格的に取調べを開始し、また平沢の一部犯行自供はすでに二十一日からボツボツ出ていたことは後で知らされたのである。

平沢の取調べは、二十六日の日曜も行なわれ、平沢は相変わらずのダンマリ戦術で、検事につめよられると、苦しさのあまり『私は視力がなくなった。ネコが目を悪くすると飛ぶハエを捕えてたべる。私もハエを生けどって、油でねって目のフチにはりたい』とか『コエダメのウジ虫は薬になる』など折柄再度の首実検に来た帝銀の阿久沢芳子さんや、村田正子さんを面白がらせた。

平沢の完全自供近し――各新聞社で何よりほしいのは、発表以外にカメラマンが選んだポーズで、生の平沢の写真がほしいのだ。新聞記者とカメラマンと当局は、三十七号室をめぐっての攻防戦である。窓には特別のブラインドを下し、両わきのすいた部分には紙をはりつけて、外部からの眼を封じた。望遠レンズも役に立たない。調室の屋上にはコールタールが塗られ、それでも裏側の窓から、調室を出て廊下で歩く平沢にフラッシュをたいたため、ついに中庭と屋上全部に警備員十五名が見張ることになった。本館の窓から十メートルぐらいの竿の先にマイクをとりつけ、ソロソロと夕やみにまぎれ調室の窓に差出し、発見されるまで約三十秒はキャッチされた。

人権問題を気にして、平沢を公衆の目にふれさせまいとする当局も、ニュースを少しでも多く報道したい新聞社も、同じ苦心がはらわれていた。

二十七日朝の取調べで、平沢はついに高木検事に今年一月二十六日、帝国銀行椎名町支店で行員ら十二名を毒殺、十八万余円を奪ったむねを自白した。前からの約束通り、二階の帝銀捜査本部で午後一時発表された。

五十畳に余るこの大部屋も百名に近い報道陣になだれこまれ、机はカメラマンの足場となり、ニュース映画のライトは八方から照りつけ、まこと自白発表の場にふさわしい状景であった。八カ月苦心の結晶の特別捜査情報や書類も今や無用とばかり片隅におしつけられている。藤田刑事部長、堀崎捜査一課長、甲斐第一係長の三人、しめて六十五貫に及ぶ体重が人波をわけて席につく。

この時すでに街々には、それと見きわめた報告によって号外がバラまかれていた。

歴史的な帝銀容疑者自白の発表——藤田刑事部長が東京地検と同時発表の、鉛筆で走り書きの草稿を読みあげる。

発表内容。

一、平沢貞通は数日前から、自分が帝銀犯人であると述べはじめ、今朝（二十七日）までに相当具体的な事実を供述しているが、当局としてはその真偽を確かめるため、目下状況証拠を検討中である。

二、平沢自白の内容は『松井』名刺をスラれたと荒川署三河島駐在所に届け出たのは、虚偽の届け出である。その名刺を、安田銀行荏原支店で使ったのは自分である。三菱銀行中井支店に行ったのも自分である。帝銀椎名町支店の事件も、もちろん自分の犯行である。

三、この自白を裏書する状況証拠は集まりつつある。

四、この犯行は平沢の単独犯行で、家人、親類は関知していない」

当時、朝日の記者団は、自供したときの平沢の模様を窓ガラスごしに見て、『週刊朝日』の座談会で、次のように語っている。

「平沢ははじめのうちは不動の姿勢をしているが、取調べの追及につれてだんだん前かがみになって額に手を当てるのが窓硝子越しにみえる。平沢は額に手をあてたり、アゴに手をあてたりして、前かがみになって非常に考えこんでいる。そのうち手を両膝に置く。『これはてっきりオチるなあ』と思ったんだ」

「後でいろいろいわれて考えるとつい迷ってしまうんだ。そんな時やはり最初のインプレッションは大事だよ」

自白をはじめたころの平沢の精神状態を山田弁護人は、次のように書いている。

「その後、平沢が逮捕されてから三十日目に近くなったころ平沢はひじょうに弱ってきた。そしてまもなく平沢が自供をしたということを検事から聞かされて、私は平沢に会いに行った。そうすると、平沢はもうひじょうに楽しそうにしていて、〝高木検事は私の心の友だ〟とかいって、もう弁護人を必要としないというように見えた。また高木検事は、〝平沢はすばらしい発明をしていましてね〟といって、平沢に船舶塗料の世界的な発明があることを、私が聞かされたのも、その時であった。

そして、〝この特許権を長い間世話になった山田さんに、お礼として差しあげます〟という。それは船の底にカキがつくのが船にとっては悩みだが、それを完全に防ぐ発明だという。それはフノリで石灰をといて船底にはりつける。その上に砂を吹きつける。この砂を吹きつけるところがミソだという。〝カキは岩の上に住んでいるものであって、砂は嫌いじゃ〟という。それでもなお、勇敢なカキがあって、砂を物ともせず船底にかじりつくとする。相手は石灰とフノリだから、カキごとポロリと落ちてしまうという。したがって年に二回もドックに入らないでもすむという。

これが稀代の発明だというのを聞いて、いささか唖然《あぜん》とした。しかしその権利は私にあたえられた。そこで、私は〝もしこれがそれほどの発明であるとするならば、君、そういう発明を金にすればつまらないことにならなかったんじゃないか〟といった時に、高木検事は、〝いや、おっしゃる通りです。実際の人生というものは思うように行かないものですナー〟と述懐していた」（『日本週報』一九五五年四月号）

聴取書の矛盾

次に聴取書から平沢の「自供」を追ってみよう。この聴取書を読めば一目でわかるように、至る所に犯行の事実と大きく食い違う矛盾点があらわれるのを、検事はあるいは暗示をあたえ、ある時は誘導して訂正し、事実に近づけようと努力している。また平沢は九月二十七日の尋問では精神に異常を来たしたものか、仏が現われた話を長々とするようにさえなった。

第三十五回聴取書

問　どこから来たと言ったのか。

答　厚生省、いや違いました。東京都から来たと言いました。

（犯人は、進駐軍の命令で来たといった）

とにかく支店長に言って消化器系の予防薬を飲んでもらいますと言ったら、いただきましょうと言われ、そこへお茶を持って来たのです。その時支店長のところへ行員が二、三名来て、何か事務のことを打ちあわせておりました。十分足らず待っていたら済んだので再び薬の話をすると支店長は女行員に、皆が飲む容器を持って来て下さいと言ったら女行員が硝子のコップを十四、五、お盆の上に戴せて持って来ました。

(実際は小使が運んだ。全部茶碗、コップはなかった)

茶碗もありましたね。私はそのコップに家から持って来た瓶に入った濃塩酸(実際は青酸化合物だが、濃塩酸などはとてものめるものではない)、その瓶の高さは五、六寸直径二寸五分ぐらいのビール瓶のような色をしたものからお酒を注ぐようにコップに注ぎました。

(実際は、ピペットで少しずつはかってつぎわけた)

そしてこれを「ぐっと普通に水を飲むようにして一辺に飲んで下さい」と言ってまず私が飲んで見せました。飲んだ塩酸はこの茶碗に二分位でした。

(実際は犯人が舌を出して薬をたらしてのんで見せた)

行員等は誰か行員がお盆に注いだまま順にまわしたのを、各自席で飲みました。

(事実は、十六人を周囲に集めて、同時にのませた。この自供では、第一薬と第二薬が分けられていない。一般人の毒物知識ではその程度のものである)

四、五分経つと自分の席で一言も言わず、順に倒れるように、机にもたれかかり片端から倒れて行きました。十分程経ちますと、全部が倒れたので、先程申しあげたように机の上の札束をとって逃亡したのです。

（事実は、第二薬をのんだ後、水をのみに走り、吐き、次々に銀行中に散らばって倒れた）
問　その間行員で自席から離れた者はないか。
答　全部自席で薬を飲みました。
問　薬は一種類だけか（明らかな誘導である）。
答　一種類だけです。
問　行員に飲ませた量は。
答　普通のサイダーを飲むコップに七、八分目ですね。
問　どんな味だったか。
答　渋いような、すっぱいようなむしろ酸味が多かったですね。
問　飲んだ後の身体の具合は。
答　私は別段何ともありませんでした。
問　瓶は何本か。
答　一本です。全部注いでしまったのです。
問　瓶はどこへやったか。
答　捨てました。銀行を出て前の長崎神社の境内のやぶの中にあるごみすてのような処です。
問　そんなところがあるか。

平沢はガラスのコップを使ったと「自白」したが使われたのは湯飲みだった

答　では図面を書きましょう。

これは、確かに、平沢が、経験のなかったことを、手さぐりで、自供しているにしかすぎない状況のようである。しかし、検事が、「薬は一種類だけか」「ビンは、何本か」「その間行員で自席から離れた者はないか」「飲んだ後の身体の具合は」などとヒントをあたえているので、後で考えあわせれば、実際の犯行の状況が、組み立てられてくるはずである。次の聴取書を追っていってみよう。

第三十六回聴取書

問　先に言った事を訂正するところはないか。

答　まだ訂正するところもありません。その暇がないのです。夕食を食べて出て来たところです。

問　一月二十六日の行動を、はじめからもう一度言うてみなさい。

答　池袋から行ったんでなかったですかね。銀行へ着いたのは三時ちょっと前で、銀行はあいてましたが私が入ると、すっとしまったような気がします。銀行の横には入口はないはずです。入ってつきあたりのデスクの人に名刺を出して支店長に案内されました。

（はじめは、小使が出てきて、それに用件をいった）

問　靴はどこで脱いだか。

答　はきっきりだったと思います。

（長靴は靴ヌギでぬいだ）

問　床は何であったか。

答　なんでしたか、コンクリートでなかったかしら、板張りだったかな、記憶がありません。
問　まだあるだろう。
答　いいえ、全部一緒に飲んで貰わなければならないと言えば飲んでくれると思ったのです。ですから皆さん御一緒に飲んで下さいと言ったのです。
(犯人は第二薬を一分後に飲んで下さいといっている)
問　まだあるだろう。
答　近所の人が今日午後取引に来たはずだからと言えば飲ませやすいと思ってそう言いました。でも割合に簡単にああそうですかと言うて飲んでくれました。
問　その近所の病人の家はでたらめに言ったのか。
答　銀行へ始終毎日のように入金している取引のある家だと言いました。
問　どこの誰だとも言わなかったか。
答　どこの誰かと言ってその取引がなかったらそれこそ怪しまれるのではないでしょうか。漠然と言っただけですね。(犯人は相田という家から集団赤痢が発生云々といっている)
問　飲ませる方法は。
答　客先にお茶をガブガブ飲んで行きまして、皆のに注いでしまってから自分のに、ほんの少しの残りだけを入れて、飲んで見せ、お腹に入ってから薄くなるようにして飲みました。
(犯人はピペットで、まず自分の茶碗に入れそれをのんで見せた)
問　その塩酸で人が殺せる薬だと思っていたか。
答　ええ、思っておりました。死なないまでも苦しんでる間に、持って逃げられるなという気がありましたけれども。
問　本当はそのところを狙ったのではないか。
答　どちらでもよいと思ってやったのです。ただ逃げるのを見ても止められないような状態になればよいと思っていたのです。
問　その金は何にしようと思っていたのか。
答　金はまあ出来高にもよりますが自分の小銭が目標でした。
（ここでは、先にいった動機とは違う）
問　そんなことまでして小銭を作る事は考えられないじゃないか。
答　一種の自棄もありました。戦災にはあうし、戦時中なにか人殺しをうんとして金鵄勲章をもらった者もあるんだからとそんな気持もありました。だから三人や五人殺してもという自分勝手な悪人猛々しい気持があったんでしょうなあ。
問　いやもっと深刻なものがあったのではないか。
答　深刻なものと言えば鎌田（平沢の愛人）の事ぐらいです。家の者は自分によくしてくれないし、鎌田でも連れてどこかへ行こうかなあといった気持もありました。
問　ではどうしてすぐ北海道へ行かないで伊豆など行ったのか。
答　狩野川の画がどうしても描きたかったからです。それにそういう事をしたんですから、まあいくらかそういう事を忘れるために二、三日泊りの旅行がしてみたい。それには一番好きな温泉へ行こうと思っていた時ちょうど倅から良い知合の紹介がもらえるからという話があったので行く気になったのです。

問　銀行へ入るとき気が引けなかったか。

答　入るときは夢中で入りましたから、出る時の方が心配でした。ちょっと開けて見て左右を見て出ました。

問　逃げる時には行員は皆動かなかったか。

答　お腹を押えてうつぶしている人が多かったように思います。幾らかウーウーという唸り声が聞こえました。飲んでから二、三分して苦しみ出し倒れるまで二十分位かかりました。（実際は倒れるまで三、四分だった）

問　その間どうしていたか。

答　目をつむって坐っておりました。

問　塩酸で死ぬという事は研究したか。

答　中学時代の化学の時間の事を思い出しました。

問　濃塩酸など普通では飲めやしないではないか。

答　ですから大きい口をあいて咽の方に一遍に入れ、ひと思いに飲んで下さい、とても飲みにくい薬だからこういう風にしてと言ってやって見せたのです。

問　今のお前はそれと同じだよ、本当に苦しい立場に追いこまれている。殺すのが慈悲だと思う告白は多くを要しない。本当の事を言いなさい。

　この時被疑者は約三十分黙して答えず。

問　どうだね。

答　済みません。済みません、この一語につきると思います。

問　何が済まないのか。
答　すべての事が済みません。
問　すべての事と言うと。
答　多くの人を殺して金を奪った事実その事です。
問　詳しく話して御覧。
答　苦しくって、苦しくて申しあげられません。
問　どこが、苦しいか。
答　胸の苦しさで倒れそうです。吐いてしまうと良いんですけど。
問　言葉を吐いてしまえば楽になるよ。
答　大勢の若い人たちを殺して金を奪って自分ながらあきれます、申し訳ありません。
問　どうして、そのような事をしたのか。
答　ただ金が欲しかったからです。
問　人を殺すようなやり方をしなくてもよかったではないか。
答　銀行なら一番金がまとまっている事がわかっていましたし、死ぬか追いかける事が出来ない状態にして奪えば奪えるという先入観念があったからです。
問　腕章はどうしたか。
答　銀行を出てすぐとって、歩きながら破いてあっちのごみ箱、こっちのごみ箱へ捨てました。
問　小切手は。
答　銀行の中で捨てました。（事実は、翌日現金に引きかえにきている）

問　違うよ。
答　ああしかし、私はこれで今晩はよく眠れます。

第三十七回聴取書

問　独房の方がよいか。
答　はあ、一人で置いていただきたいと思います。もっと心を澄ませて行きたいと思います。昨日申しあげた事の訂正をします。名刺は確かに銀座で作りました。資生堂のちょっと新橋寄りの資生堂側の露店でした。薬は青酸カリです。巣鴨の吉田達徳（大正堂薬局の主人）から戦時中に「上陸して来たら凌辱される前に家族に飲ませなさい、これを飲ませれば死ねるから」と言ってくれたのです。
問　吉田達徳は死んだろう。
答　そうです。死んだ親爺がくれたのです。
問　その他にお前は青酸カリを他所へ買いに行った事があるだろう。
答　ええ、ありました。でも断わられて売ってくれませんでした。荏原でやった時に少なかったのでもっと沢山欲しいと思って買いに行ったのです。目黒の電車通りの薬屋でした。目黒の橋の方から行って右側です。二軒あったうちの右側です。
問　どう言って断わられたか。
答　証明書がなければ上げられませんと言って断わられました。
問　応対したのはどんな人か。

答　主人のような人でしたね、はっきり憶えてないのですが。

第三十八回聴取書

問　スポイトは銀座の夜店でインキと一緒に買ったのは間違いないか。
答　間違いありません。インキはパイロットかアテナとかそんな有名なやつではなく、多分まだ家にあると思います。スポイトはその店で玉のついたやつを二、三本とすっぺりしたやつを出して売っていたので玉のついたやつを一本買ったのです。
問　(祐天寺駅で広告を見たというが) 祐天寺には安田銀行の広告はないよ。
答　そうすると中目黒か第一師範だったと思います。いつも第一師範か祐天寺で乗り降りするのでどちらかで見たのです。階段かホームに二尺と二尺五寸ぐらいのペンキで書いたのが出ておりました。
問　しかしお前はまだ本当の告白をしていないよ。
答　そんな事はありません。
問　ではスリは本当か。
答　はい、本当にすられたのに間違いありません。
問　しかし、どうしてもそう考えられないが。
答　検事さんのお言葉は私の澄んだ心を乱します。
問　汚いもののあるうちは出させなければならない。それでは問題を転換するがどうして椎熊の十六万円(小樽出身の代議士椎熊三郎からもらった金だと一時自供した)のような嘘を言ったか理由を言って御覧。
答　嘘ではないところがあるのですけれど、それは申されません。
問　という事は本当だが、嘘だと言わなければ聞き入れてもらえないから言ったという意味か。
　黙して答えず稍々あって、
答　もらったという事は嘘なのですが、もらう約束はありました。
問　また嘘の尻拭いをするのか。
答　この期になって何故嘘を言いましょう。男と男の約束があるから言えないのです。私が本当の事を言っても信じていただけないのは、私の真心が足りないのだと自分を責めています。私は死して行く身ですからよいですが、生きてる者に迷惑が行くと困りますから申しあげられません。
問　それではどうして約束でもらったと言うのが椎態に迷惑をかけの《（ママ）》か。
答　その当時は何とかして帝銀の事をまぬがれようと思い、金の問題を追及されておったので友人を利用して一挙に解決しようと思ったのです。申し訳ありませんでした。
問　それではお前に関して一番汚いと思う事を自分で言って見て御覧。
答　自分がまぬがれたいために友人を利用した事です。
問　そんな事はわかっている。そんな事ではない。お前はまだまだ洗い切れない汚い所が沢山ある。
答　そうです。そこの所のお話をしたいところなのです。もっと清浄になろうと努力します。

第三十九回聴取書

毎晩この頃二人か三人ずつ帝銀の亡くなった方が出ていらっしゃいます。私、幽霊などいるとは思っていませんけど、ありありと私の目に見え、寝ている私に乗っかってこられるような気がします。毎晩手をあわせて拝んでおります。昨夜、一時ちょっと過ぎ頃、痔の薬を五つ飲みました。

絵の研究も法隆寺の壁画の模写ばかりで、文部省の方でも世界にほこる油絵の母である、テンペラの研究に力を入れず、割合に阻害されていて、その研究の一番の重鎮であった岡田三郎助先生が亡くなられてからは、私が一身にほとんどその重責を受けついだ形になりました。

なんとかしてこの技法を完成して、単に日本だけでなく世界に誇る芸術に完成しようとそればかりに日夜技法の研究のかたわら、これと併行してそういう機関を完成したいという観念が猛烈に湧きあがっていました。それを助けるために研究所の復活、研究所の整備、機関の充実、そういったことに色々考えをまとめて参りましたが、それを作ろうとするには相当多額の金が要るという事がわかってまいりました。テンペラ画会で最高の資金画会としてはじめたのですが、その運動も割合に遅々として進まず、私が仲間からうらやまれた工業クラブで画会をやった当時の全盛時代は抜き、遅々として進まず、戦争の画会に対する打撃の辛さを痛感させられました。それで悪いこととは思いましたけれども今度のような事にヒントを得、一つには日本だって他国人とはいいながら、どっさり略奪してかえってそれが金鵄勲章をもらうような結果になるのを見たら、この自分のやる大事業が完成したならば悪い事をしてもいくらか許していただけるんではないかという自分勝手な解釈をしまして、その計画を実行しようと思っていたのです。

第四十二回聴取書

問　青酸カリを買いに行って断わられた店は目黒の電車通りの左側ではないか。
答　どうもはっきり致しません。
問　どうして、荏原から後で、青酸カリを買いに行ったのか。
答　そんな事、申しあげたでしょうか、その時ならもう持ってましたから買いに行く必要はなかったのです。そんな筈はありません。違いですなあ、言い違いです。あれはずーと前で野坂から貰えなかったので買いに行ったのです。

第四十五回聴取書

検事さんどうも甘いものが欲しいですね。おついでの折に芋のキントンでも家へ御言いつけ願えないでしょうか。それから着物はツツッポの袷があるはずです。
昨晩は仏様が出て見えました。御書取り願えませんでしょうか。
　吾雲を清ませ給い御仏の手招き給う法の大道
お調べからあちらに帰ってきましたら、進駐軍が入って来てがたがたして寝られず、十二時の時計が打ってからうとうとと致しました。そのうちに足はしびれる、胸は苦しくなるとまた四人出てこられ、私に何か言おうとしておられるので、私は合掌して赦して下さいと御詫びをしていたら、ボーッと明るくなって来たので見たら、法隆寺の壁画のような方が背光を放って立っておられます。その光を浴びて幽霊は消えてなくなってしまいました。仏様は口をお開きになって、平沢、平沢、よく御聞きよ、貴方は今一生懸命清くなろうとしている事はわかっている。しかしこの間この壁に書いた遺書を御覧、入ってから三日目の晩だったね、かけらで手の動脈を切ろうとしたのはしかもこの時のお前の心はどうか、今死ねばすべての事が覆い隠せると思う心がなかったか、犯人でない等と特に大きく書いたではないか。貴方はそういう事で人が誤魔化せても私たちは誤魔化せぬ。第一貴方自身が誤魔化せないではないか、第二回目はどうだったか、あの柱の所へ走って行って廊下でコンクリートに頭をぶつけるつもりだったろう。やったところで死ねなかったよ、私がさせなかったのだ。翌日また呼んで貰ったね、そしてまた最後にあの嘘を言ったね。自分を幾らかでも有利にしようとする汚い心が矢張りあの時あったのではないか、と言われたので私はその度に御詫をしました。

仏様はまた、しかしお前を殺さなかったよ、汚い者は受入れられぬからね、しかしお前が日夜亡霊に悩まされて謝り、お前の泣く涙がお前を清めるのだよ、その度に綺麗になって行く事を私は知っている。三、四回は本当に詫びたね。そして、一度に一個二個と勘定して五個薬を飲んだね。私にはよく判っている。前の二回とは全然違うじゃないか、しかし死ぬことだけが罪の償いではないよ、もっとお前の拭きつつある心の鏡を拭いて清めなさい。今のお前には充分出来るんだよ。拭き清めた心の目ではっきり道を御開きなさい。そうすれば何時でも手招いて上げますよ。お前が如何に死のうとしても本当に拭き清められるまでは、お前を殺さないよ。お前にはそれが出来る。その日はもう近い。判ったね、判ったね、もう遅いから御寝み、と言われました。

私はその時はっと気がついてはねおきて合掌しました。その時にはもう昼間の時分と判らない意識を取りもどしておりました。窓の外には紺色の夜の光が我をみてるだけでした。看守を見ると椅子にもたれて寝ていました。上の時計を見たら二時十五分でした。その内この事を考えて朝までまんじりともしませんでした。そのうちに先に申しあげました歌が出来たのです。
この異常な状態の告白の後で、また前の供述の矛盾を事実に近づける誘導が行なわれている。
問　それから松井から貰った名刺には裏に鉛筆で住所が書いてあって、ゴムで消したといったのを僕がよく見直して見ても判らなかったから、鑑識課で鑑定してもらったら矢張りお前の言うた通りに一行鉛筆でかいてゴムで消してあったが、その字は松井の住所とは全く違う。板橋町練馬安田云々と鉛筆で書いてあるのを消してあると判読してくれたがどういう事なのか。
答　どうも確かに松井さんには鉛筆で住所を書いて貰ったような記憶があります。しかしそれより一番はっきりしているのは裏に一行鉛筆で書いてあったのをゴムで消してあとで爪でなでていた事です。これだけははっきりしておりますが、まだはっきりした記憶はでませんが、そう言われると何だか池袋の駅でホームから武蔵野線で連絡する道に練馬の安田銀行の大きな看板が出ていたのを見て後で行こうと、鉛筆を携えて行ったような気がします。これは私の考えですが、松井さんの名刺の裏の住所を消しておいたのを松井さんの名刺と知らず、その所に鉛筆で書きこんでしまったのでまた消してしまったのではないでしょうか。どうもそんな気がしてならないのです。もう一度他の個所にも字が書いて消した後がないでしょうか、鑑定して貰って頂けませんか、そして出てきたら私の記憶が正しいと思います。出てこなければ私自身が自分で書いてあった松井さんの住所を消したのだと間違って思いこんでいたのではないかと思います。
問　着物や靴、明治エキス等がお前の言った所にどうしても売ってないが（清水家から最初は上記の品をもらったと自供、後に買ったと変更した)。

答　靴や着物は上野である事は間違いありませんが、もう一度考えて見ます。自分で行けば解ると思います。明治エキスはひょっとしたら、白木屋の前の呉服橋の方の明治の喫茶店と食料品をやってる処で買ったのかと思います。明治屋だったかも知れません。ともかく一寸位の厚みの丸い缶に入った魚肉の煮詰めたジャムのようなもので旭川で病人に食べさせた事は確かで、こっちから持って行って小樽にもあったので見てつまらない事をしたなあと思った事があります。

第五十回聴取書

問　青酸カリを手に入れた方法もはっきりしないね。

答　それもございます。

問　どうしても本当の事が言えないのか。画の友だちに恵んでやった等と衒気を出してはいけない。

答　今苦しんでおりますから何卒考えさせて下さい。

被疑者は十数分間黙したる上独言するがごとく、

空蟬の有と来世の有を考えております。

私は今有名な物語の一節を考えております。ジャンバルジャンの僧正とあの人の金飾台の事かそのけじめがつき兼ねております。徹する事は徹しない事ではないでしょうか。無を絶すると有になりませんか、現世はマイナスとマイナスをかければプラスになるが来世ではマイナスにいくらマイナスをかけても矢張りマイナスでしょうね。いや来世では、マイナスもプラスもないではないでしょうか。銘刀は幾度か焼きを入れてたたかねばなりません。はっきり致しました。私はもっと苦しみます。本当の苦しみの後に本当の清めがあると思います。

問　松井の名刺の裏に書いてある文字はどうして書きどうして消したかもう一度記憶を喚起して御覧。

答　判りましたよく考えて見ます。書いたとすれば荏原へ第一回目に行ってその後松井さんの名刺と知らずに裏に無駄書きし、三度目に行って飲ませた日の直前に気がついてゴムで消して行ったのではないかと思います。（しだいに名刺の裏に削りあとがある事実に結びつけられて行く）

とにかく左端の一行を家でゴムで消していった事だけははっきり記憶してますし、どうも松井さんが書いてくれた住所を消したような気が今でもしてなりません。しかしもう一度よく考えてみます。

平沢の主張

平沢は後に法廷で犯行を否定、無実を主張するようになるが、なぜ虚偽の自白をしたか、という問題を彼自身の口から聞いて見よう。

まず、一審公判の供述の中から聞いて見よう。

「それではなぜ犯人でないのに犯人になったかということを申しあげましょう。それはあの状態に置かれなければ判らないと思います。私は犯人になるかそれとも死を選ぶかの二つしかなかったのです。高木検事さんは犯人でなければ死んで証を立てろと言われたのです。調室で頭をぶつけたときも、高木検事は私を犯人にさせようさせようとしていたのです。だから『龍ちゃん、私は犯人でない』と言ったのです。

死を選んでも死ぬ事が出来ないので、これだけの虐待と強迫をうけるなら殺されるより他はない。殺されないなら犯人になって死刑になるより他にないと考えたのです。ですから犯人にならざるを得なかったのです。

私は高木検事に貴方が犯人と思うなら、お思いになってもよいですよと言った事がありますが、私は犯人ですよと言った事はありません。

調書では私がお詫びして犯人ですよと言ったようになってますが違っております。

あの時、調書の読聞けがあれば、私は署名捺印しませんでした。読聞けがなかったのです」

くどいようだが、私は平沢貞通のこの言葉だけを一方的に信ずるという不公平な、かたよった物の見方を排する。しかし一方的に否定し去るという態度も、同様の理由であやまりである。心理学者の宮城音弥氏は「実証なくして、何ものも信ぜず、アプリオリに、何事も否定せず」といっているが、その通りであろう。だがこの頃の取調べのあり方が、かなり無実の者にも苦しいものであったということは、別の例でも証明されている。そして、その被疑者もやはり追いつめられて、平沢より短期間の日数で自白しているのだ。平沢だけが、苦しまぎれの偽りの自供に追いこまれたといっているのではないことは、他の容疑者を見てもわかるのである。

帝銀事件容疑者として、平沢逮捕よりかなり前の四月に逮捕された御子柴《みこしば》兼男の場合がそうであった。

しかも、御子柴兼男は前述のように松井博士と名刺を交換し、医療薬品にはことに熟達した経験と知識をもっているという平沢以上に「捜査要綱」に近い人物であった。

ところが事件で使った名刺と思われていた松井名刺が、再度の御子柴家の家宅捜索で発見されるまで、約三十日間追及を受け、その苦しさに耐えかねて、自殺をしかけたり、ついにぼつぼつと取調官にあわせた虚偽の自白まではじめていたというのだ。

その間の苦しい心理状態を一審の法廷において御子柴兼男は証言していて興味深いものがあるので、ここで引用して見よう。

「裁判長　帝銀事件のように大きな事件の容疑を受けると気分的にも相当な刺激があると思うがその時の心境はどうであったか。

答　私は生まれが寺であって、七歳のときから御経を読み宗教的感情に育ったので、このような不幸があって身に憶えがなかったので当惑しましたが、神仏の加護によって救われたのです。そのときの光のなさ希望のなさ社会の冷酷な仕打ちに対しては甚だしく心を痛めたのです。わけてもひどかったのは平素から親しく出入していた者、知人すべてがいかなるわけか、自分から離反して離れ、一人として私を弁護し擁護し慈愛の言葉をかけてくれなかったことです。私は『己を頼むにしかず』という古人の言葉に従うつもりでいたものの新聞社のフラッシュの包囲を受けたりまた狭い監獄に身をつながれ、ほとほと人生が嫌になりました。私は七歳を頭に三人の子供がありますが、その子供がなく宗教心がなかったら当時の状態であれば自分で生命を早めたかも知れません。

自殺しようと何回となく深い鉄窓を眺めました。しかし信ずる者が生命をちぢめることは間違いであると思い、自分が生きて甲斐ない生命なら希望もなし、苦しい牢獄で、数年も拘禁されるなら死んでしまいたい、またもし生きて甲斐ある生命なら一日もはやい釈放を念願しました。当時私の態度が険悪に見えて自然ではないと思ったのか戒護課長が私を呼び出して『間違いのないように』

と注意を受けたことがあります。
裁判長　数年も拘禁されて出れないということを信じられたのか。
答　私は新憲法下においてさような事は許されないと思いました。
裁判長　数年も出られないという気持になるのか。
答　さようです。そのように言われればその検事に従順にならざるを得ません。ですからやむをえないと思ってました。それで妻に対して子供の処置まで申しておきました。
裁判長　深い鉄窓を見あげていたというのは。
答　お前は帝銀事件の真犯人だというのです。はじめは弁解する反発力があるのでよいが、日増しに検察陣営の圧力が加わってくるのです。それに自分の反発力はなくなって来て死にたいという気持になり、また義憤から失望、更に自分の病苦等を考えて、人生がデリケートになり自殺したいと思うが、そのためには窓があまりにも高いと思って眺めていたのです。それに実際しないのに『した』と言われるのならこれも敗戦日本においては仕方がないという考えの運命論者になってしまうのです。
裁判長　はじめは反発力があるが、それが逐次なくなるというのは。
答　ある小説の中で主人公のアリバイが立たぬ時の筋に似ていて、アリバイが立たねばどっちでもよいと思ったのです。
裁判長　義憤から失望というが義憤というのは。
答　根も葉もないことを言われるとはじめはおかしかったが、やがて憤りに変わり、さらにそれが昂じると失望となるのです。

裁判長　頑張れば真実が判ると思わなかったか。
答　私は法廷にもっていって常識の許す判断を受けなければならないと思いました。それで法廷を最後の頼みにしていました。
裁判長　結局証人は最後まで否認して、一月二十六日のアリバイが立たねばやむをえないと思ったのか。
答　さようです。アリバイが立たねば、やむをえないと申したのです。それで取調べは実際には国民医療法違反に変わって来たのです。それで私に上申書を書けというので二回ほど書いた事があります。
裁判長　一月二十六日のアリバイが立たねばやむをえないというのは。
答　一月二十六日のアリバイが立たなくても現実に於て関係していないから起訴は出来まいと思っておりました。取調べがアリバイから来ると私は困るのです。何しろ私のところは辺鄙なところなので、訪づれる人もないので立証することも出来ないのです。
裁判長　絶望とは。
答　取調室の廊下では写真班の包囲を受け、取調べでは馬鹿野郎呼ばわりされるので何を弁解しても仕方がないと思っておりました。それで私は最後は法延に於てと思っておりました。私は裁判の公正は判っておりますが、検察陣営にはいづれ分る時が来ると言っていたほどです。
裁判長　証人のいう検察陣営とは。
答　検察官のことをいうのです。
裁判長　犯人であることを承認するという気持になったことはあるか。

答　冷静をとりもどすものが何もないので、興奮しておりました。取調べが終わって刑務所に帰れば、帝銀犯人として英雄視され、検察陣営では肉体的拷問はなかったが言葉の上では精神的打撃を受けるのです、私は自分の外にもう一人自分がいるのではないかと思った位でありました。一時は、自分が自分であてにならない位でした。しかし当時失望のあまり子供の顔さえちらつかなかったら何か間違いを起していたかも知れません。幸い宗教心があったのでよかったのです。警察の人が二十六日のアリバイについて汚くののしりました。一月二十六日について私は真剣になって出鱈目を申しておりました。一月二十五日、一月二十七日の事は忘れてしまい非常に間違いが多かったのです。

山田弁護人は裁判長に告げ、証人に対し、

問　真に出鱈目を言い、都合のよい事をそれに結びつけるというが、その時の自分の気持が現実になってくるというのか。

答　さようです。真剣でした。一月二十六日の前後のことが、皆その日の事になってしまうのです。結果は出鱈目だがいう事は真剣であったのです。

検察官は裁判長に告げ同証人に対し、

問　帝銀事件の模様について聞かれたか。

答　聞かれました。犯人の服装とか名刺の事や薬剤のことなど新聞で読んだ程度のことを述べました。

問　銀行の内部については。

答　その点については、記憶は判然と致しません。

問　患者の家を仕立てていったとかいう事は新聞で見なかったか。
答　椎名町の銀行か他の銀行かよく判りませんが、何しろ患者の家を仕立てたという事を見た事の記憶はあります。
問　服装の点について詳しく憶えているか。
答　平沢さんが犯人に仕立てられたのを見たが良く似ていると思いました。
問　せめられて自白する気持になったのか。
答　自白というような積極的な気持には出来ないが、御自由にして下さいとは申しました。
問　いままで多くの事を述べたが、何か犯人であろうと言われれば犯人のような気がして、刑務所に帰れば英雄視されてくるともう一人の自分が自分の中にあってそれがやったのだという事はどういうわけか。
答　批判してくれる人がいないのでその時は案外自分が真剣なのです。やっていないのに、お前がやったのだと言われれば、果して自分がやったように三段論法では解決のつかぬものであったのです。もうその後は自分で気違いじみていたと思います」
こうした拘禁症状を係官が、利用しようとする時が、一番恐い。
成智元警視がいうように、ベテラン捜査官は、その細かい心理を充分に知りぬき、巧みに利用して行くというのだ。
こうした自供と拘禁心理をくらべると、全く平沢とおなじものであることが看取されよう。検察側のいうように、平沢のいうことが虚偽とばかりは言えないのである。まして平沢の方が倍の長期拘禁を受けている。

平沢の見た仏の幻視、幻覚も、彼が訴えている心理的苦悩も被暗示状態も、みな狂言とばかりはいい難いものがある。御子柴兼男も自殺をしたいと思いこんだり、真剣にアリバイに虚偽の主張をしたり、犯行について、検事にあわせた自供もしている。こうした被疑者の拘禁症状を、検事が利用しようと思えば、自由自在、意のままになるのである。

成智元警視がいうように、ベテラン捜査官は、その細かい心理を充分に知りぬき、巧みに利用して行くというのは、この実例の通り事実でもあるようだ。

被催眠術状態

高木一検事の取調べは、十月七日五十九回聴取書までつづき、それで完結した。その翌八日早朝、平沢は警視庁正門をパトカー四台に護衛されて、車に乗せられ、小菅拘置所へ送られた。

山田弁護士は、その頃の平沢の状況に対して、次のような追憶を発表している。

「平沢が五十数日の自供を終えて、いよいよ小菅に送られる日が来た。

その時の写真を見ると、実に楽しそうに彼は得々として歩いている。この時の彼の朗らかさを私が想像するならば、あるいは完全に彼が犯人になりきって、むしろ、『どうだ、この大成功をおさめた犯罪者を見ろ』という昂然とした気持でいたのかもしれない。

しかし私は平沢は完全に精神異常の状態にあると思っていたので、すぐに小菅に面会に行くことを躊躇した。すこしおちつかせてからというので、一週間目になって平沢と小菅で面会した。平沢はすでに自供をしているのであるから、私は『君もとんだことをやったものだね』とまず聞いてみた。

すると平沢は『私はそんなことをやっておりませんのですよ』という。『でもお前は細かいことを答えているようではないか』と聞けば、『それは教えられれば、どんなことでも答えることができます』『それならばお前は教えられたのか』『はい、頼まれれば、どんなものにもなります』と言った途端に、彼の形相が変わった。両手を前に組んで目を据えて、背中をまげて、目玉が左右に動揺して手がふるえていた。そして『帝銀の犯人にもなります』といい放ってからは、彼はまったく帝銀の犯人となりきってしまった。『私がやったのだ』と私の前で断言をした。『先の話と違うではないか』と反問する私に対して、また同じ断言を繰りかえした。

同行の他の弁護人が細かいことを聞こうとするのを私は押し止めて、そのまま引きあげて帰ってきた。それは、この精神異常の人間を相手に問答を繰りかえすことは、なんの効果もないことを知ったからである」(『日本週報』昭和三十年四月二十五日号)

「それから、さらに一週間おいて彼を訪ねた。その時は、彼が完全に精神異常者であると思っていたから、精神病の本などを読んで、気違いに対するつもりで出かけたら、その時の平沢は、こんどは打って変わって静かであった。そして〝初めから自分は犯人ではなく、こんなにされてしまったのです〟と泣いて訴えた。それで、私はなおもそれを確かめると、彼はまったく前の人間と違っていた」(同誌)

弁論書の中では、山田弁護士は、もう少し詳しくこう言っている。

「私の手をとって泣いた彼は、私は犯人でないと述べた。一週間前犯人だと言ったのは覚えていないと言った。なおも、彼の正気を信じ得ない私は、いる部屋の広さとか、一日中の動静とかその他の質問で彼の精神状態をテストする質問をした。おおむね良好であった。それで彼は今ようやく正常を取りもどしたと感じた」
彼の脳器質障害に対する精神鑑定の問題は、自供の証拠価値以上に、責任能力その他にひろがる問題なので、後章に論述する。（中略）

聴取書のとり方

平沢貞通に対する検事の取調べは、昭和二十三年八月二十六日から始まり、彼が小菅拘置所に送られた後の十月九日まで、合計六十二回、厖大な聴取書に達している。この間、一回から五十九回までは、高木一検事が、佐々木事務官とともにとり、途中警視庁捜査一課二係長安達梅蔵が加わっている。

五十九回をとり終わった後、平沢がいよいよ小菅拘置所へ送られたのが、十月八日の朝であった。その日から二日間にわたって、出射義夫検事と佐々木書記官が、小菅拘置所に出張して、六十、六十一、六十二回の最終検事聴取書をとり終わったことになっている。

この聴取書については、最高裁の確定判決以後、法務省人権擁護部がのり出して、偽造であると鑑定書などを発表して問題になったが、その事は後章でふれよう。

ここでは、検事聴取書に関する章のまとめとして、その日付と、その取調べとともに同席して行なわれた面通しに対する回数の記録をまとめて見よう、平沢は、この同席の面通しで、大変悩まされたらしく、いまでもその夢を見るというぐらいだから、心理的に大きな負担であったことがうかがえる。当時も、「検事さん。大変侮辱を感じますね」と言っている。もしこれが検事の神経作戦である（山田弁護士は、高木検事が、後で神経作戦の勝利だと揚言したと言っている）とすれば、人権問題上重要な見逃しできない問題であるし、そのような精神的影響を意識しないでやったとすると、被疑者に対する取扱いの無神経ぶりが徹底しているというべきで、検事の職業的配慮の欠如がきびしく指摘されなければならない。十五回までの聴取書の内容は次のようになる。

(聴取書)(回数)	(日付)	(内容)	(面通しの人数)	(異常)
第1回	8月26日	アリバイ	11	ナシ
第2回	8月26日	金の出所	13	ナシ
第3回	8月27日	金の出所 毒物	25	ナシ
第4回	8月28日	金の出所	13	ナシ
第5回	8月29日	アリバイ 高橋是清や犬養毅を暗殺したなど異常なことという。	2	頭痛を訴う
第6回	8月29日	指圧療法 証拠関係	17	気分の悪さを訴う

第7回	8月31日	金の出所 アリバイ	5	ナシ
第8回	9月1日	日本堂事件	18	ナシ
第9回	9月1日	日本堂事件	4	ナシ
第10回	9月2日	金の使途・ 毒物	10	気分の悪さを訴う
第11回	9月2日	日本堂事件	2	
第12回	9月6日	スリ被害事件	7	ナシ
第13回	9月7日	女関係　金	8	ナシ
第14回	9月8日	金	5	ナシ
第15回	9月9日	金　毒物	8	ナシ

そのほかに、私たちが発見した動静報告書などを見てもわかるように連日かなり無理な長時間の取調べが記録されていたことは事実といってよいであろう。旧全体主義的時代の日本警察では、容疑者に対し、長時間無理な取調べをやるのは、むしろ常識的なことであった。そうしなければ、しぶとい犯人は自白をしない。取調べというのは、そのように生やさしいものではないという感覚である。

現在でも、警察官や検事の中で、内心そう思っている人々はすくなくないようである。一般も、容疑者の取調べというものは、そういうものだと思いこみ、テレビや映画における取調べシーンは、実にはげしい追及をリアルにやって見せる。そして製作者も当局も、平然としている。ところが、実はあのようなはげしい追及を長時間、あるいは連日くり返されてやられたら人間の頭脳はたまったものではないのである。それを見逃しているのは、取調べというのはそのようなやり方をするものだ。それが当然だという感覚が深く、一般の意識の中にしみついているからである。

ことに、平沢が逮捕された昭和二十三年八月という時代は終戦直後で、全体主義時代の取調べ方法や、意識、思想状態を根本的に切りかえるには、時間が不足しすぎた。また、占領下の状態で、警察力も混乱しきっていた。あらゆる無理と不安と経済的環境からくる警察官の堕落、悪徳、横暴さえかなり目についた時期である。

新憲法は、昭和二十一年に作成され、人権問題は叫ばれていたが、それが警察官、検事の血となり、肉となるのには、まだまだかなりの時間を要する実情にあった頃である。警察官も、検事もまだ旧体依然の感覚を持ち、その取調べも旧時代とさしてかわりのない荒っぽさであり、拷問は別としても、前記のような追及は、当然とされていたような時代であった。そのため、居木井警部補が平沢の護送に対して、非人道的な荒っぽい送り方をしたり、「真犯人だ」と豪語してしまったり、旧時代ならそのまま通った醜態をさらけ出してしまったのである。

この時代の取調べが、新憲法の精神を咀嚼するのに、未熟であったため、急に肉体的拷問を除くとなると、どのようにして自白させたらよいかと、刑事や検事たちが、当惑したということも伝えられている。まして、誘導、強制、強迫なくして、自白する犯人がいるだろうかと嘲笑したベテランの刑事もいたという。そうしたベテランの刑事が二俣・幸浦・五番町事件のような拷問の冤罪事件をひきおこすようになるのである。

その頃の刑事や、検事が現在も未だに最高幹部として、支配している実情を忘れてはいけない。おなじような冤罪は、まだまだ起こる可能性がある。とにかく平沢の取調べがあまりにも急ピッチで、一日でも早く、いや一分でも早くその取調べから解放されたいと願った上での自白であったならなおのこと、その後さらに検事に追及され、紆余曲折するような自供をする事はないはずではなかろうか。

平沢は、この期間、完全に、検事の被催眠術下にあったと称しているが、脳欠損という病的状態があり、また、拘禁反応の進行も合わせて考えるとありえないことではない。また、これは、医学的に、種々検討すべき問題点の多いところであろう。心理的、肉体的限界に達した上での苦しまぎれの偽りの自供であったという可能性も考えられるので、この点も後章に詳述しよう。

昭和二十三年十月二十一日、東京地方裁判所刑事第九部石崎四郎裁判官は、渡辺裁判所書記官をともなって、平沢の拘留尋問を行なった。この時、平沢は二人の検事に対するとおなじように、罪状を認めた。この間の経緯について、山田弁護士は、平沢はまったく精神状態が正常でなく、錯乱し、幻想状態の中にあったといっている。弁護士でも、手がつけられず、突如変わる異常な状況に、策の施しようがなかったという。幻覚や、幻視、幻想は、通常の拘禁反応でも起こるし、それより進んだ拘禁性精神病でも、もちろん発生することは、いくらも報告されている。前述の御子柴兼男のように自分の中に犯人と自分が二人いるような気がしたり、無実なのに、全く犯人と思いこんでしまったりする例は、国際的にも多数報告されている。そして、その症状は、なおるまで、拘禁されている以上、長期かかるものとされている。誰でもがかかりやすい拘禁性精神病でさえ、そうなのだから、平沢の狂犬病ワクチン禍の脳器質障害が、この長期拘禁に加えて、激しい強要、誘導の連続、くり返しの中で、病的状態がたかまっていたとしたら、ちょっとやそっとのわずかな時間では、とうていなおらなかったものとしても不思議はない。

絶えまない暗示のくり返しで、想像の中に犯行を組み立てている中に、疲れ切り、混乱した頭脳が、自分自身を犯人と錯覚するようになったという経緯も、精神病あるいは心理学の上では充分あり得ることである。その上、拘禁性精神病、脳器質障害と重なれば、なおさらのことである。

狂犬病ワクチン禍による脳欠損者であったということは、彼の拘禁による自供が認められない性格のものである可能性が強いということで、彼のためには、有利な条件であった。その自白の裏づけ証拠になる動かしがたい物的証拠でも出てくれば、犯人ということは立証されるが、彼に関する限り、当局が、いかに躍起になって、捜査をつづけても、ただの一つも犯行を裏づける物証はなかったのである。それを、ただこの自供のみを証拠にして、彼を起訴したということは、前世紀的な裁判を思わせる非科学的処置である。長期拘禁、長時間の取調べ、きびしい強要、誘導くり返し、三度の自殺未遂のはての自供というだけでも、その証拠価値は考えられないのに、平沢の既往症に脳欠損によるコルサコフ症があったということを考慮せず、裏づけのないこの自供のみを証拠としてとりあげるのは、裁判の否定でさえある。

しかし、当時の日本の法曹界、学界の水準では、まだここまで深く自供と証拠価値、尋問と自供の間を追及し、分析していなかったのである。検事は、実に勇気をもって（?）平沢を起訴してしまったのである。もっとも、自白が証拠の女王とされた旧刑訴時代から、新刑訴にようやく移行しようという頃で、検事や法曹界がそこまで脱皮、成長していなかったとしても、ふかくは責められないことかもしれない。山田弁護士の進んだ意見は、検察官・警察官の古い思想の壁と非科学的判断の中で「精神的異常なし」として、受けいれられなかったのである。

平沢は、この間の精神状態を、「検事さんの催眠術にかかったのです」と言っている。事実は検事の暗示などの技術的なものだけでなく、平沢自身の内（コルサコフ症）にも、その状態の問題があったかも知れないのだが、彼はそう思っていない。彼は、十一月十八日、朝目ざめたら、忽然と夢からさめたように、正気に返ったといっている。その時の心境をみずから、「パチっと音がして、風船が破れたようだった」と、表現している。

「われわれが、実際には存在しないものを現実に見、あるいは聞くように思う時は幻覚が関係しているのである。発熱、いちじるしい疲労、食べすぎ、空腹、失血、麻酔薬、想像などはこうした幻覚をひきおこす可能性がある」（ジェローム・フランク前掲書）

拘禁心理、拘禁精神病もひどくなると、全くこれとおなじような病的幻覚の中に落ちこむのである。それだけに、被疑者に対する検事の追及は、慎重でなければならず、偽りの自白を引きおこさないように、度を過ぎないように心掛けなければならないのである。

拘禁心理

しかし、裁判心理学には、一つ大きな欠陥がある。というのは、心理学者みずからが、容疑者を職権で取調べることもできず、またその囚人の拘禁された独房の中で、ともに住み拘禁心理を調べ、分析し、そのあらゆる場合の心理反応の精密、詳細なデータをとることができないことである。

容疑者であろうと、既決囚であろうと、人間を心理学発達のためのモルモット化することは、人権上もちろんできることではない。とすれば、自供や拘禁性心理の科学的な統計やデータは、実際にはとれないということである。アメリカなどでやっているように、体格、精神とも健全な青年を応募させて、密室にとじこめ、拘禁に対する抵抗を実験するということはできても、それをそのまま実際の犯罪者や容疑者の心理反応に、あてはめることはできない。やはり純粋な心理学的実験として、強制の自供の場合、任意の自供の場合という風に、条件を設定し、いろいろ分析して、統計をとることはできないからである。これは、たとえ、実際に検事であり、同時に心理学者である人がいても、行なってはならないことである。しかし、実際にそうした職業についている人たちの経験や、レポートで、ある程度補強することは、できるであろう。

この人たちの多くは、心理学者ではないが、容疑者の移り変わって行く刻々の心理の波や変化は、実際に目の前に多くの例が積み重ねられて行くだけに、かなり精通しているであろう。そこに取調べのテクニックも生まれるし、悪用する場合も生まれてくるのである。

ところで、平沢自身は、この間の心境をどのように供述しているか、二審の公判記録から見てみよう。

問　被告は原審や上申書で、昭和二十三年の九月下旬頃検事から催眠術をかけられたということを言っているが、それはどうか。

答　催眠術とはいわないかも分らないが、そういう効果には引っかかっているでしょう。検事は調室で私と書記と三人になったとき私に、

「コラッ、平沢、貴様は太い野郎だ、貴様以外に帝銀の犯人はいないんだぞう」

と大声でどなりつけた。そう言われて私は、おお、おれは犯人かも知れない、そうだ犯人だ、犯人だという気持になっていた。そのように自分で自分を疑うようにされたのは催眠術に近いものか、頭の狂いと思う他ない。私が本当のことを言っても検事からうそだろうといわれると、そうかな、そうだ、そうだというような気持になって、そうだ、だから検事はそういうのだろうという気持にさせられ、結局むこうの思うとおりにさせられてしまいました。

問　そのように催眠術にかけられたというのは、三回目の自殺を失敗した後のことか。

答　さよう、三回目の自殺を失敗した後の事のように思います。

問　それからはすべて検事のいうとおりにさせられたというのか。

答　検事の言おうとしていることが私の頭の中に浮かんで来た、検事は私の頭に浮かんだとおりのことを言われた。これが催眠術でなくて何でしょうか、検事の頭の中が分っていたから、検事が喜ぶようなことを言うようになったのです。

問　その後、二十三年十一月十八日頃、催眠術からさめたということだが。

答　さようです、その頃メシを食べ、お湯を飲んだときであったが、ゴム風船の空気がぬけたような気分になってさめました。なお、私は前に小樽で七ヵ月も催眠術にかかっていた男を治してやった経験があります。

問　催眠術がさめるについて、何か外部から刺戟を受けたか。

答　自分を主観的にみるようになったのでしょう、催眠術から自分に返った日は記録しておいた。

問　本来の自分に返るについて人から手紙をもらったとか、注意を受けたとか、肩をたたかれたとかいうような事はなかったか。
答　ありません。熱いお茶をぐっとのんだだけです。
問　その後本当のことを言い出したというのだね。
答　さようです。
問　しかしその間被告は二十三年十月二十一日石崎判事にも犯行を自白しているようだが。
答　当時はまだ催眠術から完全にさめてない時です。
問　その翌十月二十二日拘置所で弁護人と面会して犯人でないと話したことがあったのではないか。
答　そういう記憶はありません。
問　催眠術にかかっている最中に、本当の平沢が出たり、うその平沢が出たりする事があったか。
答　それは心理学を検討されればおわかりになるでしょう。
問　要するに催眠術にかかっていた当時は検事のいう通りになり、さめて本来の自分に返ったというが、当時の調書には嘘のこともあるが、本当のこともあるようではないか。
答　検事の思っていることがわかったから、それにあうようにいった。座談の際、断片的に本当のこともいったが、検事はそれを控えておいて、後日主観を加え巧みに編集作文したわけです。
検事の聴取書にあるように私が一貫して述べているような事実はない。
問　取調べ中に仏様がでてお告げがあったと、述べているね。そのため遺族に色紙を書いたのか。
答　面白いと思いますね。しかし、そうまでして検事の機嫌をとらなければならなかったと思うと、悲しい、当時はおだてられて、おれは帝銀の犯人だ、偉いだろうという気持があった。

それで、検事から遺族に色紙を書いてやれといわれると、そういう気持になっていた。要するに、みんな検事の御機嫌とりに言った事です。
問　その頃死のうという考えがあったか。
答　検事に責められ、とても苦しかったので、死にたいと思っていた。
問　これは被告が書いたのか。
このとき記録一三冊三〇七二丁以下手記と題する書面を示した。
答　さようです。検事から繊悔録を書けとおだてられて一週間位かかって私が書いたものです。
問　こういうことが書いてあるね。
この時右手記の中、記録三〇七二丁表初行から三〇八二丁裏末行までを読聞けた。
答　冒頭の処は高木検事に面通しの時言ったように思います。二十三年十月当時なら真面目になってそういう処までいっていたでしょう。ともかく検事にほめられて、犯人になりきって慙愧に堪えない気持で書いた覚えがあります。歌も検事の御機嫌とりに犯人が作るようなのを作ってみたのです。

検事は、平沢の自白否認をどのように説明したであろうか、それは、はたして合理的であったろうか？
「私は第一回公判の直後、被告人の言った十一月十八日が何の日かを確かめるために拘置所の受信簿を見に行きましたところ、その記載にその日被告人に手渡された書信に和歌山市の村松多智英という一女性から『自己はあくまでも無罪なりと信じ正々堂々と何人にも屈せず、公判に申述べなさいませ。今より二十三年前に唯今御息女様が甘受していなさる御苦悩を受けた者より』という意味のものがあり、被告人は、同日これを読んでいるのであります、私はこれを見て釈然と判ったのであります。

被告人は、最後の父性愛から娘等の苦しみと不名誉とを救うために否認の決意をこの手紙によって固めたのであります」

検事は、見てもいないことを頭から断定してしまっている。平沢の心の中を勝手に決めてしまっているのである。平沢の自供否認は、そのような簡単なことでなされたものであろうか？　一つの物証もとれなかった自供の経緯から考えて、この主張はあまりにも根拠薄弱にすぎるようだ。

山田弁護人は、これに対して、次のように主張し、頭脳的な拷問だといっている。

「捜査官に誘導、強要、拷問はなかったと彼らは法廷で証言をしたが、もちろん彼らは、拷問、強要が許すべからざることは十分に承知しているにちがいない。しかし、彼らが、なにが強要、拷問にあたるかを知っていなかったということを問題にしたいのだ。われわれは肉体的な拷問などは、今日において存在しないと信じている。しかし、拷問は肉体的においてのみさせられるのではなく、もっと悪質で恐るべきものは巧みに計算された頭脳的な拷問である。新憲法のやかましい制約によって、かえってその逆効果として、心理的な拷問が発達してゆくのではないかと考えている。某新聞紙は、検事が平沢を自白せしめた功を誇って〝頭脳作戦の勝利ですよ〟と言ったと伝えているが、この頭脳作戦という言葉が、いちじるしく心理的拷問を連想せしめる響きを持っている。

次に私が一番の法廷で感じたことであるが、ある銀行の女行員が、〝君が見た真犯人がここにいる被告と同一人か〟ということをしつこく聞かれた。それに対して、はっきり肯定的な答えができなかったあとで、〝どうも相済みませんでした〟と裁判官に謝ったのがあった。せっかく真犯人の裁判をしているのに、お上の御用に立てなかったのが申し訳ないというのであろう。

それがいま、法廷にあらわれる証人の大体の意識の程度ではないのか。証人に求められるのは判断ではなくて、その時の記憶の正確な再現である。なにもお上の御用に立つことが要求されているのではないのだが、通常の日本人にはこうした心理がなお働いているのではないか。だから換言すれば逮捕され調べられているものは真犯人だという予断が、証人の頭を支配していて、それに合わせた証言が求められているのだと思いこんでいるかのようである。それでは証拠裁判というものが、きわめて歪曲されたものになる」(『日本週報』)

彼の狂犬病ワクチンによる脳病変に対する精神鑑定の問題は、前述のように自供の証拠価値以上に、責任能力その他にひろがる問題なので、後章に詳しく論述するとして、ここでは、山田弁護人の言葉だけあげておこう。

「東大の内村教授のつくった精神鑑定をみると、彼が変質者であるということをはっきりうたっている。大正の終りに狂犬病の予防注射を受けたのを機会に、彼は一年余にわたって完全に意識のない廃人となった。それ以来の性格の変化であるとされている。しかし、鑑定の結論はそれがために彼は責任能力のない程度にはなっていないというのであった。

私は精神病の専門家でもなく、これ以上のことをいう資格はないけれども、しかし、彼はいま決して正常の人間ではないということを、断言することができる。だから、彼の物の感じ方というものが、通常人とはきわめてはっきりした違いを見せている。このことが平沢にひじょうに不利な心証を与えている事実は見逃せない。

第１回公判廷

たとえば大下宇陀児氏の第一回公判の傍聴記を読んでみると、もし彼が真に犯人でないならば、検事に対しては、なぜ泣いて訴えないのか、裁判官に対しては、なぜもっと、わめき怒号し、恨む態度がとれないのか、そこに割りきれないものを感じた、といっている。

法廷の平沢は、〝私は真犯人ではないのでございます〟ということをボソボソとした態度で裁判長に物語っていた。大下氏のような、人間をたくさん知っている人でも受ける感じはこうであるとするならば、まして一般人の受ける印象はまことに異様なものがあるであろう。裁判官にとっても、平沢はひじょうにわかりにくい人間に見えたに相違ない。それで困ったことは、わかりにくいということが、ただちにあやしむべき人間であると、即断されているかのようにみえることである。

すなわち、平沢はこうした変質者の特色として、病的に虚栄心が強い。彼の異常に高ぶった自尊心がいささかでも傷つけられた場合には、裁判長を罵倒したこともある。また感情の表わし方がいささか大げさであるために、ひどく芝居を打つかのように見えることもある。お芝居を打つのだから、東京都の防疫員に化けて、毒殺するという芝居もうてるはずだという推論をも招いたようにも思える。

けっきょく、彼は大宣伝によって嘘つきだと定評づけられてしまった。確かに彼は嘘をいったようである。鑑定書にいう病的虚言症である。この病的虚言症の場合は、計画的に人をだまそうという嘘ではなくて、その場その場で、自分に箔《はく》をつけようという、他愛のない病的な虚栄心からくるところの誇張と歪曲である。

たとえば自分の話が出れば、〝私の画いた何号かの画が、東条首相の官邸の正面にかかっている〟という。また軍の嘱託になって、軍の迷彩塗料の研究を委嘱されて、木更津の飛行場に、将官か佐官か大変な待遇で招かれたというようなことをいう。しかし、それはすべて嘘である。そこは変質者の特色で、その嘘がかりにばれても、いっこうに平気でケロリとして、なんの恥ずる色もない。つまり、なんの根も葉もない、その場かぎりの嘘をつくだけの男ではあっても、決して大それた犯罪的な嘘ができるものでない、ということが見落とされている。そしてそれが彼にひじょうな不利をもたらしていることは、身から出た錆《さび》といえばそれまでだが、こんな可哀相な、そしてムゴいことはない」(『日本週報』)

物証の捜査

当時どんなにしても平沢の身辺から物証もキメ手もあらわれてこない。検察側は全国に次のような手配を出したくらいであった。

平沢貞通に対する捜査資料蒐集について指示

帝銀毒殺事件については引続き各位の労を多とする。目下取調べ中の容疑者平沢貞通は銀行背景の似寄り手口詐欺事件より起訴、引続き帝銀事件に付本格的捜査を進めつつあるが、未だ犯人と推断する確固たる資料はつかめない。ついては左に平沢に関する捜査要綱をあげたから、これを部僚に徹底し、積極的資料獲得に一段の協力をせられたい。なお帝銀事件に関する一般捜査は既定方針通り継続せらること。

一、青酸カリ（またはソーダ）入手事実の調べ。

薬品その他青酸カリ取扱い業者につき平沢または似寄りの者に青酸カリを売却譲渡した事実がないか綿密調査のこと。この調査は新聞登載の平沢の写真を活用するとともに薬品保存の証明書等を調べる際は平沢大暲の雅号の他偽名認印に注意せられたい。

二、医療器具等売買の調べ。

医療器具機械商、古物商、屑屋等につき平沢または似寄りの者に昨年五月以降本年一月十日に至る間捜査必携登載のケース、ピペット薬瓶等を売買した事実がないか調査のこと。

三、宿泊遊興先調べ。

旅館、下宿屋、花柳街等につき右期間平沢または似寄りの者を遊興宿泊させた事実がないか調査のこと。

四、該出品取扱い事実の調べ。

平沢は添付写真（略）のような大島絣一反分、つむぎ男袷せ一枚、フランス製黒短靴一足、および白砂糖五百匁程を本年一月二十九日頃、何れかで入手して来たが、出所不明であるからその頃の盗難または詐欺被害および遺失物に該当はないか調査のこと。
五、印判屋に対する捜査。
印判屋に「林」の印判を取りあつかった事実の有無および平沢似寄りの者に厚生省または東京都の角印を注文された事実がないか調査のこと。
六、画家に対する聞込み。
管内の画家中、平沢を知る者から平沢が画生地類の防虫に青酸カリを使用し、または絵の具類の調整に薬品あるいはスポイト類を使用の事実がないかを聞き出すほか、平沢に対する各方面の聞込みをすること。

元警視の心境

それから十数年後、成智元警視は『文藝春秋』に、次のように、その心境を書いた。

「もうあれから何年たったのであろうか。寒さのきびしい年であった。敗戦という現実がまだ厚く日本全土をおおっている無惨なときでもあった。混沌とした世相を背景に、窃盗、強盗、殺人と、大小の事件が連続して、日本中いたるところで起こっていた。そうしたさなかに、あの忌わしい帝銀事件が起こった。警視庁はじまって以来の凶悪な大事件だった。なによりも治安を維持すること、それが平和日本再建の第一歩となる、と私たちは確信していた。それゆえに警視庁はゆるされるかぎりの全機能をこれに注いだ。貧しかったから、多くの捜査官が一張羅のくたびれた背広であった。

そして、ななめにすりへった靴。その年のきびしい寒さには本当に閉口したのをおぼえている。

——だから、それほど本気で事件に取ッ組んでいたから、帝銀事件の容疑者として、平沢貞通が逮捕され、警視庁に連行されてきたとき私は、

『そんな馬鹿なことがあるものか』

と一笑にふしたものだ。まったく冗談にもほどがあると軽く考えていたのだが……。

そうした否定的な意見は、決して私たち特命捜査班だけのものでなかった。

第一、平沢に逮捕状を出すべきかどうか、そのことについてすら、捜査本部の意見は、否定的なものが強かったのである。

たとえば、八月二十三日の朝日新聞に、堀崎捜査一課長の談として『この程度の容疑者は毎日扱っている、白七分黒三分だ』とでており、翌二十四日の同紙上に、『首実検の結果、容疑はうすらぎつつあり、家宅捜査に有力な手がかりはなく、白八分黒二分』とでているのをみてもわかろう。

しかし、人生はつまり不可解の一語につきる。

この毒物に、いちばんえんのうすいとみられた平沢が、やがて詐欺の余罪発覚とともに、〝帝銀事件の真犯人〟としての道を、いつのまにか、歩みはじめていたのであるから……。

平沢が逮捕され、死刑が確定してから九年の歳月が流れている。すでに彼は十六年の獄中生活をおくっている。決してみじかい歳月ではない。しかし、いまだに死刑執行の指揮書に、その間、何人となくかわった法務大臣がサインをしようとはしていないのだ。この事実は何を物語るのだろう。それは裁判記録をよみかえし、私の捜査日誌をひもとくたびに、同じ疑問に私はゆきつくのである。それは『平沢はほんとうの犯人なのか』というその当時にいだいた素朴な疑問と、まったく同じものだ。真犯人は別にいるのではないか。

平沢は、はたして仕立てられた犯人ではないだろうか――」（昭和三十九年五月号）

当時の世論は、どうであったのか、公判直前、『週刊朝日』は次のように書いている。新憲法の思想・精神から捜査のあり方を追及しているなど、充分参考資料になる。

「NHKの街頭録音で『何か信じられないので平沢さんが気の毒だ』という声が出るほど、すっきりしないものを残したまま、帝銀強盗殺人の被告として平沢貞通氏の公判第一回が十二月二十日東京地裁十三号法廷で開かれる。刑事九部江里口裁判長、横地、石崎両陪席判事の担当であるが、そのうち石崎判事が主任となって十八分冊の厖大な記録を大車輪で読んでいる。この刑事九部はいま福井人絹事件が公判続行中で帝銀事件のほかに日本最大の疑獄事件と折り紙つけられた昭和電工事件と三つの大事件を抱えこんで、江里口裁判長も、〝時の人〟になってしまったが、これは何も受けつけた事件を裁判長の手腕力量をみて割当るのではなく、事件を受けつけた順番に十三の部に極めて機械的に割振って行くのが偶然に第九部に当ってしまったのであって、昭和二十三年度犯罪ビッグ・ツーを二つとも背負いこんだ江里口判事らは『全くかなわんよ、昭電事件はどこかよその部で引受けてくれんかなあ』と完全に悲鳴をあげている。

公判は、銀行詐欺事件の審理からはじめられる予定なので、問題の帝銀事件の方は年がかわってから審理に入ることになるが、むつかしい事件であるだけに、一月一日以後に初公判を開けば新刑事訴訟法でやらなければならないので、従来通り裁判長が記録にもとづいて尋問できる旧訴訟法の馴れた裁判をやることにして、おしつまった十二月二十日にとにかく第一回を開くことにするなど相当苦心している。

ところが、何となくすっきりしないという印象を与えているほど、キメ手となる物的証拠がないので、法廷で平沢氏が自白をひるがえして否認でもすれば、裁判官の〝黒〟〝白〟認定は非常にデリケートになって来るので、弁護人としては、被告に有利にみちびき得る新訴訟法で裁判をやってもらいたかったことだろう。山田弁護人は『記録の謄写が出来てこないのに公判をそんなに急いで開かれては困る、開廷期日をのばしてもらいたいのだが』ともらした。

この裁判はむつかしい法律論争ではなく事実を認定するか、しないか、死刑か、無罪かの両極に分れる問題だから、素人わかりのする興味満点で、黒か白かをめぐって心ゆくまで攻防戦を展開するだろう。検事の攻撃は、心魂を打ちこんだ八ヵ月の捜査とミッチリ一ヵ月の取調べによって得た動かすべからざる心証として、

一、昨年十月十四日の安田荏原支店、本年一月十九日の三菱中井支店、同月二十六日の帝銀椎名町支店の三つの犯行は手口目撃者の人相からみて同一人である。

二、荏原で犯人が使った『松井名刺』は鑑定により真物である。

三、平沢氏は松井氏と名刺を交換している。

四、その人相は大体似ており、出所不明の十八万余円を一月二十六日以後預金している。

五、日本堂を最後とする一連の詐欺事件と帝銀を最後とする一連の毒殺、および毒殺未遂事件は手口からみて似ている。

六、詐欺事件の犯人は平沢氏であることは自供と証拠により明らかである。

大体この六つの要素でしぼりをかけた結果、出て来たのが平沢氏であるという筋を立て、その個々について後に述べる物証をあげて証明するということになるだろう。

これに対して防衛材料となるのは、まず平沢氏の性格である。帝銀毒殺犯罪は、犯人の現場への

出入を目撃した者がない、つまり姿なき犯罪であること、遺留品、指紋など手がかりとなるものを何一つ残していないことなどから、いわゆる完全犯罪といえるし、また最少量でしかも致死量を与えることは毒物に相当の知識をもっていなければできないことであるが、平沢氏はこんな秀れた計算のできる頭脳の持ち主ではないし、また十数名を一挙に毒殺できるような強い意志の持ち主ではないという観点に弁護人は立っている。この点、検察側の観察は平沢氏の供述はたくみに組立てられたウソにはじまってウソに終わることがしばしばであり、非常に秀れた頭脳をもっているとみている。

第二はアリバイの点である。帝銀事件当日の平沢氏の足どりは何時から何時何分まで何処、それから何時までは何処というようにビシッと時計の針のようには検事の方にもわかりようはずはなく、大体何時ごろから何時何分ごろまでというふうに時間にはばがあるが、これが非常にデリケートなので、弁護人としては最も有力な反証材料になるだろう。家人や娘むこなどは相当有利な証言をしているようであるが、こういう血縁関係者の証言は法廷においても宣誓なしで行なわれるので信頼性は薄い。だから弁護人としては第三者の証言を得るために調査するだろうし、どういう証人が申請されるかが法廷の興味である。

アリバイは帝銀当日だけに限らず、安田荏原支店（昨年十月十四日）、三菱中井支店（一月十九日）、帝銀椎名町支店（一月二十六日）、安田板橋支店（翌二十七日小切手の支払をうけた）の四銀行と、山口二郎の名刺を銀座の露店に注文しにあらわれた一月十七日と受取りに行った翌十八日の六回のうち一回でもアリバイが立証されれば砂上の楼閣のごとく一挙にしてくずれ去るわけである。このほかに詐欺事件のうちの一回でもアリバイが成立すれば結果は同じであるが、すでに一年以上も経過しているから、これはちょっと困難だろう。

第三は詐欺事件は一つは単純な詐欺罪であって凶悪な強盗殺人とは手口が全くちがうという弁護人の主張に対し、検事側は単なる強盗殺人の手口ではなく、人をだまして青酸カリをのませる手口は明らかに詐欺犯罪と結びつくといっているが、単純な詐欺と詐欺を含む殺人とがはたして同一人の犯罪であるかどうかも一つの疑問である。

また平沢氏が拘置所に移されて三、四日後に面会した山田弁護人はそのときの模様について『帝銀犯人は絶対に私ではありませんよ、そりゃあ、そういえと言われれば、私はそのつもりになってどうにでもいいますよ、と平沢がいうのだが、その時の眼は始終キョロキョロして焦点が定まらず、まるで狂人の眼つきだった』と暗に精神異常ではないかと語っている。

検事側がさきの消極証拠のほかに積極証拠として持っている証拠物は自白前に押収したもの、自白に基づいて捜索したものをあわせて、帝銀で使用したアメ色ゴム長グツ、薄地ネズミ、色スプリング・コート、チェック茶色の鳥打帽子、肩かけカバン、荏原の時着ていた薄色の背広、黒エナメル短グツ（中井、板橋の時もはいていた）、日本橋東京銀行にかぶって行ったスキー帽などの服装、毒物を入れたビン、銀メッキ四寸くらいのケース、スポイト、『山口二郎名刺』、『松井蔚名刺』、小切手の裏書とその筆跡鑑定などであるが、服装の個々については、『このクツに間違いない』という確証はないのであって、総合して『ちょうどこんな服装だった』という程度の価値しか考えられない。

またケースは目撃者の証言ではニッケル製の五寸くらいのものとなっているので証拠品と多少遠うし、スポイトについては弁護人の言をもってすれば、捜査当局がピペットを推定していたはずなのに、自白に合せるため簡単にスポイトに切りかえたのはおかしいというのである。

ビンにしてもオキシフルの空ビンだと自供したので捨てたという場所の付近から出たビンをみせたらそうだといっただけにすぎない。ただこれは検事側も確信はもっていないようである。それに毒物の入手経路も自白だけの一方的なもので明確でない。こうしてみると物証の決定的なものはほとんどなく、枯木も山のにぎわいなどと皮肉る声もあるが、『松井名刺』の裏にエンピツで書いてゴムで消したというのは自供によってはじめて化学試験をしたところ、なるほど自供通りに文字が検出されたというわけで、これが自供によって認められた特異な証拠として十分証拠価値のあるものである。筆跡鑑定も相当の価値は認めねばなるまい。

これというキメ手なしに、あらゆるものを総合して立証しようとしているこの事件は、見方によってはまさに砂上の楼閣であり、まだ反対に柱も梁も根太もカスガイで止めて組立てた強さをもっているともいえる」

公判前に、山田弁護人は次のような意見を発表した。

「帝銀事件ほど、世間がことにジャーナリズムが騒いだ犯罪事件は、ほとんど他に類例がないと言える。説教強盗事件、お定事件、小平事件も、これに及ばなかったと思われる。

しかし帝銀事件もその罪質は一つの強盗殺人事件に過ぎない。ただその手段方法が、いかにも冷酷残忍であったのと、その手法が珍しかったのと、被害者が一時に大量に出たというのがいちじるしい特徴であるだけだ。

その社会的重要度においては昭和電工事件のごときに比較したならばとるにたらぬものであり、犯罪の本体は凡百の近頃流行の強殺事件と同一である。起こった時は珍しくもあったが起こってしまって七ヵ月以上も経った今日なおかくのごとく騒がれる所はちょっと理解し難いくらいだ。しかし、私はこの事件の重要性は他にあると思う。すなわち我々は敗戦の犠牲において新憲法が与えられた。刑事訴訟もその法律が変わって来年初めから施行されようとしている。その新しい刑事訴訟の担い手としての警察官が検察官が裁判官が、また弁護人がはたして完全に新しい刑事訴訟の精神を身につけてしまっているか、言葉をかえて言えば、頭の切換えが済んでいるかという問題から、国民の誰でもが熟知している帝銀事件を通じて、国民の前で吟味されるのに最適の機会を提供しているという事である。

私はこの事を新刑事訴訟法のテストケースとして重要なのだという言葉で表現して来た。だから訴訟の各関係者は戒心して捜査及び裁判、弁護の事にあたって国民世論の批判に合格せねばならない。この場合私は勘を必ずしも否定はしない。足による聞込みも結構だ。しかしカンだけのカンは駄目なのであって科学的訓練を経たカンが重要なのだという意味だ。新刑訴によれば自供の裁判上の効果はいちじるしく制限された。自供がもっとも有力な証拠とされた時代は過ぎた事を思わねばならぬ。さらに問題なのは今回の帝銀事件で、十三日の拘留制限内に強殺の確証を得られないので詐欺事件で起訴し、拘留して、この拘留を利用して強殺事件の捜査をした事だ。詐欺事件で起訴した以上、この取扱自体は法律上不法とは言えないかも知れない。しかしこれが常習的手段とされてはならぬのだ。派生的微罪で起訴して拘留をつづけて本罪の追及の便とする事がくり返されるのでは、拘留制限の法の目的は見事に裏切られるのであってここに問題がある。

戦争前までの拘留のむし返しと同じく合法による不法が復活せずとは断言しきれないであろう。

今回の捜査に於て人権に対する充分の尊重がなされていたかどうかは、未だ記録を読んでいず、またゆっくり被告人と話しあうことのない今日、断定的に論議をする事は私には出来ない。

しかし被告人に犯人の扮装をさせたこと、十六ミリの映画で実演をさせたことなどは本人の承諾の上であったとしても捜査の手段の限界をこえたもので適当な処置とはいえない。否世論自身もこの機会に自己批判を試みて、新憲法下の健全なる世論たることに努めねばならぬものと思う。

永らく抱きつづけた観念を一朝にして切りかえることは誰にとっても難かしい。しかし今はそれをあえてしなければならぬときである。まず捜査機関から考えて見る。

刑事訴訟もそうだし、新刑事訴訟法も同じ事だが、起訴前の拘留は十三日を超える事が出来ない。この間に起訴に値する犯罪事実が集まらないときは釈放せねばならない。この期間は従来の方法をもってする限り短かきに失するかも知れない。そこで捜査方法の一変がなされねばならぬ。即ち臭いと見ればすぐ捕えて吐かせて見てそれによって犯罪事実を発見し、証拠を蒐集するやり方が一擲されねばならぬ。また勘と足による捜査が放棄されて捜査の方法論が確立され、科学的捜査法が全面的に採用されねばならぬ。

被疑者の自供を基本とせず客観的な証拠を蒐集し、これを組立てて犯罪事実を認定する。自供が得られればよし、自供がなくばないままそのままに起訴をするという建前が採用されねばならぬ。かくすれば十三日の拘留必ずしも短しとはせぬ」

昭和二十三年十月十二日、平沢貞通は東京地方裁判所に強盗殺人未遂殺人強盗予備で追起訴された。

第三章　自白過程の精神鑑定

平沢武彦

2審での平沢貞通

平沢貞通という人間

平沢は死刑確定後、東京拘置所の通称ゼロ番区という、収容番号にゼロのつく死刑囚などの重罪被告人たちを収容する特殊区域に拘置されていた。

平沢は、その頃のことを、次のように手記に記している。

「小菅の東京拘置所では、死刑候補者には一様に、その被告番号に「零」すなわちゼロの付く番号をつけて、「ゼロ番」と呼んで、一般被告と選別しております。そして北舎房三階には、その何百何ゼロ番という0の番がズラッと並んだ独房に入っております。房は、二方が壁で一方が入り口で、他の一方がガラス窓で、その窓から聞きたくなくても流れこんでくる声に、地獄の悪鬼羅刹の人殺しの唸りもあり、自罪懺悔の神に詫びるススリ泣きの声も聞こえて来たこともありました」

この小菅拘置所の医務部に、現在作家である精神医学者の加賀乙彦氏が勤務していた、身分は法務技官、精神科の患者を診察するのが仕事であった。

多くの拘禁ノイローゼの囚人がいたが、彼が診察する最も多い患者はゼロ番区の囚人たちだった。そのなかに死刑確定後まもない平沢貞通もいた。

加賀乙彦氏は、著書『死刑囚の記録』(中公新書)で、平沢の様子を記しているが、それは当時の平沢の人柄をほうふつさせるものである。

「私が拘置所に勤めていた頃、平沢は六十代の半ば、半白の髪ではあったが、まだ若々しく、所内随一の有名人であった。医務部にはめまいや痔出血、下痢などの訴えでときどき現れ、あれが平沢画伯かと私も横目で眺めていたものだった。和服を着ていることが多く、いつもにこにこして、人当りがきわめて柔か、囚人というよりお茶の師匠が現われたという感じであった。

はじめて私が彼の房を訪れたのは一九五五年の十一月だった。北舎に往診したおり、ふと思いついて寄ってみたのである。

房内には、画架や絵具箱や水彩画の束が所せましと置いてあり、私の顔をみると「やあ先生ですか」と会釈し、しかし、描きかける手を休めずにいた。段ボール箱の上の林檎を写生しているのだった。房内には他人が入る余地はなさそうで、私は開け放した扉から脚を出して上框に腰をかけた。ふと「この頃でも観音様の夢を見ます。ありがたいです」と言い、「私が真犯人でないのは確かですよ。しかし、私は死を恐れません。悟りきった境地で毎日を過ごしています」と、人が口にすると嫌味に聞こえるようなことを照れる様子もなく言った。(中略)

竹内景助(三鷹事件死刑囚)と違う点は、平沢が一度否認したら、それを貫いていることである。しかも自供が有力な証拠になっているのに対して裏付けとなる物的証拠が乏しい。平沢に会った頃、私はまだ帝銀事件について詳しい知識を持っていなかった。ただ、東大精神医学教室での恩師、内村祐之先生と吉益脩夫先生が平沢の鑑定人となったため。何かの機会に平沢の特異な性格について話を聞いたし、精神鑑定書の全文も精読していた。

五六年の夏から秋にかけて、法務省刑事局総務課に行き、死刑確定者の一件書類を片っ端から読む機会があった。その折りにもっとも関心を持ったのは三鷹事件と帝銀事件であった。が、両者とも書類は膨大であった。帝銀事件の場合、書類を積み上げると優に三メートルの余もあった。それを二週間ぐらい通って読み、ノートをとったおかげで、事件の問題点が私なりにすこし明らかになった。

まず自供の信憑性である。一審の高木検事は、被告の精神状態には異常なく、自供には信憑性があると断じ、論告でもその判断を強く押し出しているが、公判廷での平沢の供述はしばしば前後矛盾し、誇張や記憶錯誤に満ちていた。これは彼の特異な性格と関係がある事実であり、検事への自供そのものも疑わずにはおかない。（中略）

独居房の思惟は、情報が限定されているために、人間の日頃の思いを拡大する。被害的な方向へ行く囚人もいれば、生来の楽天癖がこうじていく者もいる。原始的な衝動が拡大して爆発発作をおこす人もいれば、内省と瞑想の傾向が強くなって宗教生活に入る人もいる。平沢の空想虚言癖が、拘禁によって増大したことは充分考えられる。そして私が会った折の平沢にも、その傾向ははっきりと認められたのである。

たとえば、五六年五月二十三日、私は一時間ほど平沢と話をして、そのときの記録をとってある。以下それによって彼の人物を描いてみよう。

扉を開くと、椅子の上に立ち、格子窓から手を差出して目を細めていた。

『何をしているんです』

『やあ先生ですか、今日は。プロポーションをとっていたのです』とにこにこして、会釈した。鉄格子と拘置所本部の塔を描いた水彩画を見せ『これです』と言った。

『このごろどうしてます』

『まあ、今のところ、この絵にかかっています。これは下絵なんですが、随分考えて、何か欠けているということに気がつきましたね。実はこの絵の隅に、左の房の壁が突き出ていないと落ち着かないと、気がつきましてね。これだ、これだと思ったのです。絵を描く以外は、朝十五分、夕方十五分読経して、あとの時間は上申書を書いています』

人当りがやわらかで、長年の房内生活の苦しみを表にあらわすこともなく、自分の家で隠居が客に話しているという風情である。何か自分の人生を達観しているという人物の落ち着きをそなえている。適当に身振り手振りを混え、ちょっと歌舞伎の世話者を演じている役者のような感じだ。

『私は初めから真犯人ではないと言っているのです。自白は検事が勝手にでっちあげたものです。こっちが黙っていると検事が「じゃ、平沢君、これこれということにしようや」「ね、いいだろう」(検事の声色と表情を真似てみせる)というので、私はこんなヤツラに何を言っても仕方がない、あわれなヤツラだと思いましてね、「まあ、いいでしょう」と答えたんです。そうすると、ここに拇印を押してくれというから、拇印を押す。それで調書にしてるんですよ。本当は何ひとつ証拠なんかありゃしないんです。だから警視庁にいるとき三回自殺をはかったんです。一回目は左の腕を切った。どくどくと血が流れだして目の前が暗くなり、これは有難い、浄土への道も近いと思っているうちに気を失ってしまいました。二度目は、尋問所の壁に頭をぶつけて倒れたんです。しかし死ねませんでしたね。大きなコブができただけだった。三回目は痔の薬を五本のみこんでみたんですが、吐き出してしまいましてね……駄目でした。やっぱり死んではいけないという仏様のお告げがあったんでしょうか』

この三回にわたる自殺未遂は、ほかの記録に照らしても事実であったらしい。また、検事の取調べから自白にいたる心の動きも、平沢がくりかえして述べている内容と一致している。

『このごろは夢を見ます。このあいだ、逮捕されてから二千日だというので、お祝いでもしようかと考えて寝ると、夢の中に母が現われて、二千日に二日違うと言いました。はっと思って、目がさめて、数え直してみると、たしかに二日違う。これはどうです、先生、科学では説明がつかない。やはり大きな仏の力だと思います。こういう不思議なことはよくあります。広田君（広田弘毅）が、あるとき夢に現われ、「一審、二審はだめだ。問題にするな」と言ったんです。このことを日記に書いておいた。あとで広田君が死んだ（刑死した）ということを聞いて、日記を調べてみると、ちゃんと夢を見た日に死んでいたんです。こりゃ不思議ですね。科学を超越しています』
そこへ担当が顔を出し、『上申書の清書は終ったか』と尋ねた。
『まだです』と丁寧に頭をさげてから、私にむかい話をつづけた。話題はとんで『私は真犯人ではない』という話に戻った。『最高裁の十五人の判事は神をあざむいたのです。先生、〃恥を知れ事件〃を知っていますか。面通しのとき、「恥を知れ」と検事が叫んだので目撃者がふらふらと私を犯人だと言ってしまったんです……』
とにかく淀みない語り口である。論理も一貫しているので聞いていて、つい説得されてしまう。しかし、母や広田弘毅の夢枕がどこまで正確な事実にもとづいているかと疑えば疑える。このように疑わしい話と、自殺未遂や面通しのように事実に即した話とが、ないまぜになっているのが特徴である。この特徴は、いつ会っても変わらなかった。その話の基調は、自分は無実の人間である。したがって元来こんな拘置所にいる人間ではない、いや自分は帝展無鑑査クラスの平沢画伯であり、お前たち刑務官とは身分が違うのだという、誇りや驕《おご》りが見られた。隠居風の落着き払った態度は、この内面の驕りのあらわれとも思えた。私に対しても、ときどき、『きょうは忙しいけれど、まあいいです』『ちょっと急いでやらなくてはならない仕事があるんでね』と面接を拒否する素振りをみせることがときどきあった。しかし、一度話し始めると、そんなことを忘れたように愛想よく、能弁に喋りまくり、いつまでも私を帰そうとしなかった。

五月三十日にも、『忙しいから』と迷惑そうな顔をしながら『お告げがあったんですよ』と話し始めた。

『私にはしょっちゅうお告げがあるんです。鑑定をやった吉益、あんな人は二年か三年経つと死ぬとお告げがありました。もう死んでいるでしょ』（吉益氏は当時生存していた）

『吉益と内村の鑑定、あれはなんですか。あんなもの（と吐き捨てるように言う）。そうですね、これで帝大に六回ぐらい行きましたかね。六回で、人間の何がわかりますか。吉益さんは、何ですか、検事の調書をもってきて聞いたんですね。なんだお前、前にはこう言ったじゃないかと言ったけど、実は私には覚えがない。それはそうでしょう、調書は検事が勝手にでっちあげたもんですからね。内村さんにいたっては、ほんの二十分ぐらいしか話してません。あんなもので鑑定ができるもんですか。吉益さんのやり方は、雑談していて、ちょっちょっと要点を聞くというやり方ですね。あの人は、ほとんど平沢画伯として私を取扱ってくれましたが、最後にいって引っくり返ったんです。鑑定もいよいよ終わりで、お茶を飲んでいるときに、お前は嘘つきだ、ペテン師だと言いました。もちろんこんな表現は使わなかったが、まあそんな意味のことを言ったんです。私もぐっときましたが我慢して黙ってましたよ。まああんなもので、人間一人の鑑定ができるなんてとこ見ると、鑑定なんてバカみたいなものですね』」

死刑確定の一九五五年から間もない頃、六〇代から七〇代にかけて、加賀氏が、指摘するように、空話的虚言癖と思われる言動があったことは、事実であったようである。

後に、東京拘置所で同房であったカービン銃事件のＫＯ氏も同様のことを述べている。

幾度ともなくKO氏に対し、丁寧におじぎし「真犯人がつかまりました。明日、出所しますので、有難うございました」と言うのだという。

だが、幾日たっても、そのような様子は見受けられない。看守たちは、大津氏に「平沢は、よく嘘を言うから」と笑っていたという。

平沢には、楽天的で超然とした落ち着いた姿、また、病後の性格変化からか、虚言癖とともに病的な虚栄心と迎合癖もみられた。

救う会の事務局長となった森川哲郎も、裁判闘争の上で、平沢の証言がくるくる変わることに悩んだという。

しかし、長い歳月が経過し、晩年の平沢に、そのような姿は、ほとんどみられなくなっていった。私自身が、平沢に会うようになったのは、八十歳をこえた頃だったが、気品のある純粋な目をした、大正時代の芸術家をほうふつとさせる。モダンで楽天的、そして無邪気さを持ち合わせた老人であった。むしろ言葉少なげに、無実であること、釈放されたら父母の墓参りに行きたいと目をうるませて語り、支援の人々に深く感謝し、合掌する姿のみが印象に残っている。

世俗とは離れた長く拘置された環境に、コルサコフ症候群は、晩年にいたり、次第に、軽快していったものと思われる。

風変わりな平沢公判

「彼がもし犯人でないなら、何故もっと自分の無実について、裁判官や検察官に厳しい抗議の言葉をなげかけないのだろう。そして、われわれ傍聴人にも、納得のいくように訴えないのだろう」

法廷での平沢は、ある時は自らの無実を涙ながらに訴えたり、裁判長や証人に事実との相異を述べたりしている。しかし、法廷での平沢は他人の裁判のようにふるまっていて、傍聴人が笑うようなおかしな問答も多かった。

山田主任弁護人も「弁護人の私が見ても、彼の無気力な答弁ぶりを見ていて、煮えきれぬものを感じる。彼の虚脱の姿を哀れまずにはいれません」と述べている。

また、正木亮弁護人の質問に、

問　この法廷はなごやかすぎるのであるが、被告人はどう思うか。

答　自分でしていないので、他人の裁判を聞いているようで、ピンとこないのです。ただバカバカしい、くやしい気持ちがおきて、自分は犯人でないのに、かような事をして、一体これはどうなるのだろうとよく考えます。

そして、向山弁護人も、

問　被告人は、他人の裁判を聞いているようだといっているようだが、そういう心境、つまり自分が犯人でないという心境を述べてみなさい。

答　自分では月が雲にかかって見えないのです。それを地球の上から騒いでいるような気がするのです。つまり明月として雲の上に光っているのに、下の人々は雲がかかって、それが見えないので、騒いでいるような気がして、おかしくピッたりとこないのです。その気持ちはお分かりになりませんか。

平沢はコルサコフ病の後遺症で人格障害をわずらい、法廷でも、そのような光景や証言が見られた。精神鑑定書を見たこともない傍聴人にしてみれば、彼の法廷での態度は、理解することはできなかったのだろう。それはクロへの心証を深めることとなった。

この平沢の精神状態について、死刑判決を言い渡された瞬間の平沢について、正木亮弁護人は、次のように記している。

「わたくしは、死刑判決の言渡しの瞬間の顔色はさっと青くなることを記憶していた。平沢が、裁判長から死刑を宣告せられた時、どんな表情をするか、わたくしには一つの大きな課題であった。赤くなるか、青くなるか、戦慄するか、捨てぜりふをいうか、暴れるか、死刑囚のやる何れかの態度なり表情なりが表れるのではないかと期待したけれども、まったく予想外、平沢の容貌は微動だにしなかった。そして『冤罪ですよ』といっただけだった。

これまで、わたくしの見たすべての死刑囚が戦戦兢々として、あるいは放心した状態で法廷にのぞみ、法廷内は非常に緊張と荘厳とでみちるが、平沢の裁判は、いつもどよめきと笑いと、むしろ明るさにみちていた。これが死刑裁判であろうかと思わしめる状況がただよっていた。そして、主たる原因は平沢のゼスチャア、裁判を恐れない、事件とは無関係であるという表情、つぎからつぎへと出てくる虚言等々のゼスチャアがもたらしたものであった。

裁判長を揶揄するような、証人をばかにするような、そして自己を誇張する彼の態度、これらの種々相を冷静に観察する人は、誰でも、平沢に死刑を言渡されることが、気味が悪いと感じていたに違いない。

平沢に死刑を言渡すのに、非常に大きなこだわりがあるとするならば、わたくしは、この点を躊躇なくあげることができる。

わたくしは、誤判の恐れのある事件に対して、死刑をもちいることはなされるべきではないと考えている。死刑の宣告を受けても、なぜ顔色一つ変えないかというような点にメスをいれ、国民感情に納得がゆくようにして貰いたい」(『毎日情報』一九五一年三月号)

鑑定はいかになされたか

一審公判の途上、山田義夫主任弁護人は、自白時の精神状態が異常であったことを考慮し、精神鑑定を求めた。つまり「責任能力」の是非ではなく、自白の任意性と真実性について、どうであったかということが目的だった。

公判を休止、裁判所の命令で、平沢は東大精神科の内村祐之教授と吉益脩夫教授の鑑定をうけることになった。そこで、どのような鑑定がなされたのだろうか。

裁判所が鑑定事項としたのは、

一、本件犯罪発生の当時(未遂事件も含む)
二、被告人が検事に本件強盗殺人の犯行を自白した当時
三、被告人が催眠術が醒めたと称する当時
四、本件公判当時

であった。

まず鑑定人は、検事の起訴状と冒頭陳述等の裁判記録を読み、事件の概要を検討する。そして、被告人が生まれてから事件にいたるまでの家族歴、概住歴、職歴、性格についての客観的資料(親族、知人等への調査)を整理。

このように事件の概要と、生活史を頭に入れた上で、平沢との面接が始まる。まず、現在症の精

神的所見として、種々の心理テストを行い、平沢へ次のような質問がなされる。家族関係、生い立ちからはじまる既住歴、自身の性格、犯行のあった当時の追憶、逮捕から検事の取調べの終わるまで、拘置所移送以後と公判期間中、人生観・道徳観・芸術観・宗教観など。

吉益教授は、親族や知人や画家仲間等、数十名に聞取り調査を行い、それに基づいて、A、狂犬病予防注射後の精神障害、B、脳疾患後の大虚言、C、虚言癖、D、血液循環療法と宣伝、E、放火の嫌疑と伯父への転換、F、辻強盗改心の話、G、湯沢温泉への逃避行、H、船底塗料の発明、I、迷信、J、帝室技芸員と称して画展を開いたこと、K、テンペラ画の宣伝、L、妻マユとの関係、について詳細に分析。その上で、精神鑑定上の要めである「考察と説明」(病前と病後の人格、検事取調依頼の被告人の精神状態等)を分析、「司法精神医学的考察」の判断をなし、「鑑定主文」が記される。

主として、親族等の調査をはじめとする多くの記載は吉益教授によるものであり、最後の「考察と説明」「司法精神医学的考察」「鑑定主文」は内村教授により記されている。

この精神鑑定書を熟読すると、吉益教授による記載には、平沢の病状は重篤な部類に属するものと指摘しているが、内村教授による「鑑定主文」等は、症状と自白時の状態について、幾つかの矛盾した記載が見られる。

再審弁護団の一人である北潟谷仁弁護士はこの問題について、「私は本鑑定が自己矛盾を蔵していると考える。それでは何故そのような矛盾が生じたか、ここで誰もが考えることは、本鑑定が二名の共同でなされたこととの関連であろう。共同鑑定人のうち内村はその後も本鑑定に言及して、自らこれを擁護しているが、吉益は、この問題について全く発言していない。私は、吉益が真に本鑑定の結論に同調していたのであろうか、との疑問を禁じえないのである」と指摘している。おそらく結論は、内村教授により、検察側に有利に導くように、まとめられたことが、推察される。

こうして、一九四九年（昭和二十四年）四月一日に鑑定を命ぜられた「精神鑑定」は、一九五〇年三月二十日に、裁判所に提出された。

その結果は、各新聞社により発表され、その記事の主たるものは、「自供、催眠術によらず／自白後に熟睡、裏付けられる真実性」との報道であった。

そして、裁判所は、この「精神鑑定」の考察と説明と主文に記されている、自白には任意性・信憑性があるという、曖昧で矛盾にみちた記載の一部を、自白を裏付ける主たる証拠として採用したのである。

精神鑑定に異議あり

平沢氏の「精神鑑定書」が、裁判所に提出された後、狂犬病ワクチン禍によるコルサコフ病の研究が進んだ。

東大の白木博次元東大教授（当時講師）、春原千秋医師などにより、数々の臨床例と脳の解剖所見などが分析された。

春原医師は、平沢について、その中でも中等度の類型に属するものであると論文に公表している。

そして、内村教授が「責任能力」を認めた「精神鑑定書」への批判が、意外にもそれらの内弟子たちからなされるようになった。だが、それらの声が出始めたのは、最高裁判決の直前だった。

白木氏は、吉益教授による平沢の病歴と生活歴を詳細に記した前文には、おおいに感心していたが、結論である主文には疑問を感じていたという。

一九五四年三月二十二日の朝日新聞に「恐ろしい狂犬病予防ワクチン――性格変異や廃人に」と三面トップの記事が掲載された。その内容は、東大医学部精神神経科と伝染病研究所を中心とした研究班が、三年間に伝研でワクチンを接種した五千五百人を追跡調査した結果、三十七人が神経系の被害を受けた、というものだった。

そして同月二十五日には「帝銀事件審理に波紋?――責任能力を欠くか」と報道された。

「いま小菅拘置所にいる平沢に対する最高裁の判決は、ことしの夏と伝えられるが、その平沢の心身状態について、全く新しい角度から検討されなければならない問題が起こってきた。東大医学部内村教授を中心とする狂犬病ワクチン禍による『脱髄性脳せき髄炎』の研究が発表され、この研究論文中にも彼の名が出ていることから『彼を裁く刑法上の責任能力』に疑いがあるのではないか』とする意見が学者間に現われているためである。検挙からすでに七年、百回に近い公判、一、二審とも死刑で最後の断を持つ平沢に突然おこった運命をかける問題だ。関係者は果たしてこれをどう処理していくのだろうか。(中略)新研究によると、生きている患者の場合、脳のレントゲン撮影をすることによって、脳のどこの部分が侵されているかということがわかるという。レントゲンによって病変が明らかにされた場合、もとの内村鑑定がひっくり返るかどうかが問題の中心点だ。」

内村教授との激論

内村教授は、この朝日新聞の記事を見た直後、白木氏に電話している。それは、次のような憤慨したおもむきのものだったという。

内村「新聞記事を見た。君の名前が出ていたので尋ねるが、私の名誉はどうしてくれるのかね。」
白木「先生の名誉とはどういうことですか。」
内村「学会でも議論したこともないことを、君がいきなり新聞に載せてしまったことだよ。」
白木「今年の一月の日本国際医学協会で、狂犬病の予防ワクチン禍の脳病変を紹介しました。そこでは、とくに問題はありませんでしたよ。」
内村「ごく一部の人だったからだよ。」
白木「それはどうですかね、私は朝日の記者に再鑑定の必要性までは言っていないのに、新聞にはそう書かれてしまった。この点だけは、私の責任といわれれば、そうかもしれません。」
内村「ともかく今日の午後の会議をやめて、教室で君と討論をやろうじゃないか。」
白木「いいでしょう。」
その日の午後の白木氏と内村教授の議論は白熱し、平行線に終始した。
白木氏の見解は次の点にあった。
「国の検定に合格した狂犬病ワクチンによって、性格病変が起こったものであり、それが平沢の犯罪につながっていたとしたら、それは世間がどう言おうと、完全能力には値しない。医学用語を使うなら、ドイツの精神医学者ランゲが言うように、限定責任能力に相当すると考えるのが、精神医として当然だった。」
平沢の死刑確定後、白木元教授は、平沢の妻マユさんに会って「平沢が亡くなった場合、脳病変の状態をしらべるため、病理解剖し、検査したい」と申しいれた。マユさんは
「それが、夫の無実につながるなら……」

と承諾。白木氏は、将来いつの日か、脳をゆずりうけ、自らの手で再鑑定する意志をかためていた。

白木教授の鑑定意見書

第十六次再審請求の新証拠として、白木教授の「鑑定意見書」を提出したが、それは、三五九頁の論文、そして参考資料としてコルサコフ病患者のレントゲン写真約百枚の所見例を添付した論文だった。

白木教授は、冒頭で、狂犬病ワクチン禍によって脳に傷をうけた者の精神鑑定と、その司法処分は、きわめてむずかしいものであると述べ、現行の死刑制度そのものに、鋭くメスをつきつけている。

「なぜなら、このような最近、新しくみつけだされた脳の病気についての判決は、多くの例について、長年月観察しなければ、その実態について、最終的な評価を下すことはできないからである。したがって、いかにすぐれた精神鑑定でも、それが、そのときの学問的水準に制約される以上、完璧なものとはいえない場合があろう。しかし、私がそれ以上にいいたいことは、このような犯罪者が死刑という、あとではどのようにしても訂正することのできぬ重大な判決を受けていることについて、精神医学の立場から多くの疑問を持たざるを得ない。」

白木教授は、前述のように、さらに平沢の精神鑑定が行なわれた後に、狂犬病ワクチン禍による脳に対する副作用の研究が、急速に進んだことを指摘、完全責任能力有りとしたことは間違いであり、限定的責任能力とするのが妥当であると記している。

そして、論文の最後に「平沢氏の『自白』ならびに供述内容の信憑性に対する疑義」と題する見解を述べている。

「平沢氏の責任能力は、少なくとも心神耗弱の範疇に属することは明らかである。最後に、平沢氏の供述、また検事の聴取書の信憑性あるいは信頼性の問題がとりあげられねばならない。私自身は、刑事訴訟記録のうち、検事聴取書第十九から三十五回に目を通す機会をもった。私はここで具体的に個々の内容について精神医学的に検討し、供述内容の矛盾や、その真偽のほどを云々するつもりはない。(中略) だが総論的にいえることは、平沢氏のように、たとえ鑑定者がいうように、その程度がそれほど高度でなかったとしても、ワクチンによって病的虚言症あるいは空想性虚言症的性格に変化したことは明らかであってみると、そのような病的性格者の供述内容の信憑性については、多くの疑問をもたざるをえない。とくに、その性格変化の主内容が嘘を平気でつくところにあった場合はなおさらであろう。(中略) 判決で、平沢氏の供述が犯行の裏づけに対して若干の役割を演じているとすれば、それは上述の理由で、その出発点を誤っているとしか思えない。

まず総論的にいえることは、平沢のワクチン禍によって、その急性期に、おそらく海馬にある程度の損傷を受け、コルサコフ症候群に発展し、その後、コルサコフ症候群が回復するとともに、終末領域に属する最新皮質系である両側の側頭葉白質に、おそらく不可逆性損傷をのこすことによって、空想性虚言症的性格変化が固定性に発展したことである。

また、平沢氏のこの種の性格変化としては、知・情・意の統一性、調和性を欠く根深い基本的欠陥を背景に、自己をも、また他人をも欺瞞するという両極性をそなえ、空想性着想によって自己暗示にかかりやすい内容をもつものであった。また、病理形態学的にみても、作話症を共通的な中軸症状として、コルサコフ症候群→病的空想虚言症、側頭葉損傷、海馬損傷の系列性が、そこに考えられる点でもあった。したがって、この観点を重視するかぎり、平沢氏の『自白』をふくめての供述自体に対する信頼性、信憑性を疑問視せざるをえない。

要するに、検挙、拘禁、取調べという外的環境の異常な変化に対して、もともとワクチン禍後に変化していた性格をもち、人格水準が低下していた平沢氏の内的環境の反応性が、多少とも、その常軌から逸脱したものであったとみて大過なかろう。

鑑定書の次の原文に対し、そこに論理の飛躍があると考えざるをえない。

『要するに、鑑定人等は被告人の自白の真実性を判断すべき決定的手段を有しなかったし、加うるに被告人の空想的虚言的性格特徴を省みて、その判定の如く容易でないことを感ずるのであるが、同時に自白時の全般的状況と被告人の利己欺瞞癖とを考慮すると、この自白には空想虚言者の単なる虚偽の所産とは考えられぬものがあるとの感を深くしたのである』

この最後の原文は、それまでの鑑定書における平沢氏の自白の信憑性についての慎重な考察からみて、一種の矛盾を感ずるのは、ひとり筆者だけであろうか。なぜなら、この記述内容を裏がえせば、平沢氏の自白の真実性を暗に肯定していると受けとれるからである。

しかも、この文章の結びは『虚偽の所産とは考えられぬとの感を深くしたのである』という間接的な表現型がとられている。

ここで、筆者の見解としては、この一見、唐突にすらみえる最後の文章の背景には、犯行に対する平沢氏の有責性に対する鑑定人の判断が、やはり大きくかかわりあっていると考えざるをえないとみるのは、果たして的外れのものであろうか。

昭和二十五年に提出された、この鑑定書から二十五年たった現時点における筆者の見解は、平沢氏の犯行に対する有責性は、ラングの立場を重視して、心神耗弱の状態にあるという判断であった。しかし、この判断は考えてみれば、それ自体、ワクチン禍による所産であり、その意味での平沢氏の精神状態は、平沢氏が犯人であろうとなかろうと、無関係にそこに現存している事実に変わりないのである。しかも筆者の見解による平沢氏の精神状態は、ワクチン禍後の人格変化の程度が、内村、吉益両鑑定人よりも、長年月にわたって、終始より重篤な異常状態であったとの判断である。したがって、平沢氏の『自白』をふくめて、検事の取調べ、また法廷における平沢氏の供述について、正負両面において、大いに疑わしいと結論せざるをえない。

これを別の観点からみれば、このような質量的にみて、相当重篤な精神病的状態にあった平沢氏を、法廷の場で長年月にわたって、その供述や『自白』を参考としながら、裁判をすすめてきたこと自体、コトバをかえると精神医学とその周辺科学の立場からみて、裁判の科学性については、疑念を感ずることを禁じえない。またなぜ、その長期にわたる審議の過程において、被告人の弁護団の申出をまつまでもなく、裁判官の権限において、平沢氏の精神状態について再鑑定の必要性を感じなかったかの点も、また理解に苦しむところでもある。」

再審担当の裁判官は、十六次再審請求の棄却理由には、この白木教授の鑑定意見書について、一切ふれてはいない。まさに不当な対応だった。

内村教授の告白

内村祐之教授は、『わが歩みし精神医学の道』（一九六八年）のなかの「帝銀事件の精神鑑定をめぐって」という一項目のなかで、次のような不可思議な告白をしている。

「平沢裁判の結果はいかにというと、被告人平沢貞通は真犯人と断定されて、死刑の判決を受けたのである。これは、彼に責任能力ありとする、われわれの精神鑑定の結果がとりあげられたためでもある。控訴上告の結果も同様で、最終的に平沢の死刑は確定した。だが今日までのところ、まだ刑は執行されていない。

この間、この裁判をめぐって、さまざまのうわさが流れ、真犯人は他にありとする人々は、『平沢貞通を救う会』なるものをつくって、活動を始めた。（中略）朝日新聞の矢田某なる記者の、何とも腑に落ちぬ執拗な暗躍もあった。そして、それに乗じられたのか、われわれの共働者の中からさえ異見を述べるものが出るという始末である。

平沢が真犯人であるか否かは、ひとえに裁判所の判断にかかることであって、精神鑑定人はそれに何のかかわりも持たない。われわれに関係あるのは、ただ精神鑑定の結果であり、しかも、ここに重要な学問上の問題点があるのだから、われわれは熟考に熟考を重ねた上で結論を出したのであった。

ある会合で、数人の犯罪精神医学専攻者が集まったとき、たまたま話が「平沢鑑定」のことに触れたので、私はこう言った。『平沢貞通を救う会の人たちは、全く頭の回転がわるいね。目的を達する一番合理的な道は、最初の鑑定に対して、いろいろ異見のあることを挙げて、再鑑定を申請することだったのに』と。」

内村教授の「精神鑑定書」にも、論理的な矛盾が多々あるが、この書にある記述も、大きな矛盾をはらんでいる。

平沢が死刑判決を受けたのは「彼に責任能力ありとする、われわれの精神鑑定の結果がとりあげられたためでもある」と主張しながら、「最初の鑑定に対して、いろいろ異見があることを挙げて、再鑑定を申請することだったのに」とものべている。

これは、内村教授の過去の精神医学者としてのありようが問われることである。そしてこの告白を素直にみると、自分の鑑定結果には問題があり、再鑑定すべきだという、意味に受けとられる。

内村教授は、心の奥底では、自らの非に複雑な思いを抱いていたのではないだろうか。

自白時の精神鑑定

一九八〇年の精神神経学雑誌に、「自白過程の精神鑑定」という論文が発表されている。これは、湊博昭（東京大学保険センター）、式場律（東京大学精神神経科）の連名によるものである。

この論文は、自白時の精神鑑定が一つの争点となった六刑事事件の諸例をあげながら、果たして鑑定にあたった精神医学者は、この特殊性を認識し、科学的に遂行していたか否かを検討したものである。

両名は、まず自白時の精神鑑定の課題、そして、その難しさと問題点を指摘している。

「刑事裁判における精神鑑定において、犯行当時の責任能力をめぐって『善悪理非を判断する能力』についての判断が求められることが多い、まれに、犯行時ではなく自白当時の精神状態を問われることがある。これは刑事訴訟法三一九条に関連して、自白の任意性と信憑性を判断する資料となるものである。例えば帝銀事件では、犯行当時の精神状態とともに、自白当時の精神状態が精神鑑定の課題とされたが、高裁判決は次のように述べている。『鑑定書の記載によれば、取調べの公正を欠く点がなく、拘禁による精神異常の反応もなく、自白は強制、拷問、脅迫による供述、不当に長く拘禁された後の供述、その他、任意になされたものでない疑いのある供述でないことを認めることができる』

これは、刑事訴訟法三一九条第一項そのものであり、自白の任意性の根拠を全面的に鑑定書に求めているのである。裁判段階で否認し、それ以前に検事に対する自白調書があった場合の『自白時の精神鑑定』についての鑑定は、極めて大きな困難を鑑定人に課すものである。」

とし、帝銀事件について、次のように述べている。

「内村、吉益鑑定は、責任能力の判断をめぐって論争のあったものだが、自白当時の精神状態の鑑定例としても、リーディングケースとして再検討される必要がある。鑑定書の論理を読みとれば、次のようになっている。

『(被告の精神状態は鑑定時において) 脳疾患によって起こされた性格異常の状態』であり、『顕揚性格の基地に発展した病的虚言乃至空想虚言症』である。かつこの性格は恒常性があり、つまり『自白時に同様のことがいえる』。被告人H (注・平沢のこと) は、自白当時に催眠術にかけられていると主張しているが、鑑定人らは『①記憶の欠損がない。②五十日も催眠状態が継続することはない』などの理由から、催眠状態でなかったと結論している。

催眠術というHの主張は、被暗示性が亢進し、意志の自由の減弱した状態という意味であり、鑑定人は典型的な催眠状態であったことを否定することにより、催眠類似状態をも全否定するという誤りをおかしている。

また、鑑定人は『Hは全力をつくして自己を防御していた』としているが、これはある部分について言えたとしても直ちに自白期間すべてについて全肯定的に言えるものではない。

昭和二十三年九月四日から十月十二日の三十九時間連続五十回、夜十一時半に及ぶ、取調べの後の自白であれば、なおさら精神科医として『脅迫・精神的拷問はない』と言い切ることに慎重でなければならない。

このような取調べの、Hに対する影響を調査することなく、課題でもない自白の真実性を検討しようとしている。Hが、自白後睡眠がとれるようになったことを指して『真実の自白と何ら変わることはない』と鑑定書は述べているが、『もし虚偽の自白でも取調べ側に屈伏し、葛藤が一旦回避され睡眠も安定することがある』という仮説を検討しないで上記のことは述べてはならないはずである。

さらに、Hを空想虚言者として、空想虚言者一般の人格特性から言動の特性を考え、自白の真実性を判断しようとしている。つまり『欺瞞癖の強い虚偽的性格は、自己に不利である無実の自白をする可能性は極めて低い』と推測している。虚偽の自白をすることが有利と考えざるを得ない局面があること、有利か不利かの判断能力の低下などを考慮することなく、上記の推論は成立せず、方法論的にも人格特性から陳述の真実性を判断することは不可能である。

鑑定人らは、Hを空想虚言症と人格的非難を加えつつ、その自白の真実性を認めようとする綱渡り的論理をもてあそんでいる。もちろん鑑定人らも『被告人の自白の真実性を判断すべき決定的手段を有しなかった』とはされているが、本来、真実性について言及すべきではなかったのである。にもかかわらず、『空想的虚言者の単なる虚偽の所産とは考えられぬとの感を深くしたのである』と不必要な根拠のない感想をつけ加えている。自白は空想虚言者の自発的な虚言ではない。取調べ側の暗示と誘導を考えずに、この自白を考えることはできないが、鑑定人は、催眠術を否定することで、このような仮説をも拒否してしまったのである。調書を全面的に無前提に信用し、鑑定が進められている。

既に常識となっているように、調書は正確な被疑者の陳述の速記録ではない。歴史学の文献批判の方法を考えれば、記録者の歪曲の混入は不可避である。調書が書かれたプロセスを考えれば、調書は実は検事が被疑者の口をかりて裁判官に語っているものと考えるべきである。語っている主体は被疑者ではなく検事であり、取調べ刑事である。文書に書かれた陳述はそのような働きを担っているのである。

この点に関し、鑑定人らはいかにも無邪気といわざるをえない。具体的な取調べ状況をふまえることなく、調書の意味を読みとることもしないで、被疑者の人格特性で陳述の真偽を判定しようとするのは、現在の水準においてだけでなく、当時の水準でも不可能である。

また課題でもなかった。この点について、鑑定人らは、その学識専門性を十分発揮しているとは言えない。構成においても論理的な緊張感を欠いたもので、判決文にみるような鑑定書の恣意的使用（福島章によれば誤用）は、これを許すような鑑定書にも責任の一端があると言わなければならない。」

そして、他の事件も同様に分析し、次のように総括している。

「①自白時の精神鑑定は、課題を逸脱し、自白の真実性を判断するという誤りをおかしてきた。

②鑑定は科学的認識の限界と、人権保障を明確にしておかねば、鑑定は予断に基づく、一種の裁判の代行をおこなう危険がある。

③取調べの密室化は、被暗示性を亢進させ、防衛能力を減弱させ、取調べ側の作為がなくとも虚

偽の自白を導く可能性がある。」

検事聴取と平沢の精神状態

精神医学者の青木薫久氏は、六十二回の平沢への検事調書、他の裁判記録を参考にし、その自白過程の平沢の精神状態の変遷と、検事の取調べの方法について、客観的な分析をし「鑑定意見書」に次のようにまとめている。

「精神鑑定書における『検事取調べ以来の被告人の精神状態』の章は、平沢が帝銀犯人であるという立場で、その精神状態を分析しているが、客観的な立場での分析と解釈をなしたものはなく、この立場にたち、主として検事取調べ当時の平沢の精神状態の分析と解釈を、示そうと思う。

1　まず、平沢の精神状態を分析解釈する前に、検事の取調べ態度についての問題点を指摘しておきたい。

八月二十六日より十月七日までの検事の訊問態度を検事聴取書より調べてみると、次のような問題点がある事を指摘せざるをえない。なお文中とかっこ中の回数は、検事聴取書の回数である。

①　強圧的態度　検事は平沢を帝銀犯人ときめて、訊問していったことがわかる。例えば

『どうしてありのままを云わぬか、帝銀事件についてもそうだ』（八回）

『しかし侮辱といえば、僕の方がお前から、侮辱されているよ。午前中もあんな分かりきった嘘を云って、僕に面しているのだもの』（二十六回）

『林はお前だろう』（三十回）

②　取引態度

「今でも林は自分でないといっているものに、家人に会わせるわけにはいかない』(三十回)などにも見られる。ことに最後の言葉など、平沢の切望している家人との面会を取引き材料として、自白を強要している。

③　わなをかける態度

『帝銀のうたがいがはれる様に他罪をはっきり云いなさい』(十四回)『ただ、お前の芸術的生命をどうかして残してやりたいと考えているのだが、もう一度、清純な心に立戻って、絵筆を執ってみたいと思わないか』(この時平沢号泣す)『執ってみたいです』(二十六回)

④　誘導的態度　平沢のいわゆる『自白』なるものが、はじめは、きわめてつじつまの合わぬもので切り出され、たえず『自白』が修正されていく。例えば、使用毒物についてもすでに検事がわざわざ青酸カリについての平沢の知識をただしたりしており、その後、平沢が『自白』しようと心にきめたが、何をいってよいかわからず、

『ただ困っている事は、腕章や青酸カリの事など心配する事はない。こちらにわかってないと思う事は云わなくてよい』(三十三回)

前もって毒物を青酸カリと検事はいっているが、平沢はそれに気がつかず、使用毒物は濃塩酸と、その後、聴取書(三十五回)で述べている。(三十七回)で毒物が、やっと青酸カリとなっている。また、小切手についても平沢は「銀行の中にすてた」というと検事は「違うよ」といっている(三十三回)。その後、小切手はすてないで持っていった事になる。

検事『まとまらなくてもよい。記憶をよびもどされるヒントをあたえてやるから』(三十四回)

検事『一段だけでも僕に話したらよいではないか』
平沢『階段を登らせてください』
検事『林はお前だろう』
平沢『そうです』（三十回）
検事『告白なるものは辻つまのあわぬものである。お前の云った事は本当の事とは思っていないよ。しかし、お前が前に云った通り、一足飛びには無理だから、本当の告白をしなさいよ』（三十四回）

このように人権擁護の立場からも、問題となる検事の態度があったことは重大な事とかんがえられる。

2　自白が誘導されていく過程については、前述の検事の態度のなかでもふれるが、平沢のいわゆる『自白』の時期の精神状態は、犯人になろうとしている事がわかる。

平沢の『ありのままの記』のなかで、検事の取調べが、いよいよ苛烈になり『これでは、どうしても犯人にされるまでは、いじめられるんだなあ……と涙した事でした。そして、この強迫から逃れるには、自らすすんで犯人になるほかはない……』と書いているが、これが当時のいつわらざる平沢の心境であったろう。

しかし、彼は帝銀事件に関する知識としては、新聞から得た知識と断片的な検事のヒントから得た知識しかなかったため、辻つまのあう陳述が出来ず、苦しんでいるようにみえる。高木検事はヒントを与えて、一段、一段、段階をのぼらさせてやるといっており、そのなかで次第に形をなしたいわゆる『自白』なるものが、作り上げられていったようにみえる。この過程は聴取書を読んで感ずるところである。

例えば、毒物についても既に検事は、青酸カリのヒントは二度前出しているのに、平沢はそれに気づかず、自白の初めは濃塩酸を使用したといっている。それが、やっと（三十七回）で毒物が青酸カリとなっている。

平沢は当時の状態を回顧して「とにかく御尤の時代でしたから、何でも検事の云うままを自白しました。荏原銀行の広告の看板を見たと述べると、どこで見たのかと尋ねるので、よいかげんに「祐天寺」と答えると、駅の広告看板は西小山と他にひとつの駅しかないと云われたので、それでは「西小山でした」と云う具合です。「駅のどこで見た？」「それは階段で見たのです」すべてこんな調子ですよ（本書所収の「精神鑑定書」二七三ページ）」といっている。

この過程を聴取書において、平沢が帝銀犯人の立場でみると、自白のはじまっているにもかかわらず、たえず虚言をはき、検事をほんろうし手間取らせ、白ばくれているという状態とみなされるが、その虚言の上手な事は、彼の単純な緻密でない欺瞞癖とは、異質のごとくみられる。

3　平沢がいわゆる「自白」当時は、高木検事の催眠術にかかったといっているが、当時の事を平沢は明確に記憶しており、平沢は「九月二十七日の調べの直前だと思いますが、高木検事の催眠術にかかり、彼にお前は真犯人だぞとにらみつけられて、ついふらふらと、あっそれでは俺は犯人だな、それでは殺してもらえるのだなと口ばしりました」と述懐（「精神鑑定書」二七二ページ）し、さらに自白当時の心境を「有難い。これで自分も検事から催眠術をかけられたり、「さあ、お云い、お云い」とやさしくせめられて、何だか真犯人の様な気がして、全く真犯人きどりでした。それから、その晩、検事の暗示と新聞記事を思い出して、一言一言自白したわけです」（「精神鑑定書」二七二ページ）といっている。この平沢の述懐から、検事が高圧的態度とか懐的態度を使い分けていたように見える。

このような状況は「自白してから急に待遇がよくなり、検事も一緒に食事をし、白米の飯に洋食二皿、カステラ、リンゴなどが付きました」（「精神鑑定書」二七三ページ）という平沢の回顧からも推察できる。

当時、平沢は検事の気持ちをおしはかり、検事の気持ちに迎合するように意識的に発言している点は注目される。

犯人であるとおしつけられ、それを否定しようとする気持ちと、圧力に屈して、自分を犯人と認め、その圧力から逃れようとする気持ちの葛藤の経過に後者が勝って、自白がはじまり、次第に犯人になりきっていき、自己暗示による一種の自己催眠のごとき状態が形成されていった事が考えられる。

平沢は「昔から私は自己暗示にかかり易い性質で、例えば、経文をとなえているうちに、知らず知らず自分が催眠術にかかって、清らかになったようになるのです」（「精神鑑定書」二七五ページ）といっており、平沢の元来の性格特徴である顕揚性性格が、ことに病後顕著になった事からも、平沢が高い被暗示性を有していたことは、想像に難くない。

であるから、外部の圧力から逃れるために、自己暗示をたえず自分にあたえる事による、一種の異常心理的状態であるならば、相当長期間に渡っても、けっして不思議はない。

それは他者の施術による催眠ではなく、他者からの圧力から逃れるために、みずから自分を犯人にしたてあげていき、自ら犯人になりきってしまった。あるいは少なくとも、なろうとした、異常な精神状況をさしていったものだろう。

第１表　狂犬病ワクチン接種後脳脊髄炎の前後における平沢貞通の精神医学的状態

	病前状態	病気に罹患後約3年間の状態	その後より帝銀事件発生頃までの状態	備考
大言癖	＋ 大言壮語オーバーな宣伝上手で人をひきつけ仲々人にはみすかされない。	+++ 見えすいたホラをふく。ホラがばれても一向平気	++ 上同 上同 例 カキが船底につかぬ船底塗料を発明したなどと得々としていた。	ここで注意すべきことは系統的なうそはつけず、何んでもすぐ打明けてしまうことが多かった。他人に重大な迷惑をかけるようなうそはなかった。平沢の虚言は無邪気なほらが多く後の不利な影響を考慮しない衝動的と思われるような虚言をはいている。高級詐欺師のやるような辛辣な詐欺ではなく、他人をよろこばせることや、自己満足するようなものが多かった。（内村、吉益）
嘘言癖	± キザな人、見栄をはる、派手、実際にある以上に自己を見せようとする。	++ すぐばれる。見えすいたうそが多かった。例 帰宅のおそかった理由に電車が脱線したとか、衝突したためだといったり	＋ 上同 例 ダイヤだといってシリコンを妻にくれたりした（マサ）そのため家庭でも信用がなくなり、頼りない人となり、長くつきあっている人から信用されなくなっている。	
顕陽性性格	＋	+++ 好嫌いが極端になった。虚栄心が強く、気味が悪く危い感がした。お世辞をいう人が大好き（マサ）	++ 左同	顕陽性性格はヒステリー性格ともいい、被暗示性が強いという特徴もあることは注意を要する。
発揚性性格	＋	+++	++～＋	病後、何かの話しのきっかけで、連想的に話が飛躍していくことはあったが、多弁という人ではなかった。（マユ）
コルサコフ症候群	−	++	±～− 物忘れはほとんどなかった。	
妄想幻覚	−	＋	−	
高次中枢神経機能	正常 読書を好んだ。家事の相談を受けても適当に処理した。画境は次第に進歩	← ←	低能ではないが賢くない人（渡辺貞代）デリカッシーがなくなった。読書を好まず、長つづきせず代りにラヂオを愛好。家事の相談を受けても適当に処理しなくなり途中でラヂオに気をとられる風であった。昔よくやった連珠もあまりやらなくなった。（マユ）画境に進歩がなくなった。不注意行為がみられるようになった。	

青木薫久博士作成

4　平沢はいわゆる「自白」を、ほとんど完了して、十一月一日の夜あたりからは、今までの不眠もなく熟睡できるようになってくる。

これは平沢の自白なるものが、一応の形をなしたので、検事の追及圧迫から逃れる事ができたためのものと考えられ、犯人になりきる事により、心的葛藤がなくなった状態とみられる。それが仮りの心理安定状態にあった事は想像に難くない。

5　平沢は三度にわたり自殺を企てている。一回目は八月二十五日で、平沢が北海道から東京警視庁に送られ、居木井警部補のきびしい訊問の直後におこなわれている。当時、平沢は犯行をはっきりと否認していた。これは平沢の手記では社会的地位や名誉を保持させるためだといっているが、画壇における高い地位を有していた当時五十七歳の彼が、帝銀事件の被疑者として、北海道から真夏の暑いときに手錠をはめられ、頭に毛布、またはタオルをかぶせられ、食事もあたえられず、便所にもやられず、約十五時間を汽車で護送され、東京につくときびしい訊問にあい、その恥辱にたえかねたものとみられる。

二回目は、検事は平沢が自白をしないと風見に面会させないというので、自分は帝銀犯人だといって、九月二十二日に風見に会わせてもらい、その目前で親しく会話をして終わりに「私は龍ちゃん、帝銀の事に関しては天地神明に誓って犯人ではありません」といって立ち上がり、ドアに頭を打ちつけて、自殺をはかっている。

ここにいたるまでの平沢と検事のやりとりや、平沢と風見龍との二度の会見の言葉のなかに、平沢の真実を誰かに知ってもらいたい、という真剣な切々たる気迫がみなぎっている事を感ずるのは、一人私だけではあるまいと思う。この間の検事の訊問態度に、人権擁護上問題となるものがあった事はすでに述べた。

第三回目は九月二十三日より、きわめて辻つまの合わぬ、いわゆる「自白」がはじまり、きわめて精神的に苦悩しはじめ「もう三日苦しみました」（九月二十五日・三十九回）夜中午前一時に痔薬五ケを飲み、自殺を図っている。ここでは、彼が犯人に未だなりきれず、精神的葛藤のはげしい状態である事を物語っているようである。
6　以上のごとく、平沢のいわゆる「自白」なるものが、真実を語っていたものではないという事が、客観的に、ある程度印象づけられる。
そして、さらに次に東京警視庁当時の平沢は、二期ほど拘禁反応症状があった事を指摘しなければならない、すなわち、訊問のきびしくおこなわれた期間、例えば、①八月二十八日—二十九日頃や②九月二十七日—十月二日頃に拘禁反応症状がみられる事である。
①の期間の症状は、頭内違和感、奇異言語、被害的色彩をもった仮性幻覚などであり、それは聴取書から長くは続かなかったようにみられる。
②の期間は「自白」の初期における極めて辻つまの合わぬものが、次第に修正されて真実性を帯びるような形に「自白」が引き上げられていっている時期に相当するが、この間の症状としては、仮性幻覚（仏様出現）、睡眠障害、多弁、言語不纏、観念奔逸傾向、精神苦悩の状態がみられる。このような時間的経過と平沢の精神身体状況をまとめたのが第二表である。
少なくとも一度、九月二十七日には、仏様の仮性幻覚が現れているようである。ここで注目する事は、検事の催眠術にかかっていたと平沢がいう当時の心理状態に、検事の気持ちに迎合しようという、意識的な作為がみられる事である。であるから、この時の心理状態は、検事の、犯人はお前

第２表　訊問当時における平沢の精神状態

月日	聴取数	頁数	身体状態 睡眠	精神病状 仮性幻覚	精神病状 言語不糎	精神病状 多弁	精神病状 観念奔逸	感情状態（検事に対する感情も含む）	自分を帝銀犯人と認める言語	自殺企図	備考（訊問のきびしさ）
8.25										＋（挽骨動脈切断）	
8.26	1	17									
	2										
8.27	3										
8.28	4	12	不眠あり,頭内もうろう感,発狂しそうな感じ	＋（ピストルの男）							
8.29	5	2	不眠あり	＋（ピストルの男）	＋（高橋是清…）						
	6	8									
8.31	7	5	この三,四日は一,二時間しかねむらぬ（動静報告書）	＋（ピストルの男）							
9.01	8							－（犯行否認,日本堂の件は初めは否認後は肯定）			
	9										
9.02	10							奈落の底にいるような気分			
	11										
9.06	12										
9.07	13										
9.08	14										
9.09	15										
9.10	16										
9.13	17										
	18										
9.14	19										
9.15	20		昨晩から5,6回下痢								平沢：医者より絶対安静をいわれているので調べないで下さい
9.16	21		痔出血ひどい（茶碗に2,3杯位）								
9.17	22										
	23		痔出血ひどく,頭痛激しい（痛止要求す）								
9.18	24		今朝痔出血（茶碗一杯位）眩暈生ず								
9.20	25		痔大分軽快,しかしなお出血あり								
	26										
9.21	27							－（帝銀犯行否認日本堂の件は認める）			風見龍と会見（第1回目）平沢：私の今の心は濁ってる

だという気持ちに迎合して、自分を犯人に仕立てていこうとする気持ちと、それに反発して苦しむ気持ちの葛藤があったとみられる。

そのような精神的葛藤からの心因反応として、当時の拘禁反応をきわめて容易に理解できる。

7　このように平沢の取調べ当時の心理状況を、検事聴取書、平沢の述懐などから観察し証明したが、しかし、平沢が病後、空想性、虚言症、欺瞞癖を生じたという点で、問題は簡単ではない。

しかし、前述のごとくいわゆる「自白」なるものは、きわめて辻つまの合わぬもので切り出され、たえず「自白」が修正されていく。この様に一貫して細微にわたって、すべてを知らないという事は、平沢が、むしろ犯人ではなかった事を物語るようにみえる。元来の平沢の虚言症の性質からしても、平沢はこのような系統的になかなかばれないような白っぱくれ方は困難なはずであり、ことに不眠つづき、拘禁反応まで生じ、検事にも「お前は心境がみだれたね（五十一回）」といわれている状態ではなおさらの事と考えられる。

参考文献　「自白過程の精神鑑定」については、秦・式場による論文（『精神神経学雑誌』一九八〇年）そして、「意見書」（青木薫久、一九九九年）、「鑑定意見書・自白に対する疑義」（白木博次、一九七五年）、「帝銀事件を分析する」（宮城音弥『推理ストーリー』一九六九年）、「帝銀事件精神鑑定について」（秋元波留夫『迷彩の道標』一九八五年）、「平沢貞通氏の精神鑑定」（北潟谷仁『札幌弁護士会会報』一九八七年）、参考資料としては「隠者の風格・平沢貞通」『死刑囚の記録』、加賀乙彦、中公新書・一九八〇年

鑑定の「完全責任能力あり」とする批判を記したものとしては（上記の各論文も同様の見解を示している）「脳器質患者の刑事責任能力について」（吉田哲雄・西山詮『精神神経雑誌』一九七二年）、「鑑定意見書」白木博次、一九七五年）などがあり、内村教授の「精神鑑定」について擁護する精神医学者、心理学者等は皆無だった。

終章　明らかになった脳病変

平沢武彦

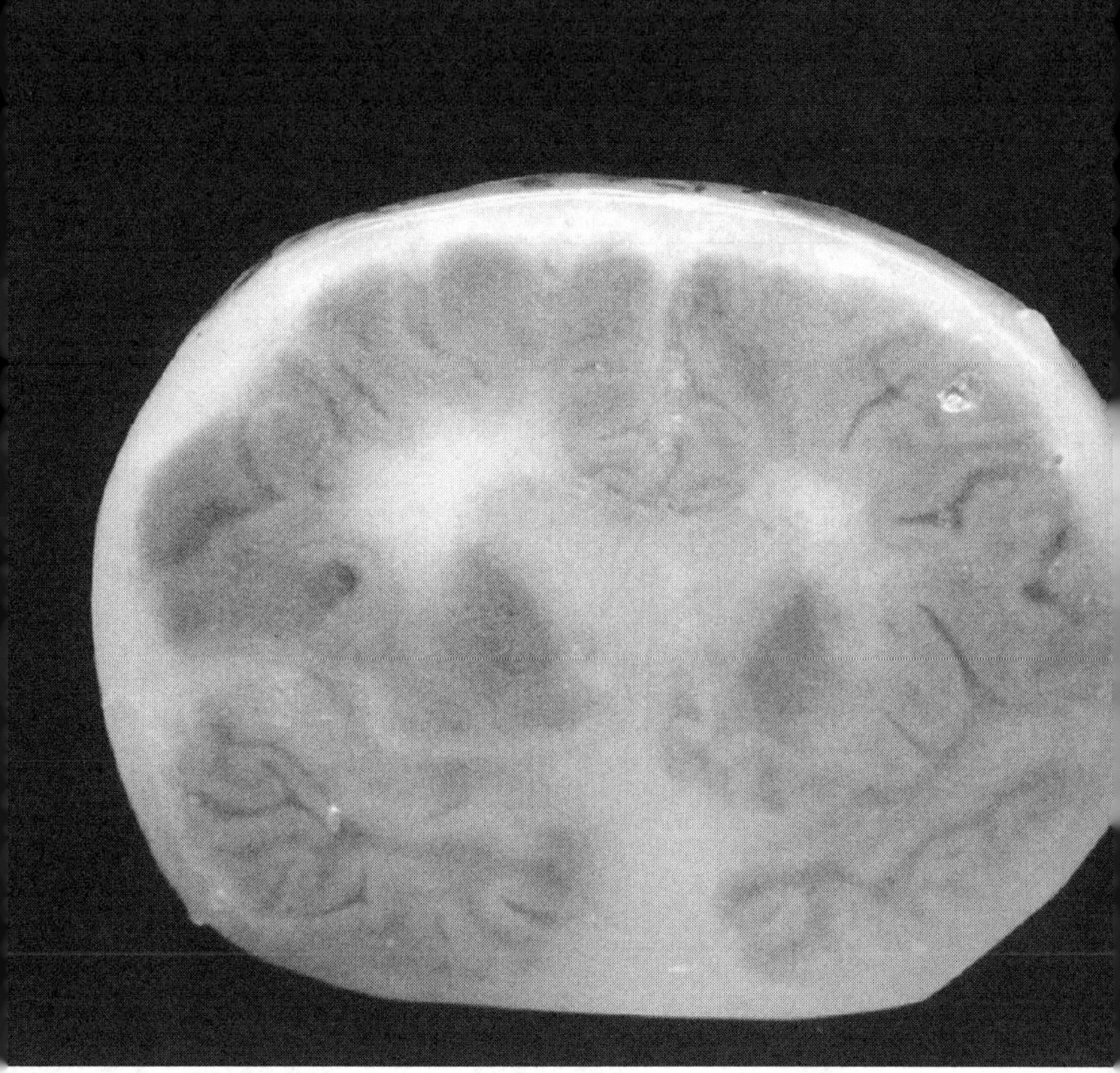

東大から返還された脳（撮影・岡内正敏）

東大医学部の意外な報告

十三年前（一九八七年）の五月十日、平沢が釈放された場合のために用意していたマンションに、八王子医療刑務所から、平沢の遺体を、私たちは運んだ。平沢は無念なことに、生きて外に出ることはできなかったのである。

仮通夜の席で、棺のなかに胸に両手をくみ横たわる平沢の姿、その死に顔は、いまだ無実を叫んでいるかのように思えた。

半生を平沢救援にささげ他界した作家の森川哲郎の夫人、私の実母である澄子は、その棺のなかに顔を向けて「無実なのに、こんな姿になって」と悲痛な思いで、語りかけた。そのかたわらにいた事務局員の吉永愛子さんも涙し、ハンカチで目をぬぐっていた。

私と遠藤誠弁護士は、面会のたびに、「釈放されたら一杯やりましょう」と平沢がいっていたことを思い、布に日本酒をひたし、平沢の唇をぬぐった。

そして、遠藤弁護士は、コルサコフ病の後遺症がどのような痕跡をのこしているかを確かめるため、各大学病院にかたっぱしから電話をした。しかし、ことごとく「刑務所の主治医の許可がなければだめだ」と断られた。

私たちは、平沢の妻と約束していた白木氏の指示により、脳が腐食しないように、ドライアイスを頭のまわりに置き、解剖にそなえた。

そしてようやく、通夜のはじまる五分前に、遠藤弁護士は「学術研究の献体ということなら……」と東大病理学教室の許可を得ることができた。

通夜の祭壇から、棺を会員らが運びだし、遠藤弁護士は、東大へと向かった。三〇分後、私も病理学教室の鉄扉のなかに入り、緊張した空気のなか、解剖の行方を見まもった。

死後三十六時間後の解剖。それは一時間半で終わった。

本葬では、私と母が、棺のなかに遺品の絵筆を平沢の胸もとにおき、そして支援者たちは次々と花をささげ、棺には、たくさんの花にうもれた平沢がいた。独房では、花を差し入れたり飾ることは許されなかった。私は、あまりの無念さに、あふれ出る気持ちをおさえることができず、号泣した。

その一年後、一九八七年六月、東京新聞の三面トップに「脳解剖ほぼ結論、病変有無、診断つかず／再審請求に影響」という記事が掲載された。

その内容は「①東大にある、大正時代のコルサコフ症候群にかかった脳の標本のほとんどは、発病後五年以内に死亡したもので、側頭葉が極端に萎縮する明らかな特徴が見られるが、平沢のように発病後六〇年以上という例は皆無。②脳障害が長い年月に回復したことも考えられる」というものだった。

私には連絡はなかったため、東大の担当者に電話でどうなのかと聞いたが、同様の旨を答えるだけだった。私も脳が老化して分からなくなっているのかも知れないと、無念に思った。

秋元老教授からの手紙

三年前の春、支援者の精神科の女医さんを通じ、私のもとに一通の手紙と『迷彩の道標』という本が送られてきた。

それは、当時、九十二歳になられていた秋元波留夫（元東大精神科教授）氏からのものだった。平沢の精神鑑定者である内村氏の一番弟子であり、精神医学会では、最長老の権威者である。

私は、成城にある秋元宅を訪ねた。驚いたことに、そのような高齢にもかかわらず、頭脳は明晰であり、少なくとも六〇歳後半位に見えるエネルギッシュな人物だった。

秋元氏は、東大教授等を歴任後、松沢病院の院長を退職し、現在も日本精神衛生学会の会長等々を務め、パソコンで、過去に自分の扱った精神鑑定等の論文を新たに分析し、まとめられているところだった。

優しく正義感のつよさを感じさせる秋元氏は言う。「内村先生は恩師であり、尊敬しているが、帝銀事件の精神鑑定についてだけは、誤りであり、容認できない。それを正すべきだ。平沢の脳を検査し、再鑑定する必要がある」と。

東大病理学教室で、平沢の解剖がなされてから十年。東大側は私に、脳の病変は分からない」との説明があっただけで、具体的な検査内容の公表はなされず、曖昧なまま放置されてきた。

秋元氏は「脳の病変は検査すれば、分かるはずだから、東大から脳の標本を返してもらうように言いなさい。私たちのグループで再鑑定するから」と、その必要性を説かれた。

その一週間後、朝日新聞の三面トップで「平沢の脳はどこに――東大に解剖依頼／十一年間ナシのつぶて」とセンセーショナルな記事が掲載された。

そして、弁護団は東大に遺族への返還を求め、十一年ぶりに平沢の脳は私のもとに返されたのだった。

秋元氏との出会いがなければ、平沢の脳は永遠に闇に葬り去られてしまったことだろう。

『迷彩の道標』と題される秋元氏の書は、次のように、平沢の精神鑑定に疑問をなげかけている。

「私が帝銀事件に疑問を感じるようになったのは、内村と吉益の精神鑑定書を読み、被告人が、内村の発見である狂犬病ワクチンの脱髄脳炎の罹患者であることを知ってからである。内村と白木の共同研究の努力によって、この病の不可逆的かつ重篤な脳組織の破壊を生じ、その結果、不可逆的かつ深刻な精神障害を残すことが明らかになった以上、この大変な病の罹患者が「犯罪」の責任を問われて死刑に処せられるというのは、どう考えても納得のいかないところだった。

私がこれは、ほんとうに大変なことなんだ、と思うようになったのは森川哲郎の『帝銀事件』という本を読んだあとである。そして、帝銀事件の裁判記録のコピーを入手し、精読するとともに、内村・吉益鑑定を何度もくりかえし熟読した。その結果、私はいろいろな点で、この事件は何ともすっきりしない疑惑につつまれたミステリーのように思われてきた。

第一、そもそも平沢という人が果たして、あの冷酷無比な計画的犯行の真の犯人かという肝心なことが疑問なのである。裁判記録を読んでも、平沢という人が犯人だと断定できる決め手はなく、弁護人の物証がないとする反論のほうが、はるかに説得力があった。本人の自白だけがよりどころなのである。さらに問題なのは、平沢氏が第一審の最初の公判で自白をひるがえし、それ以来一貫して無実を主張していることである。平沢氏が真犯人ではないのではないかと、私が考えたもう一つの理由は、彼が罹患している脳疾患症の精神病理学的特徴である。私の臨床経験では空想虚言、あるいは病的欺瞞といわれる人たちには、現実的危機を空想的虚言に逃避することによって回避するという、ヒステリー性防衛機構が共通して認められ、従って、彼らの行動には緻密な計画、計算、一貫性、なかんずく攻撃性や惨酷性を欠いているのが、大きな特徴である。

ところが、帝銀事件は緻密に計画され、周到に準備された完全犯罪に近いものであるし、事前の説明や青酸化合物を茶碗に注ぐときのピペットの操作など、細菌学や防疫の知識ないし経験を、犯人がもっていることを容易に推測させる行動が認められる。平沢という人の脳障害は、およそ、このような計画犯罪の犯人像とは、最も結びつきにくい精神状態なのである。

最も重要なことは、この事件の断罪が自白のみを根拠として行なわれたことである。これは、もはや精神鑑定以前の問題である。

内村の鑑定が平沢を真犯人であるとする前提に立って行なわれたことは鑑定内容からも明らかである。

精神鑑定書を何度も熟読したが、読めば読むほど、責任能力に関する判断に納得がいかない気持ちが強くなった。この点で私の疑問を一層深めたのは、春原教授が臨床研究し、論文で発表された、コルサコフ症候群の脱髄脳炎の像を呈した三十二名の症例の中に、平沢の症例もあり『急性期の障害から回復したが、社会的適応性を欠き、人格変化が著しい症例に属する』と記されていることからである。これは、明らかに内村鑑定の判断との間に大きなくいちがいがある。(中略)

内村の『平沢鑑定』は私たちに様々な教訓を残した。その一つは鑑定にさきだって、被疑者あるいは被告人が『犯行』と関係があるかどうかを、まず疑って見ることである。それが疑わしい場合、鑑定は無意味であるからだ。司法権力の刑事政策や、その時代の時流に影響されないように、つねに自戒を怠らないこと、この罠にはまらないようにする事が、きわめて難しいことを肝に銘じておくべきである。」

秋元氏は、前述のように、一九九八年、膨大な参考記録を熟読し分析、「内村鑑定は精神医学的に見て誤りであり、平沢氏の自白は虚偽である」とする『鑑定意見書』をまとめ、弁護団は有力な新証拠として東京高裁に提出した。

判明した脳病変

脳の検査

東大から返された脳や脊髄などは、パラフィン（ロウ）につつまれたものだった。

脳神経系（大脳、小脳、脳幹、脊髄）の四十六のブロック。その中で最も重要だったのは、二つの脳の大切片と脊髄だった。

そして、返還のさい、はじめて知らされたことは、摘出され、無造作にホルマリンにつけられ保存されていたことだった。脳の学術研究ということで病理解剖したのだが、他の臓器を摘出したということは、本来、遺族に報告すべきものである。

私たちは、秋元、白木両元東大教授の組織するグループの一員である神経病理学の権威者の研究所に、それらの脳標本などを運び、脳の検査を依頼した。そして、まずなされる作業としては、脳のブロックをミクロ状に裁断し、新たに標本をつくることだった。

それには半年以上の時間をかけ、慎重に行なわれた。

そして、その標本を、秋元、白木両元東大教授をまじえ、どの部分が病変の痕跡か、平沢の脳の状態は、病理学的に見て、どのように考えられるかが、検討された。

私も、その脳などのミクロ状に裁断された標本を見た。標本は、青、赤、金、銀などの薬液によって色鮮やかに染色されていた。

その標本は約七十ほどあり、脳の大切片は十六点だった。

なぜ染色をするのかというと、健常者の脳には色がでるところに、脳病変のある人の場合、その部分にはあらわれず白くなるのだという。それによって、病変の有無がわかるのである。

① 赤　様々な箇所にもちいられる

② 青　神経細胞と白質の繊維

③ 銀　神経細胞

などを調べるためのものである。

それらを詳細に各箇所を検証し、平沢の脳炎の後遺症が、どのようなものであったか、約二年をかけ分析した。

その検証にあたった精神医学者の部検報告（暫定的なもの）には、次のように記されている。

脳組織学的所見

1　白質における病変

白質病変の基本は、大小の、強弱の程度が様々な淡明化巣で、その病巣では、組織の疎鬆、脱髄、軸索崩壊を主とし、加えて、グリア細胞の増加をともなわない線維性グリオーゼがみられる。このような白質病変は、その特徴によっていくつかのタイプに分けることができる。

①―1　疎鬆化が著しく、組織は一部嚢胞状になっている。一方、線維性グリオーゼは目立たない。半卵円中心、前頭葉白質にみられる広範な病巣で、ここでは、小動脈のヒアリノーゼ（軽度）が散在してみられる。白質病変の程度は血管中心性に高度である。

①—2　疎鬆化、脱髄、軸索変性が中程度、線維性グリオーゼも中等度にみられる病変、前頭葉底部の白質、側頭葉深部白質、側頭葉幹部、後頭葉内側部白質（脳室後角周辺）、外包底部における病変。とくに、後頭葉白質では、中等大血管（動脈か静脈の判断が困難）の外膜線維化（高度）がみられる。
①—3　疎鬆化、脱髄、軸索変性はごく軽度であるが、一方、線維性グリオーゼが中等度にみられる病変。側頭葉皮質下白質、側頭葉幹部、海馬、海馬傍回白質、頭頂葉白質、前交連における病変。

2　灰白質における慢性のグリオーゼ病変
②—1　神経細胞の消失とグリオーゼが著しい病変。視床の内側核と内髄板部。
②—2　神経細胞の消失はごく軽度だが、グリオーゼが目立つ病変。視床下部、乳頭体、扁桃体の一部。

3　瘢痕を思わせる限局性病変
神経細胞消失、軸索腫張、グリア増加、結合組織増生、小血管の硝子化などをともなった病変で、視床側核の一部、胸髄の後索素深部にみられる。

4　老人変化
海馬、海馬傍回に神経原線維変化（NFT）が、散在しているが（とくに、海馬傍回で強い）老人斑はほとんど認められない。また、上記の、白質病変内での変化を除けば、全脳にわたって、動脈硬化症、高血圧症などの血管変化は、きわめて軽度である。

5　なお、全脳にわたって、新皮質における病変はほとんどなく、神経細胞の構築もきわめてよく保たれている。

以上の所見の解釈であるが、病因的には、①もともとの疾患にによる、②脳循環障害による③老人変化による、三つが考えられる。半卵円中心にみる広範な白質疎鬆化は、内部で小動脈の硝子化をともなっていることもあって、循環障害性とも考えられるが、それにしては、白質病変に比して血管変化が軽すぎるのが問題となる。

老化現象のひとつとして、大脳球白質における慢性のグリオーゼを考慮する必要があるが、コントロール例との比較によると、グリオーゼの程度が強すぎるように思われる。

視床内側部、視床下部、乳頭体、側頭葉幹部などにみる著しいグリオーゼは、循環障害性とは考えられず、また、白質病変による二次的な結果ともいえず、あるいは、生理的な老化による変化とも考えられない。

これらのことを総合的にみると、上記の一、二の主病変は、以前から有していた、何らかの病的機転に、小動脈の変化による循環障害が、加味されたものと解釈するのが、妥当のように思える。

これを記した精神医学者は「やはり、狂犬病ワクチン禍を思わせる病変がのこっています。そして臨床的に、コルサコフ病、性格変化等をおこして不思議ではないぐらいの典型的な病変があります。基本的なそういう所見、そして公判から獄中での面会者などの平沢氏の精神状態の経緯を分析し、学術雑誌に公表する予定です。」と病変があったことを述べている。

病変の実相

以上、暫定的な所見であるが、平沢の脳の広範囲な傷跡などが、あったことが判明した。部検報告では、専門用語が多く使われているので、その説明と、白木氏が標本を見た見解を述べてみよう。

白質病変とはどのようなものだろうか。脳というのは、まわりに神経細胞があつまり、その下に繊維がはしっている白質というところが小分けしてある。白質に影響が出る場合、神経細胞を包んでいる髄鞘と呼ばれる部分を作っているミエリンという物質が損傷を受け、これを脱髄という。

軸索とは、神経細胞の中から繊維が出、繊維の中心に軸索がはしってる部処をいう。そのまわりに髄しょうがあるが、真中の軸索が崩壊すれば軸索崩壊ということになる。

グリオーゼというのは、神経細胞が壊れると、その穴うめするためのグリアという細胞があり、それがどんどん増えてくることをいう。一種の補充作用がなされるのだ。それが増えているというのは、何かしら、そこに病変があったことを意味する。

循環障害とは、血管がせまくなって血量が少なくとぼしくなり、そのためにおこる病気である。

平沢の場合、側頭葉、そして広範囲な箇所に病変があることが分かった。とくに前頭葉に変化は強いという。

そして、脊髄に傷跡が明瞭にあり、ワクチン禍で見られるような変化が見られる。

白木氏は、脳標本を細かく見た結果、次のように述べている。

「平沢さんの場合は、性格変化、高度という特殊例に入ると考えられる。とくに白質に傷跡が残っている。よくみていくと病変の部位というのが、亜慢性期の患者例と全く同じである。平沢の場合、視神経もやられ、二年間は、休養したが色に対する感覚がなく、墨絵のような絵ばかりを描いていたようだ。

九十五歳で死亡し、ある程度の回復はみられるが、広範囲に傷跡が、染色により明らかに見られる。それは、急性期の例と全く同じ変化が見られる。

記憶の中枢である海馬を中心とし、側頭葉がやられ、神経細胞のある脳の脂質の上の白質が、非常に強くやられている。そして、脱髄の傷跡が残っている。

私たちが、考えていた脳病変の状態が、この脳検査によりおおよそ裏付けられた」。

そこで、最初の精神鑑定ではなされなかった脳の病変の状態が、具体的に明らかにされたことは、どのような意味をもつのか。

秋元氏は「平沢氏に脳の病変があったということが、明らかになりますと、十九次の再審請求の重要な新証拠となるでしょう。脳の病気があるということで、当然、それは誤判だと言わなければならないわけです。そういう病変のある人のいろいろ言ったこと、それが、まだ色々な異常行動があって、詐欺のような犯罪まで犯している当時に、取り調べを受けたわけですけれど、そういう時期の自白が、信頼できるかどうかということ、信頼できないという裏付けになるんじゃないかと思います」

平沢氏の脳の病理検査は、担当の精神医学者の手により、学術論文として、近く公表される。それは、半世紀後の実質的な精神再鑑定となり、平沢の自白に任意性、信憑性をくつがえすものとなることだろう。

真の雪冤の日にむけて

平沢の三回忌の命日に、平沢の養子となった私が再審継承者として、第十九次再審請求を東京高裁に行なってから十二年、平沢の無実を立証するため、これまでに多くの「鑑定意見書」「新証言」「新資料」などを提出してきた。

事件から半世紀が経過し、証人のほとんどが他界しており、私たちとしては実質的な『最後の再審請求』として、徹底した無実立証をなしていく考えである。

まず、判決が認定している各証拠を、現在の科学の水準から照らし直し、終戦直後の杜撰な鑑定に信憑性がないことを明白なものとするために、各専門分野の学者とともに、さらなる検証作業を続けている。

判決の構造は、自白が中心であり、判決内容は現実の犯行内容とはあまりに相違している。またかくたる物証は何もない。

自白以外に判決が「証拠」として認定しているものは、

① 犯人が盗んだ小切手を換金した際、小切手裏に記した筆跡と平沢の筆跡が同一であるとの高村巌らの鑑定。

② 犯人を目撃した銀行員ら（三十四名）の平沢への面通し証言。

③ 自白の信憑性、任意性を裏付ける東大精神科の内村祐之らによる精神鑑定。

④ 毒物を青酸カリとする慶応大学法医学教室の中館教授の公判証言。及び、東大、慶大の法医学教室の被害者遺体解剖鑑定書。

などである。

それに対し、本請求では、

(1) 犯人とされる小切手の裏書が「平沢のものではない」という宇野義方（立教大学名誉教授）による『新鑑定書』。

(2) 警視庁から東京拘置所に移され、二日間になされた、六十、六十一、六十二の検事聴取書（かねてから偽造の疑いがあるとされ、平沢は取調べられた憶えはないと言っている）の末尾のサインが「平沢の筆跡ではない」とする『新鑑定書』（宇野義方立教大名誉教授）。この調書偽造が問題となった際、当時の看守が、舎房日誌（毎日の記録を詳細に期されたもの）を調べたところ、その二日間の日誌が抜きさられていたという『新証言』。

(3) 捜査当時の幹部・甲斐文助による全十二巻もの膨大な捜査手記。これには、捜査本部が犯人を、旧軍特殊部隊・特務機関員だと断定、捜査がすすめられたこと、そして後にＧＨＱからの圧力から、同関係筋の捜査ができなくなったことが、詳細に記され、捜査過程に疑義あることから、新証拠として提出。

(4) 毒物は、被害者の中毒症状の経過から、速効性の青酸カリではなく、植物や果実からとられる青酸配糖糖（飲用後、肝臓にあるベーターグリコターゼという酵素により青酸が発生）や旧軍登戸研究所で研究開発された謀殺薬「青酸ニトリール」（アセトンシアンヒドリンに特殊なものを加えたもの）などのような遅効性の毒物だとする「新意見書」遠藤浩良（帝京大学薬物部長）。

(5) 「精神鑑定」は誤りだとする「新鑑定書」（秋元波留夫・元東大教授）など、他にも数十件にもなる新資料を提出。

今後は、

(1)　面通し供述（犯人目撃者約五〇名）で判決が採用した「似ている」三十名、五名の「同一人」の供述に信憑性がないという、心理学者による「新鑑定意見書」（慶大、日大、千葉大、駿河大の心理学者によって、生徒に対して行なわれた、三年間にわたる三種類の模擬事件の結果をもとに検証中）

(2)　平沢の自白には信憑性はないとする、心理学者による「新鑑定意見書」。

(3)　法医学による、毒物は青酸カリではなく、毒物鑑定にも多くの矛盾があるとする「新鑑定書」。

(4)　犯行毒物は青酸カリでなく、旧軍の研究した謀殺薬とする登戸研究所の技術指導員の「新証言」。

(5)　判決が証拠採用した小切手の裏書きの文字と平沢の筆跡が『同一人』（二件）『酷似している』（三件）の信憑性を問う「新意見書」。

(6)　脳にコルサコフ病の病変が、側頭葉を中心に広範囲にみられる重篤なものであり、白の任意性・信憑性がないとする「新鑑定書」。

などがあり、今はそれらの各専門家が、綿密な分析作業をなしているところである。

帝銀事件の「執行されなかった死刑判決」。それは、数々の冤罪事件の「原型的構造」を持つ。半世紀たった現在も、当時の冤罪を生み出していった土壌、捜査、裁判、マスコミ等にたずさわる者たちの意識は、ほとんど変わらないままに、今日にいたっている。

戦後だけでも約六百人の死刑囚が執行されている。そのなかで無実を叫んで、処刑もしくは獄死したものは少なくない。最近の法務省は、国連の死刑廃止条約を遵守することなく、年間約五名の死刑囚を執行し、最近では再審請求をしている者をも処刑、これは、今までなかったことである。法務省の逆流への歯車は激しく動きつづけている。

帝銀事件の再審が、半世紀後のいま開かれるか否かは、まさに日本の現在の司法と社会、そのものが問われる問題ではないだろうか。

平沢の真の雪冤の日に向け、私たちは、この事件を葬りさろうという当局の思惑の厚い壁に対し、あくことなく闘っていこうと思う。

多くの無実をさけびながら処刑され、闇のなかに葬りさられた声なき声、その者らの無念の思いを、帝銀事件の再審をつうじ、晴らしていく考えである。そして、終着駅のないであろう「人権運動」というレールを、さらに歩んでいこうと思う。

資料

大量殺人事件被告人の精神鑑定

脱髄脳炎後の空想的虚言癖と刑事責任能力について

内村祐之／吉益脩夫（東京大学医学部精神医学教室・脳研究室）

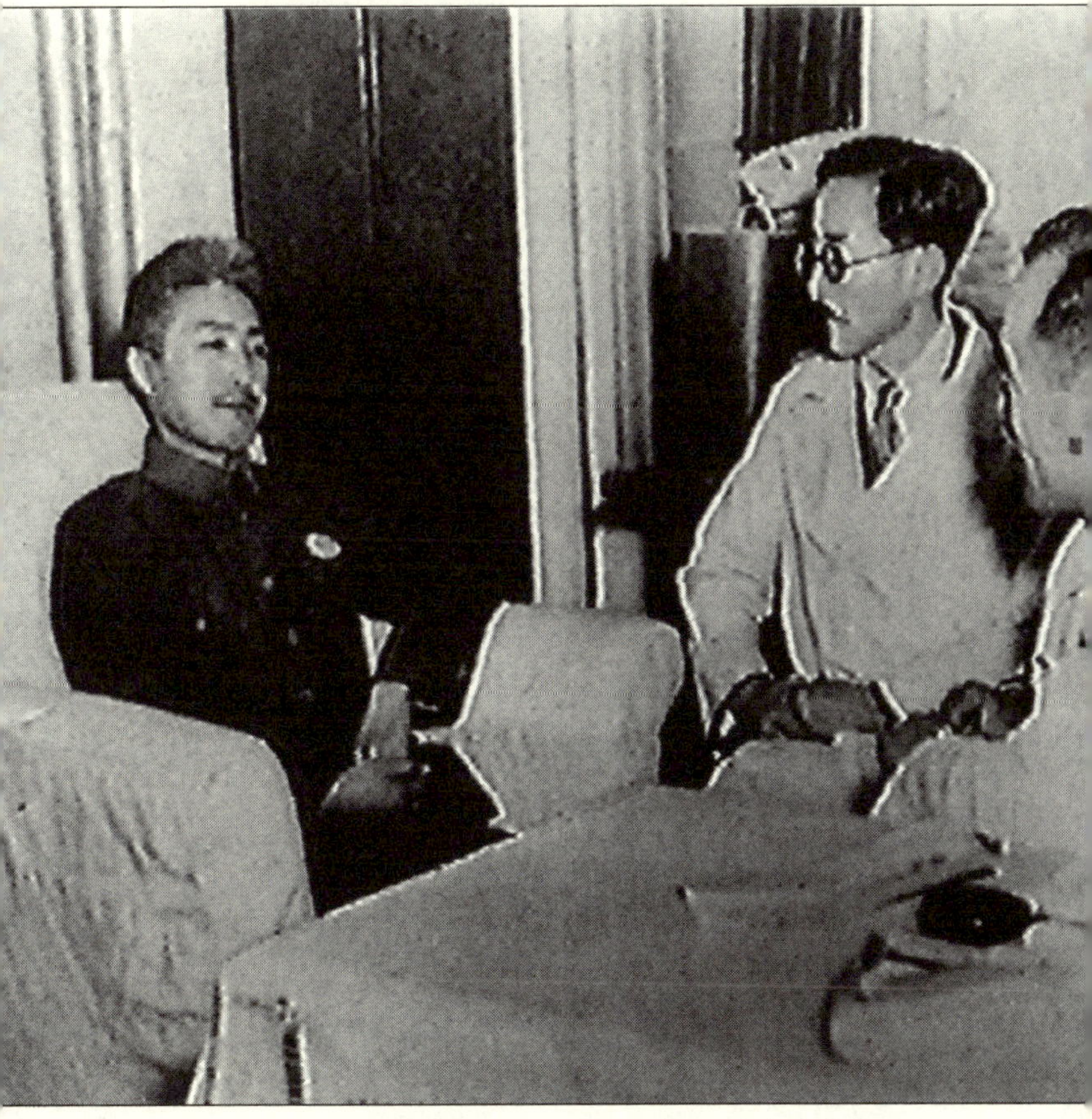

精神鑑定を受ける平沢。右が内村、中央が吉村氏。

私文書偽造行使、詐欺、同未遂、強盗殺人、同未遂、殺人強盗予備被告人、平沢貞通精神鑑定書

鑑定事項

昭和二四年四月一日、内村祐之および吉益脩夫は、東京刑事地方裁判所二十号法廷において、同裁判所第九部裁判長江里口清雄より、私文書偽造行使、詐欺、同未遂、強盗殺人、同未遂、殺人強盗予備被告人平沢貞通の精神状態の鑑定を命ぜられた。鑑定事項は次の通りである。

左記時期における被告人の精神状態に異常があったかどうか、若し異常ありとせばその程度。

I. 本件犯罪発生の当時

1. 昭和二二年一〇月一四日（安田銀行支店における強盗殺人未遂）
2. 同年一一月二五日（詐欺）
3. 同年一二月中（私文書偽造行使、詐欺未遂）
4. 昭和二三年一月一九日（三菱銀行中井支店における強盗殺人予備）
5. 同年一月二六日（帝国銀行椎名町支店における強盗殺人）

II. 被告人が検事に本件強盗殺人の犯行を自白した当時（昭和二三年九月、一〇月）

III. 被告人が催眠術が醒めたと称する当時（同年一一月一八日）

IV. 本件公判当時（昭和二三年一二月二〇日より現在まで）

依て両鑑定人は東京大学医学部付属病院において、右被告人の身体ならびに精神の状態を審査し、尚一切の訴訟記録を参酌し、また被告人の血族および知人総計九七名より必要なる事項に就き直接聴取したところに基づいて本鑑定書を作製した。

公訴事実（略）

追公判請求書公訴事実

被告人は明治四五年小樽中学を卒業後上京、予てより志し居りたる画道修業のため、当時小石川区水道端二丁目所在の日本水彩画会研究所に入り、同所において約三年間水彩画の研鑽をなし、既に小樽中学在学中より二科会に出品入選し若くして頭角を現わし、大正五年四月妻マユを娶りて後尚斯道に精進し、当時の帝国美術院展覧会にも入選すること数度にして、この間水彩画よりテンペラ画に転じ、これ

に専心するに至りたるが、一方、私生活においては操行修らず、家庭的に風波の絶えたる事なく、遂に大正一四年製作上の過労と家庭生活の心痛に依り強度の神経衰弱に陥り約一年にて全治し、後更にテンペラ画技法の研究を重ね、次第に斯界に重きを為すに至り、昭和八、九年頃帝展無鑑査となると共に、岡田三郎助画伯没後この後を継いでテンペラ画会の会長となりて現在に至るも、他面妻マユとの間には二男三女を設けたるにも拘わらず依然その品行修らず、三門喜美、鎌田リヨ、小池静枝等の女性との交渉を持続け、相次いで右三門および鎌田との問題表面化してより家庭内の空気頗に悪化し、単に妻マユのみならず右五名の子女等も被告人に対し敬意の念を喪失するに至り、被告人はその冷遇白眼の中に在って孤独感にたえず、益々慰安を他に求めんとする情高まり、次第に倫理性を失いたる言行を重ねる一方、太平洋戦争の勃発進展と共に社会状勢の悪化は右画会に衰微を来し、且つ画作に依る収入も漸次減少し、経済的にも窮迫するに及んで、日本将兵が他国民を殺戮略奪して尚褒賞を受ける実状を歪曲して、テンペラ画会復興の為には多少の人命を犠牲とするも又許容せらるべきものなりと自己弁解を加えたる上、嘗て新聞紙上にて読知せる「増子校長毒殺事件」に暗示を得、青酸加里を使用して銀行を襲撃し一挙に巨額の資を得んことを発意し、昭和一九年一〇月頃当時東京都淀橋区柏木三丁目三二五番地なる薬剤師野坂弘志より絵画の地塗りに混入して用うる旨詐称して約一六gの青酸加里を買受け居りたるが、再度の罹災終戦後物価騰貴等に依り経済状態は益々悪化の一途を辿るのみならず、長年に亘る自棄的生活により醸成せられたる反倫理的生活はこの逼迫に堪え得ず、昭和二二年八月頃当時東京市中野区宮園通二丁目三二番地に漸く新築したる自宅も畳建具の一部すら備わらず、妻マユより絶えず生活費の要求を迫らるるに及んで、遂に右銀行襲撃を実行して一挙に巨額の資金を得て、予てよりの希望なる前記鎌田リヨとの同棲生活を実現するに如かずと決意し、さきに入手しありたる青酸加里ならびに厚生技官松井蔚の名前を想起し、これを利用して防疫員を装い、伝染病患者よりの入金に仮託して銀行の消毒を為すと詐称し、同行員に服毒せしめてこれを殺害したる上行金を奪取逃走せんことを企図し、

第一、その頃帝国銀行洗足支店外一行を下検分したるが不適当なりし為、更に安田銀行荏原支店を二

回に亘り下検分したる結果同所を襲う事に決し、事前自宅において青酸加里約〇・一gを水一〇〇ccに溶解したる上これをオキシフルの古瓶様の空瓶に入れ、更に他の空瓶に水を詰めたるものおよび東京都防疫班なる文字を墨書したる腕章を準備してこれらを携行し、付近の荏原小山町三丁目一二〇番地渡辺忠吉方の表札を見てこれを患家に仕立つるべく用意したる上、昭和二二年一〇月一四日午後三時過頃に東京都品川区平塚町三丁目七二二番地安田銀行荏原支店に至り、右松井蔚の名刺を通じ同支店長渡辺俊雄に面会を求め、同人に対し恰も厚生省官吏右松井なるかの如く装い、右渡辺方に集団赤痢発生同家の同居人が当日当所に預金に来りたるを以て当行の消毒を為すべく、それに先立って同行員に予防薬を服用せしめねば成らぬ旨申し詐り、折柄残務整理中の右渡辺外一九名の同行員に対し所携の右青酸加里溶液を取り出し、行員各自の茶碗にこれを配分して注ぎ、自己の茶碗には注入せる所作のみを演じてこれを注入せず、自ら範を示すと称して嚥下せる風を装いたる上、右渡辺外一九名全員をして一斉に嚥下せしめ、更に中和剤なりと称し前記の水を呑ましめたるも薬量僅少に過ぎその功を奏せざりし為その目的を遂げず、

第二、爾後も尚執拗に右目的遂行を企て、三菱銀行淀橋支店外七行を下検分したるが、何れも不適当なりしとて実行するに至らざりしところ、偶々同二三年一月中前記小池静枝の消息を聞知し、更に同女との享楽を想起して右計画の実行に一層の情熱を加え来たり、愈々これを決行せんと決意し、新に自宅において前記一六gの青酸加里の残余全部を約八〇ccの水に溶き、水溶液として約一〇〇cc入口瓶に溶し前同様水一瓶を準備し、更に西銀座八丁目二番地先露天名刺屋斎藤安司方において厚生省技官医学博士山口二郎なる架空人の名刺を印刷してこれらを携行し、付近の下落合四丁目二一二三番地井華工業株式会社下落合寮大谷義吉方の表札を見てこれを患家に仕立つるべく用意したる上、昭和二三年一月一九日午後三時頃東京都新宿区下落合四丁目二〇八〇番地三菱銀行中井支店に至り、右山口二郎の名刺を通し同支店長小川泰三に面会を求め、同人に対し恰も厚生省官吏の右山口なるかの如く装い、右大谷方に集団赤痢発生し同家人が当日同行に預金に来りたるを以て当行全体の消毒を成すべき旨申し詐り、右小川以外一六名の全行員に服毒せしめんとしたる

も、折柄居合わせたる同行高田馬場支店長戸谷桂蔵が当行員に非ざる旨申し出て服毒せざるおそれありと感知し、その実行に移らず、以て殺人ならびに強盗の予備を為し、

第三、更に右計画の遂行を容易ならしめる為その後前記腕章に消毒班長と墨書し、東京都水道局止水栓蓋の鉄板より東京都腕章を捺印刷したる上、前回準備したる各薬瓶および名刺と共に携行し、附近なる長崎二丁目一七番地相田小太郎方の表札を見てこれを患家に仕立てるべく用意したる上、同月二六日午後三時過頃東京都豊島区長崎一丁目二三番地帝国銀行椎名町支店に至り、右山口二郎の名刺を通し同支店長代理吉田武次郎に面会を求め、同人に対し恰も厚生省官吏の右山口二郎なるかの如く装い、自分は東京都より来りたるものなるが、右相田方に集団赤痢発生し同家の者が当日当行に預金に来りたるを以て当行全体の消毒を成すべく、それに先立ちて全行員に予防薬を服用せしめねば成らぬ旨申し詐り、右吉田支店長代理他一五名の行員等を自己の周囲に集合せしめたる上、所携の右青酸加里溶液および水を取り出し、行員等各自の茶碗には青酸加里を配分して注ぎ、自己の茶碗には密かに水を注ぎおきこれを嚥下する範を示したる上、一斉に右青酸加里溶液四～五ccを嚥下せしめ、更に中和剤なりと称し前記の水を呑ましめ、数分後に全員がその中毒に依り倒れたる隙に乗じ、営業室内に在りたる同行所有の現金一六四、四一〇円および友森越治振出安田銀行板橋支店支払の額面一七、四五〇円の一覧払小切手一通を奪取逃走し、因て右青酸加里中毒に依り行員等中渡辺義康（当四三年）、西村英彦（当三八年）、白井正一（当二九年）、秋山みや子（当二三年）、内田琇子（当一九年）、加藤照子（当一六年）、竹内捨次郎（当四九年）、瀧澤リュウ（当四九年）、瀧澤タカ子（当一九年）および瀧澤吉弘（当八年）を同行内において、澤田芳夫（当二二年）、および瀧澤辰男（当四七年）をして附近聖母病院入院後何れも死亡せしめ、右吉田武次郎（当四三年）、阿久澤芳子（当一九年）、田中徳和（当二〇年）、村田正子（当二二年）をして何れも瀕死の重態に陥らしめたるものなり。

家族歴（略）

既往暦

被告人貞通は明治二五年二月一八日東京市麹町区大手町の憲兵本部内官舎において生れた。出産は異常なく軽くて熟産であった。身体的発達は尋常で痙攣や寝呆けもなく、麻疹のほかには熱病の罹ったことはない。母の語るところでは、精神的発達は寧ろ多少早熟であったということである。三歳の時父は日清戦争のため支那に出征し明治二八年の秋東京に帰還し、被告人の五歳の時札幌に転勤を命ぜられた。貞通は母と共にその翌年になって父の許に赴いて住み、八歳のとき札幌市創成尋常高等小学校に入学した。父は明治三七年頃退官して札幌区役所に勤めるようになり、母は家で文房具商を営んでいたといわれる。貞通は高等小学二年を終った。父が軍人であった関係で子供のときから剣道を習い相当に熟達した。小学校には成績表が保存されていないけれど、母の言によれば成績優良であった。また貞通は子供のときから気が弱くて、乱暴なことの出来ない性質であると言っているが、それが必ずしも我子を庇う言葉とのみ見られない。妹起誉も子供のときを回顧して、兄は女のようなところがあり、反対に自分は男のようなところがあって時々兄を泣かせたと述べている。学校で相撲のとき後頭部を打ち約一時間意識を喪失した。そこで親は大事をとり、一ヶ月間位札幌病院に通わせたという。この頃から多少成績が低下したけれども左程著しくはなかった。小学校を出て札幌の区立第一中学校に入学したが、三年のとき父が小樽にある前田農場牛乳販売場の主任になって小樽市に移ったため、これに従って被告人も小樽中学校に転向した。画才があって小学四年の頃から画に凝り初め、友人渡辺吉助の話によれば、中学時代には体操、書方、唱歌など必要でない学科を屡々さぼって写生に行っていた。そしてこの欠課のために先生から皆の前で叱られても、腹の痛いの一点張りで大して困った顔も見せなかった。しかし教師には要領よく立回ったために受けは悪くなかったという。そして画の技は進み、既に中学のときから二科に入選した程であった。ところが自己の志望が親の希望と合わなかったので、四年生のとき一時医師から神経衰弱と言われて休学したが間もなく回復した。しかしその後二年間は学校に出ず、自宅或は東京において画の研究に熱中していた。それから再び学校を続けることになったが、学校成績は不良であった。同窓の医学博士安達興五郎の話によると、平沢は見栄をはり気取屋で、素行はいわゆる軟派という方で女学生との噂も立てられたようである。その他平沢自ら当時の半玉小池静枝との噂を立てられたことを述べている。卒業後東京に出て水彩画研究所に入った。その後一時杉山誠治の世話で角帯を締めて文房具店に勤めたが、一ヶ月位で嫌になり、友人に頼んで「父危篤」の電報を打たせて突然小樽に帰って来たので家族が驚いたことがある。

貞通は二四歳のとき風見マユと結婚したのであるが、最初親がこの結婚に不賛成なため、二人は駆落して暫く東京で同棲した。後笠井の斡旋で親の諒解を得、小樽に帰って改めて結婚式を挙げた。二人は最初小樽において親と別の家に住み貞通は画塾を開いていた。二人が結婚して同棲生活を始めてから、貞通は友人を自宅に近づけることを避けたということである。また自分に対しては妻が嫉妬を感ずるようにわざと仕向け、妻が一向反応しないことを物足りなく思っていたようである。大正六年一一月貞通は先ず上京して小石川の祖母の家に寄寓し、翌年妻子の上京を待って西ヶ原に一家を借りて住んだが、空巣に入られて恐ろしくなり、半年で駒込の交番横に移って大正九年の終りまでこゝに住った。同年一二月三一日板橋中丸に月賦で新築した家に移転し、以来六年間こゝに居住した。日本水彩画会の人々の話によると、貞通は最初東京において水道町の水彩画研究所附近の長屋式の家の二階に間借りしていた。当時は勿論その後妻を伴って上京してからも、他の画家同様熱心な画家仲間であった。そのときでも他の画家とこれという交際はなかったが、いわゆる画学生らしい服装でやっていた。要するにこの頃は平沢にとって最も真剣な時代であって、丁度作品も大体において最も優れたものが出来た時代に相当するようである。

ところが板橋区中丸に当時既に一家をなしていた石井鶴三と並んでアトリエを新築するに至り、めずらしく同僚を招いて親しみを見せ、そのとき御馳走をして床にコルクのマットを張ってあるのを自慢したので、いやに身分不相応なことをやるものだと一同驚いた。その頃からぞろっとしたいわゆる一家をなした服装に変ったということである。

また同僚画家關晴風の話によると、この頃平沢が恩師丸山晩霞を伴い伯父繁太郎を訪問したことがある。そのとき師が質素な服装をしているのに、貞通が身分不相応な大島の着物を着ていたので伯父からたしなめられたが、平沢はこれも世の中の信用を得る一つの手段ですよと弁解していたそうである。

大正一四年頃から秘かに画展の女看守三〇喜〇との関係が始まった。また一四年五月には、狂犬病の予防注射の影響でランドリー上行性麻痺ならびにコルサコフ症候群を主徴候とする精神障碍を惹起した(詳細は後述)。同年一〇月二五日この家は出火のため焼失したので、近所の借家に移って住んだ。病後は指圧療法によって生命を救われたと信じ、指圧治療師松野恵蔵を命の恩人と崇め、自らも松野の師小山善太郎について指圧を習うようになって、その後指圧に熱中した。翌一五年初夏にこの家もまた火を出した。しかし小火で消し止めることが出来た。それから直ちに病気療養のため北海道へ赴き同年暮帰京した。帰京した即日さきの出火について放火の嫌疑で板橋署に任意出頭を命ぜられ、翌日帰された。その後、池袋大原に半年居住したが、この頃三〇喜〇が手切金を要求に来て彼女との関係は解消した。次いで池袋一〇六八に二年位、続いて池袋七七七に半年位、それから十條に約半年間居住した。その間盛んに他人に指圧療法を施すようになった。当時指圧を受ける人が大森の花柳界に多かった関係で、勧められて大森不入斗に移り半年位いたが、練馬の警視庁住宅にいた人から依頼されて約半年で巣鴨に移った。けれども、家相が悪いといわれて約半年で巣鴨に移った。この時すぐこゝに移らず、方角の関係で一度四五日間要町に住った後に引越した。こゝに一三年間居たが、鎌田りよとの関係は昭和一四年頃から始った。昭和二〇年四月始め、強制疎開となって日暮里の女婿山口の家に移ったが、同月一三日の空襲で焼け出されて甲府に疎開した。こゝで再び罹災したので、家族は七月北海道虻田郡礼文村に再疎開することになった。貞通は昭和二〇年五月目黒区の実業家野坂喜代司の家に寄寓し、東京と小樽との間および礼文と小樽との間を往復していたが、二一年一二月になって礼文の家族に合流した。終戦後家族の北海道から東京への引揚げは別々に行なわれ、二一年の春先ず次男亮が上京し、娘達や妻は同年の暮から始めにかけて別々に上京して来た。貞通は昭和二二年二月頃単独で上京して下馬の伊藤梅吉方に寄寓して九月までいた。二二年八月二五日妻子は中野区宮園町の新居に移ったが、貞通は遅れて九月にこゝに合流して来たのである。

次に被告人の画家としての経歴と家族の生計の状況について述べると、大正六年暮上京してから大正一四年の病気に至るまでの間は、画の技能は名実共に進み、これに伴って収入も増加し病前には月額平均三〇〇円位はあったということである。この頃は中央美術展覧会において活躍し、無鑑査となり毎年出品していた。大正一四年狂犬病予防注射にひきつゞいて重い神経系の病気になってからは、半年間ほど親から生活の援助を受けたが、その他は貯金と見舞金により生活し、また大暲会後援会から入る金が月一五〇～三〇〇円位あったという。中央美術展へ出す画は病後二年頃からふたゝび描くようになったが、帝展へ出すようになったのは発病後三年を経た後であった。昭和七、八年頃に帝展無鑑査となったが、この頃の真の技能はむしろ病前に及ばないと言われる。

病後自ら指圧療法を最も盛に施したのは昭和七、八年頃であるが、この頃でも謝礼を貰っていた程度である。尤も指圧を通じて間接に画が売れることになった。画の買高は妻にはよく分らず、殊に被告人が昭和六年北海道の然別湖に行っていた頃は、半年間も全く家族に仕送りせず、また鎌田りよと湯沢温泉へ逃避行を企てたことがあるが、この時も相当の期間やはり送金しなかった。そのため妻は自分の衣類など持物を殆んど売り尽して生活の資に当てたということである。また妻は人形の製作を習い、これによって生活を補い、子供にあまり困窮の経験をさせることはなかった。その後も被告人の描く量は多く、収入は相当あったが、妻に渡すのは不定期であった。終戦後は子供が働いて得る金も多くなり、被告人から期待することは漸次少くなって行く状態であったという。

以上が被告人の生活歴の概要である。なお被告人の性格とかその他個々の事項について重要な点が少なくないが、何れも後段において詳述することとする。

現在症（略）

生活歴に対する被告人の陳述

過去の経験についての追想を語らしめることは、つねに精神状態の診定にとって重要である。それは単に被験者の記憶力その他の精神機能の健否を検し得るのみならず、ある体験時の被験者の心理を考察するの参考ともなるからである。もしまたその陳述に事実と反するものがあれば、このことから被験者の性格を推量せしめる資料を得ることにもなるわけである。このような訳で、鑑定人は何回かに亘って被告人に対して問診を行なったが、以下にその概要を記録する。

A. 家族関係についての陳述

（これからあなたの家族関係について話して下さい。先ず同胞のことから。）（五月一九日）

「私を頭に全部で七人です。私が長男で長女が起誉子と言います。貞という二女は一七歳のとき肺結核で死にましたが、この人は少し知能が低く小学校もお情程度で、数の概念は全くなかったと思います。まあ早く死んで却って幸福だったと思います。二男の貞秋は小学校時代から少し変り者で、町の人から特別扱いにされていました。例えば大掃除の日などは自分の家はそのまゝにして、他人の塵埃を荷車で運んで焼いてやったりしました。また自分の都合の悪いことになると、黙り込んで二三日は何も話さぬといったエゴイストで、学校を遅刻しても平気で自分の好きなことに没頭するため、学業もたのまれた用事もうまく出来ないことがありました。また父母にも孝行せず、そのため私との折合もよくないという始末です。三女淳子は現在私が教えた指圧療法で生計をたてゝいます。指圧のことをちょっと申し上げますと、これは松野氏から大体伝授され、これに私の独創も折り込んであります。実は私がコルサコフ病から恢復したのも氏の指圧のおかげですよ。そのため私は深くそれを信用するようになったのです。この根本原理は要するに体内の老廃物が沈着する場所を判断することです。人間の頭や頸筋をみればすぐ判断がつきます。私自身釧路で佐藤市長に面会した折、患者の頭を見て一目でその患者が慢性骨髄炎であることと、その他に花柳病を持っていることを指摘したところ、これが全く的中したので皆驚いて、早速その講習会を開き、大変盛況だったものです。三男が貞章、四男が貞健ですが、末弟の貞健は人情家で孝行者ですがあまり交際好きではなかった様です。しかし私との折合はよかったと思います。」

（両親は健在ですか？）

「はあ、おかげで両親共元気で、特に今年は父のお祝をする筈でしたのに、こんなことになって残念です。簡単に性格について申し上げますと、父は庄太郎と申しますが、軍人気質で頑固でしたが、反面仲々多趣味で俳句、和歌を好みました。交際もよくやり、子供は可愛がり、わけへだてなく一家和合しました。私は特に長男でしたので可愛がられたと思います。品行もよかったようでしたが、酒は飲んだようです。私が画家になることも最初は反対でしたが、妹達の口添えで許してくれました。私の俳句は父から受け継いだものですが、父程古典的ではありませんよ。母はくにといいますが、実にやさしい人で父にも従順で自分が叱られた記憶は一つもありません。元来三絃には趣味をもっていましたが、子供の教育のことを考えてやめたと聞いています。」

（その他、同居して居た方などは？）

「居候は実に多くて一々記憶しておりませんが、確か三人を下ったことはありますまい。特に印象に残っている人はありません。」

（親戚の人はどんな方ですか？）

「父方の祖父母はよく判りませんが、長命ではあったようです。唯祖父の弟の孫に意志子という低能があり、今東京に居る筈です。父の同胞は父を入れて五人でした。長女がかつ、長男が楠太郎で七〇歳位で死にましたが、長野県で神官をやり、善良な人で酒もやらなかった様です。その子に一人精神病者がいると聞きましたが、詳しくは知りません。確かまだ上伊那の春近村に居るでしょう。その下つまり二男が父庄太郎で、その下が二人妹です。母方の祖父は書画骨董に凝って、そのために人に瞞されて破産しました。性質は我慢強くて、滅多に怒らなかった人ですが、祖母が又人一倍勝気であったので、時々爆発的に怒っては又すぐ何ともなくなっていた様です。酒は飲まなかった様ですが、肝臓病で死んだとか聞きました。祖母は大酒家で男勝りの性質で、人の好悪もはっきりしていて、仲々はっきりした人でした。晩年夫が妾の許に走ってからは信仰に入り、東海道を行脚したが中風で死にました。その娘、つまり私の叔母に当る人が市川の新田二八九番に居りますが、名は杉山てるといい、この人は表面おだやかですが、しっかり者で酒も少しは飲むようです。その妹岩田きよは涙もろく穏和な人でしたが結核で死にました。岩田たねは今小樽の父の許におりますが、茶の湯の家元をついだ名人です。」

以上の陳述からみると、一度途中で妹のことから脇道にそれて、指圧の自慢話を長々としたけれども、大体において言うことは正しく記憶はむしろ良好である。

B. 既往歴についての陳述

（これから貴方の生い立ちについて話して下さい）

（五月一九日）

「私の生れは東京大手町憲兵官舎で、子供のときは丈夫でした。六歳の時北海道に移り最初は札幌に住みました。札幌には中学三年までです。小学校に入って剣道をやり、そのあとが未だに右耳に残っていますが、これに気づいた証人はないですよ。小学校の成績は優秀で、その頃から絵は好きで、家を出るときは何くわぬ顔で弁当を持って家を出て、団子屋で文学好きの友人三人と落合い、自分は写生に出かけ、帰りがけに又店によって道具をおき、空弁当を持って帰りました。その中に学校の出席が悪いので、家に通知があり父にひどく叱られたことがあります。その内にあまり凝りすぎて神経衰弱になり、医者に休学を進められたが、どうせ休むなら東京で好きな絵の勉強がしたいと思い、水道橋の水彩画研究所に入りました。

石井柏亭、岡田三郎助などと一緒でした。その頃から水彩画では何か食い足りない点がありました。法隆寺の壁画はテンペラですよ。こんな立派なものが出来るならこれに打ち込みたいと思いました。中学四年の時、二年間休学しました。中学で机を並べていたのがあの安達與五郎です。彼は真面目な生徒で、答案など皆彼が作ってくれたので、彼のおかげで卒業出来たようなものですよ。」

（研究所の生活はどんな風でした？）

「あの頃は酒を飲む位で、大して放埓なことはありませんでした。たゞ将棋、碁等は好きでした。女の関係はありません。徴兵猶予のために補修科に入り、明治大学に二年在籍しました。」

（さっき神経衰弱と言われましたが？）

「絵の勉強を父と学校の教師がやめさせようとしたのが苦痛でした。小野廣助という医者に診て貰い鉄剤を処方されました。これは最初ふらふらしたので眼医者に行ったのですが、何ともないと言われ、小野さんに紹介されました。その他の症状ははっきりしませんが、たゞ本を読んでも長続きせず、物が重なって見えた様です。」

（どんな風にして癒りましたか？）

「鉄剤をのみ、田舎で丸山温泉に四五日滞在する内に非常に楽になって癒りました。別に眠れぬとか、仕事が面倒とか、特に悲しくなるようなことはなかったと思います。一年位続いた様です。」

（ちょっと脇道にそれましたが研究所に入った頃からのことを少し詳しく話して下さい）

「確か入所後半年位でコンクールがあり、私が一等と三等に入選したので同僚に嫉妬されました。そのため雨の日などには下駄を洗わせられたり、掃除をさせられたり、随分先輩に使われましたが、何糞と思って勉強するので、成績はますますよくなりました。私はお人好しなので、そんな人達のためにも委員になる様に運動してやったので、後から感謝されたこともあります。或時研究所の人から『日本精神を勉強するために横山大観の所に行け』と言われ、大観の許へ参ったところ、俺は弟子はとらぬ主義だが、そんなに言うなら何でもよいから模写して来いと言われ、雪舟のものを選び、これを寸分違わず模写して行ったところ『全く駄目だ、やり直して来い。』と言われ、三日三晩雪舟のものと対座して、よく見てから少し判った気になって描いて行くと、『たった三日か。』と言われたので、今度一週間よく見て仕上げたのを持って行ったところ、『これでよい、何か写生して来い。』と言われました。そこで一生懸命写生して行ったところ、『もう来なくてよい。』と言われ、日本精神は卒業しました。それから後に、義理で二科会と芸術院の両方に出品しなければならなくなり、両方に一度には出せず、片方だけというわけには行きませんので、石井柏亭の所へ両方共出品しないから許してくれと挨拶に行った時に、彼が「二科会はやめて芸術院に出してもよい。近く帝展になるからそちらに出品したらよかろう。」と言われ、帝展には第一回から出品し、第八回目には無鑑査になりました。」

（あなたの結婚は何時ですか？）

「二四歳二科会時代です。妻マユは杉山起誉の女学校一二年上の女で、小樽の家にはよく遊びに来ていました。その当時近くの大きな薬屋の娘が私に注目して、私が牛乳配達していたのを毎朝窓から見ていましたが、その内妹を介して恋文などをよこす様になり、私もマユに手紙の返事を届けて貰っていましたが、マユが途中で読んだものか、その内バッタリ音沙汰なくなりました。妹の話では病気になったよしでしたが、そのうちに婿がきまったので、私とその娘の間はそれっきりになりました。（以上の話は後に調べたところ、薬屋の娘も実在し大体において事実であった。）そんなことでマユと色々話し合う内に心にふれ合うものがありましたから、それから二人の間は段々親密になり、親だけが知らぬ状態になりましたが、私は両親が風見の方から何か話があったために頭から反対される様な形勢があったため、笠井戈吉さんに相談したところ、〝俺が何とか親に話をするまで二人で東京に逃げておれ。〟とのことでしたので、東京に出て久世山におり様子をうかゞう内に、私の両親が承知し、マユの家では元来承知していたことでしたので無事に結婚出来たわけです。」

（奥さんとの仲はどうですか？）

「妻との仲は、間で二号の件でもめたことはありますが、大体よかったと思います。検事に話したことは自分を悪人にするための嘘です。」

（その他の女のことがある様ですが？）

「お話する必要があるのは、三門でしょう。三門喜美は私が例のコルサコフ病に罹る前に上野の美術館の事務員だった女ですが、向うから引っぱられた形で関係が出来、金も定期的に収入の二分の一か、三分の一をさいて送って居りました。これは病後二三年続いた様ですが、私と妻と彼女と三人の間で話がつき、円満に別れましたが、その後も時々交際しました。小池静枝は肉体的な関係はなく、たゞ幼い頃可愛がった義理だけです。鎌田リヨは一番深い関係のあった女ですが、小樽の二科会当時から関係があり、生活の面倒もみてやりましたが、本妻になろうという気持があったらしく、旅行などには何時も随いて来ました。一度井上という人相見を介して本妻になりたいと言って来ましたが、子供が可愛かったのでそれは出来ませんでした。これは私がコルサコフ病後特に物をかつぐ様になり、人相手相などに凝っていたのを利用しようとしたのでしょう。この様に色々女と関係がありますが、女郎屋には行ったことはなかったですね。それは私が潔癖だったためです。私の性格に触れますが、潔癖は今も続いていて、机の上も汚いと何度でも掃除をするし、また昨日はD.D.T.をまかれてその後を三度も粉をはたいた位です。今思い出すのですが私が花魁の絵を幼い頃みてきれいだと言ったのを母がきゝつけて〝とんでもない。共同便所をなめる様なものだ〟と言ったのが頭に残っていて、それで女郎屋に行かなかったと思います。

（絵は何時頃が一番よく描けたと思いますか？）

「やはりコルサコフ病以前でしょうね。病気直前が一番油がのり、九尺×六尺の大作を仕上げ、その上に三門との関係もあり、精神的に非常に疲れたと記憶します。何しろあれはテンペラでは世界一の大作でしょう。あの頃三門に小さいものをちょいちょい画いてやっていましたが、今から考えるとあれも頭が変だったためでしょうか。」

（丁度コルサコフ病の話しが出ましたから続けて話して下さい。）

「そんなわけで大作を仕上げ、疲れてもいたのでしょう。記憶をたどって見ると、私が三四歳だったと思います。私が可愛がっていた犬が狂犬に噛まれましたので、人間に害が及んでは困ると思い、自分で涙をふるって撲殺しました。後で経文をあげてやりました。試験の結果狂犬であることが確立しましたので、北里研究所へ家族全部で狂犬病の予防注射に通ったのですが、私の記憶にあるのは初めの一週間位で、後は行きは一緒に行っても帰路は家人の話では、用があるとか、何とか申訳をして巧に逃げ出し、三門に会っていたらしいのです。それからずっと記憶なく、八月一三日にふと気がつきましたが、しかし体が動かず首が回らなかった。妻にきいたところ、五月以来寝ているのだという話でした。その意識のない間に、父が見舞に来た時に酒を父に出す様に、また料理法など色々と妻に注文を与えていたそうです。その間松野さんも来たそうですが知りませんでした。また森田正馬先生も一度来られたのに、それも知らない。

妻を母と誤認して変なことを口走ったこともあった様です。森田先生は妻の言うところによると、私の傍に来られて、今日は何日か等と質問されましたが、私には判らなかったので、七月二〇日だよと教えてやっても、一分後にはそれをもう記憶していないのです。先生はこれをコルサコフ病という奇病で、生命は三ヵ月から六ヵ月位だろうと言われたらしい。八月一三日にふと気がついて、その後一ヵ月位の間、毎晩の様に時間ははっきりしませんが、強盗が窓を破って侵入して、ピストルでおどかす姿が見えたので、妻を逃がし自分も毛布の下で手でピストルの形をすると、〝すみませんでした。〟と言って帰って行くので生とは思いませんでした。そんな大先生とは思いませんでしたが、その時の声も今ははっきり記憶していますが、不気味でしたね。なお気がついてから後暫くは記憶の誤りがあった様です。病気は医者では癒らぬので、池袋にいる鳥羽象山という易者に見せたところが、病気はなおるが家が火事になると言われましたので、注意していましたが、案の定漏電で家が焼けました。こんなよく当るものかと実に感心しました。彼はその後妹の結婚を予言したりしましたが、私も彼の指図通り行動して悪かったことがありません。病後易などに特に心を奪われる傾向が強くなった様です。また病中加藤傳三郎先生が早発性痴呆だと診断されたことは、後で妻からきゝました。その他詳細は看病していた妻や布施ソノにおきゝになればよいと存じます。」

（では先日の続きを伺いましょう。結婚した頃からで結構ですが。）（六月一七日）

「水道端には半年位いましたが、あの時北海道から二人を逃がしてくれた今小樽第二大通花園町にいる笠井戈吉氏の仲介で結婚が許されたので、北海道に帰って式を挙げました。妻は元々家できめた男が嫌で一緒に逃げて来ていたので、小樽の港町郵便局長舟木忠三郎氏に付添われて小樽に帰ったと思います。」

（結婚後は？）

「小樽に暫くいてから、私が単身上京して親戚の家に寄寓しながら立沢氏などの後援を受け、横山大観氏とも交渉を生じました。それからあれは長男が二歳位の時でしたから私が二七歳位の時と思いますが、妻が上京しましたので西ヶ原に一家を構えました。」

（駒込に移ったのは？）

「そこに半年いてから駒込病院近くに借家があったので引越し、こゝに二～三年いるうちに帝展の常連にもなり、生活も楽になったので、板橋の仲丸に家を建てましたが、これはコルサコフ病後二年、すなわち私が三五歳の時に漏電で焼失しました。その跡にまた建てたいと思いましたが、そこの地主が金の問題で建てさせなかったのです。そこで近所に借家住いをしていましたが、そこに又火事が起れば、私はその辺から立ち退かねばならなくなるだろうと地主が考えたらしく、男を使って三度も私の家に放火させようと計画したが、二度までは発見されて果さず、三度目に私の家で寝静まったのを幸にしのび込み放火しました。その後その男は自殺したので犯人と判りましたが、地主から大分金を貰った様でしたよ。多分地主から充分の金が貰えなかったためでしょう。彼は遺言に詫び状を残して自殺したのです。地主は私の親戚ですがひどい男ですね。」

（板橋時代に何か印象に残ることは？）

「先日お話ししたコルサコフ病のことと、大震災の時朝鮮人を三名唖だと言って逃がしてやったことと、喧嘩仲裁のこと位でしょう。喧嘩というのは私が板橋夜警団の団長だった時の話ですが、団員である大工と建具屋が酒の上で喧嘩をした時、その中に割って入り、二人を引き据えて仲直りさせたのです。その他にも四人の老人をかゝえた家が病気で困っていた時に、米や炭などをとゞけてやったことがありましたが、医者にも名前は秘密にしてくれと頼んでおいたのに、つい口をすべらして〝平〟と言ったのを手がかりに名前が知れたので、皆から大変感謝されて、町会の役員になってくれと頼まれたことがありました。それからこれは布施ソノに聞いて下さればわかるのですが、大正一二年の五月頃、未だ仲丸が焼けない前でしたが、或る日私が池袋からの帰路、田圃道を一人で歩いていますと、誰か後から随いて来る人がいるので刑事かなと思っていると、これが追剥ぎで、〝待て〟と言って短刀をつきつけて、〝金を出せ〟と脅迫しましたので、油断をみて短刀をたゝき落し格闘になりましたが、遂に組み伏せて不心得を説教し金をやって帰したところ、感謝して私の住所を調べ、それから二年目に警視庁へ手紙を寄越して、〝あの時のお話を思い出しては一生懸命に働いている〟と感激し、総監宛てに返金し血判を押して来ました。それを数寄屋橋の浦田先生に鑑定して貰ったところ、その血判の血液はD型でした。（D型という型はありませんが？）それではC型かな？　あゝO型でしたよ。その男はその後年末になるといつも門の中や玄関先に丸い貯金箱か、クリスマスの贈物などをおいて行きました。或る朝などは門が開く音がするので、変に思って出て見ると貯金箱がおいてあり、その中に立派な血判がしてありました。警視庁宛に五円返金して来た時にこれが新聞に公開され（確か朝日、報知、都新聞）ましたが、この新聞は証拠品として裁判所にもある筈です。それで有名になり、〝更生〟とかいう映画も作られた様で、賞金として二三千円貰ったこともあります。これは斎家忠男も知っている筈ですが、この事実まで高木検事は嘘だと言っています。多分私の作り話だと言うのでしょう。色々な事がありましたが、何と言ってもコルサコフ病が一番大変だったですね。あの病気の後一三年夏と記憶しますが、やっと歩ける位で、未だ眼や足が不自由だった時に家が焼けて、親子全部小樽に引揚げ一三年は（記憶の誤りで事実は六ヵ月位である。）病後の保養にカルルス温泉に行っていました。」

（病後の具合はどんな風でした？）

「小樽に行った頃は未だ記憶が正常でなく、すぐ物忘れする様でした。二三年保養してから上京した時にも忘れっぽく、怒り易かった。すぐ青筋が立ちました。そんなことが大体三四年続いたし、忘れっぽいのも眼がはっきりする迄続いたと思います。それ以来記憶する時には、何か物にかこつけて記憶する様な癖がついた様です。」

（上京後は？）

「弟子の山田達男君の世話で池袋の借家に暫くいましたが、新居に移転しました。その場所がどうもはっきりしないのですが、多分立教大学の奥だったと思います。妻の妹のソノが同居して居ましたが、私の級友の布施氏に嫁入りさせました。その家にどの位居たか判りません。そこから今度は池袋の一〇六八番という電話のある二階建の新居で暫く暮しましたが、そこは要町交番裏で、要町二丁目五〇五五と記憶して居ります。武藤氏、渡邊氏などという方々が近所に居られました。そこから池袋の七七七という電話番号の大きな家に移りましたが、そこは家賃が六五円だったのですね。間取りは一二畳、八畳、八畳、六畳、四畳半に台所がついていました。此所に二三年いましたが、別に近所に友人らしい人も出来ませんでした。その後十條の奥瀬英三氏の一〇畳のアトリエに移り、更に大森の新井宿に一年程居り、こゝで前に述べた浦田氏が心臓病で来たのを指圧療法で癒しました。」

（戦災に遇ったのは？）

「え、巣鴨に居た頃で、それまで十二三年居りましたが、近所には草刈仁二君、望月何とかいった理髪屋さん、こう忘れっぽくては仕方がありませんね。頻繁に出入りしたのは山口伊豆夫氏で、その他友人としては水彩画会の後藤工志君でしたね。彼も先年死亡しましたが、他の連中も皆私をそねんで、ユダ的な裏切行為をやりました。画人は元来変人が多くて貧乏ですから酒はあまり飲めませんが、女の方に堅い人は少いですね。自分は中央美術時代、大体震災前後ですが、二三合は酒も飲めたのですが、それもあまり美味いとは思ってはいませんでした。巣鴨時代は特別な事件もなく、絵の能率も上り、鎌田を連れて絵を画きに温泉旅行をしたことが時々あり、これは家族のものも気づいていたようです。

戦災はそこで昭和二〇年四月一四日に焼夷弾で焼け出され、荷物は甲府へ疎開させ、一時全部が日暮里の山口君の家に居りましたが、その内に妻と三女は要町の渡辺氏の宅へ、私は目黒の野坂氏の宅、長男は阿佐ヶ谷に間借りと、この三つに分れて生活しました。この時代の記憶が誠に不明瞭で困りますが、とにかく全部が一時甲府の橘町の氷屋をしていた久保寺氏の許で生活したことが確かにあり、そこから私独りで父母を小樽から旭川に疎開させに北海道に渡り、七月八日に東京に帰って来ましたが、その時昨夜甲府が焼けたとき、驚いて甲府に行ったところやはり焼けており、その焼跡で家人に会いましたが、荷物はそのために全部焼失してしまいました。それから全員で北海道へ帰ったと思います。終戦は上馬の伊藤氏宅で迎え、翌年九月迄そこに滞在した様に記憶します。中野の新居は二二年五月から取りかゝり、八月中旬出来上ったので、九月に移ったわけです。その頃絵は帝展無鑑査で盛んにやったものです。」

（鎌田とはその後どうなりましたか？）

「彼女とは湯沢温泉に行った頃は近い関係でしたが、最近結婚したという噂ですよ。今ではもう変心しているでしょう。大体変心する様な表裏のある人間で、妻とのごたごたのあった時なども、妻の許に帰りなさいとは言っても、一方ではちゃんと押さえているのですよ。私は彼女の娘の結婚費用を出したことはありません。」

（鎌田の何拠に魅力があるのですか？）

「鎌田には美しいとか、やさしいという点はありません。大正一〇年頃小樽で展覧会をやった時にふと訪ねて来て、変に馴れ馴れしい話をして来たのです。〝私は不幸な結婚をしてしまった。先生が二号にして下さればこんなことにならなかったものを。〟という様な口振りで、暗に何時でも主人と別れて二人になりたいことをほのめかすのです。彼女は仲々執念深い女で、主人が死んでからは堂々と私の家に出入りして父母に取り入り、正妻にでもなろうと計画していたらしいのです。今では北海道で会っても愛情の片鱗も見せません。この間会った時も土産として二〇〇〇円やってあります。」

（湯沢温泉では本当に死ぬつもりでしたか？）

「えゝ、本当にもう総決算して死ぬ心算でした。有島武郎氏の様にきれいに死にたかった。鎌田は私を説いて、今死んでは世の中に申訳ないからもう一息頑張ってくれと言い出したのですが、最初から死ぬ心算は彼女にはなかったのでしょう。持参したカルチモンも捨ててしまった様でした。その時の絵は絶筆の心算で描いたので清純なものです。代表作は野坂氏の許にある筈です。」

(あなたの絵は何が一番傑作ですか?)

「(心眼)が一番よいと思います。(心眼)以来よいものは出来ません。段々気分が荒んで行くのは全く鎌田のためです。彼女は全くひどい女で、或る時には小樽の井上という人を介して正妻になりたいと露骨に申込んだこともあった位ですが、私は子供が可愛いので妻とは別れられず、そのため鎌田との仲も面白くなくなり、それからは段々遠ざかろうと思っていたのです。

その内に彼女には二人位の男が出来た様ですが、父母には親切にしてくれたので、何とかしてやりたいとは思っていました。しかし鎌田と別れたこと自体より、そのための親族会議とか子供の反対とかいう様な家庭的な事が気持に反映した様です。その間鎌田とは東北、信州、山陰等日本中廻ったり、金も定期的ではないがかなりつぎ込んでであります。」

以上の陳述から見ると、大正一四年の狂犬病の予防注射後の精神病の間のこと以外には、健忘症と思われる記憶の欠損は認められない。その翌年初夏の回復期において約六ヵ月間北海道カルルス温泉に静養に行ったのを、二三年行って居たと誤り記憶しているが、その他の点では一般の出来事の記憶はむしろ良好である。たゞ自己に関する限り、屢々事実を離れた誇大的な言辞を弄する。例えば自己の画がテンペラ画では世界一の大作と言ったり、恩師の石井柏亭を呼び捨てにしたりするばかりでなく、到るところで自己を大きく見せようとしている。特に最も顕著なのは辻強盗説法に関する話であって、これは後に述べる様に、空想性虚言に属するものと考えられるが、本人は全く事実と信ずるが如く語っている。横山大観に関する話も同様に疑わしい。第二回目の出火を、叔父が人を使嗾して放火せしめたと言うに至っては最も極端な虚偽の陳述であるが、長年にわたってこれを強く主張し、恰も妄想に近似の状態になった空想性虚言であると思われる。その他においては思考の病的障碍と認められるものはない。そこで被告人が自らを如何に見ているかを問うて見た。

C. 自身の性格に関する陳述

(あなたは自分の性格を自分でどう見ますか?)

（六月一七日）

「私は穏やかな性質ですよ。事実一〇年に一度怒る位でしょう。相手を〝こんな奴〟と思っても、自分で腹の立つのを押えています。その他凝り性ですが、特に剣道、碁などには随分凝りましたね。その他に私は縁起をかつぎますが、これは父母から受け継いだもので、父は神道に帰依していましたが、私も三二歳の時仏道に入りました。これは人から宗教のない人は自省心がないから、是非宗教に入れとすゝめられたためもあります。今日も何だか朝から胸騒ぎがしたので、これは仏様の言った通りらしいと思ったら出廷せよと言われました。」

（その他に何か信心していますか？）

「手相は信用出来ます。コルサコフ病の後余計凝る様になりました。手相はしかし神秘ですね。今度のことでもこの通り、一度生命線の危機が去った後に災難の線がはっきり出ています。」

D. 犯行のあった当時に関する追憶

（あなたの起訴状は何となっていますか？）（七月一二日）

「起訴状は、強盗殺人、同未遂、殺人強盗予備、私文書偽造行使、詐欺の五つだったと思います。」

（それでは色々と問題になっている事件について、あなたの言い分を話して下さい。時間的な順序に従って、先ず丸ビルの三菱銀行の問題から。）

「帝銀事件の前年の夏から冬にかけて、多分秋頃でしたが、私が誰からか一〇〇〇円の小切手を受取ったのですが、金が必要だったので三菱銀行に受け取りに行った時のことでした。その時丁度印鑑を所持していなかったので、送り主の印鑑を作って行きました。私が申し込んで窓口の側の腰掛けに休んで待っていますと、ふと傍に誰か忘れたのか番号札がおいてありましたが、その内に窓口でその番号を呼んでいるのでついふらふらとその札を持って、窓口で金を受け取ってしまったのです。それが一万円だったので、すぐこんな大金を困ったことをしたと後悔したが既に遅く、自分ながら浅間しいことをしたと思って居りました。やがて私の番が来て自分の一〇〇〇円を受け取り銀行を出ましたが、一万円が気になって仕方がありません。そこで思いついてすぐタクシーを呼び、三〇〇円で上野公園の西郷さんの銅像下まで行き、地下道に入り、地下鉄乗場の方へ曲ったところに、浮浪児が二五人位坐り込んでいたので、〝捨離輿身、唯懼悩患到汝〟と経文を唱えながら、一人に二三百円宛喜捨し、そこで一万円全部を費し、〃誰にも言うなよ。〃と注意しました。彼等は大喜びで、〃また来てくれよ。〃等言っていました。それから永藤で休んだまでは記憶しておりますが、後は不明です。それから一週間以上たってから、ふと一万円と一緒に受け取った通帳に気がつき、ポケットをさぐったところ、たしかにありましたので、〃これをテンペラ画会の金に流用しよう。どうせ一度罪を犯したのだから。〃と今考えてもお恥しい様な自棄的な気持になり、どうしたら金が引き出せるかを考え始めました。通帳名は長谷川だったと思います。偶々新聞で大森に金融家がいるのを知り、長谷川という印鑑を大森で作らせた上、二三十万円位のよい加減の金額を通帳に記入し、銀行員のところへは、その時持っていた鎌田、山口、平沢の印をつき、その金融家を訪ねたところ、怪しいと思われたのか拒絶され、大森新井宿の消防署筋向いの他の金融家を紹介されました。其処で二〇万円融通して、大森第一銀行の小切手をくれました。それが土曜日の午後のことですが、翌日は休みでしたので、月曜の朝銀行に行ったところが、先日の男が既に来ていて、通帳では金融出来ないと拒絶されました。それから二三日後銀座の日本堂という時計商で、指輪についた小さな時計がほしくなり、これを銀行で使わなかった小切手で買いたいと思い、序でに側にあった一四万円位の金の指輪も一緒に支払いたいと申し出たところ、主人が銀行に手配する気配でしたから、これは困ったと思い、〃ちょっと煙草を買って来る。〃と嘘をついて逃げ出しました。後で悪いことはせずによかったと思いました。あの様なことをした動機は、テンペラ画会会費を六七万円使い込んだのを補充したいためだったのです。今申しあげたことは法廷での陳述と大体同じですが、日附や名前などは検事から暗示されたので多少食い違っています。」

(荏原の安田銀行の事件は?)

「あの事件も検事からあれこれと誘導され、自白の形式をとったのです。一三日に山口伊豆夫君が来て、明後日自分の関係者に結婚する者がいるから、その引出物に二〇枚位白菊の花の色紙を書いてくれと言われたので一生懸命書き始めました。一四日の昼には来訪した伊藤亀野さんを交えて昼食をし、近路を教えに一緒に家を出て帰途ふと用事を思いつき、亀野さんを追ってホームまで行きましたが、丁度電車が来たので、同車し車中で用談を済ませ、新宿で下車して急行で帰宅したのです。その日も続いて絵を書き続け、翌日も続けていましたが、その日が荏原事件の日でしょう。いや間違いました。一四日は午後渡辺さんが来て、それまでに出来上がった絵の中から良いものがあったので誉められ、それを贈る約束をしたのです。そのときは確か家内と華子が同席したと思います。その日はあまり能率が上らず、一五日にも一生懸命書いたのですが、その日に亀野さん達が来たのです。ですから一四日は一日中在宅したわけです。渡辺さんが帰ったのは午後四時頃でして、ユキ子が外出先からの帰途渡邊さんに会っています。警察では一四日に留守した様に話したが、みな検事の誘導によるものです。そうです、たしかに伊藤亀野さんが来たのは一五日でした。これは立派なアリバイですよ。それに関連して思いだしましたが、松井さんの名刺の裏の五分の二位の所に仙台の住所が書いてあった筈だから、赤外線写真で撮ってくれる様に検事にたのんでありますが、その結果一行目にそれが出て来たそうですが、それを証拠品として提出する様依頼しておきましたが、どうでしょうか。」

（松井名刺を盗まれたということですが、その時の様子は？）

「あれは三河島駅で九月中旬頃だったと思いますが、プラットホームに降りる際にすられたのです。名刺は上衣の内ポケットに入れてあった紙入れに入れておいたのです。その他に自分の名刺一〇枚位と、他の人の名刺一五枚位と、現金一一、〇〇〇円が入っていた筈で、その紙入れは革製の二つ折りのものでした。あの時電車が大混雑で、カバンが人の間にはさまって降車出来ず、引っぱってやっと降車し、三河島の朝枝君の生家に行き、かねて借金していた一万円を返却しようとした時にすられた事に気づき、驚いて駅前交番にとゞけておいたのですが、その時自分のオーバーのポケットに女持ちの扇子が入っているのを発見したので、早速参考品として渡して来ました。その三河島の家の名前は〇村謙三また謙造と言い、職業は鉛筆商でした。この話は妻に話すとまた面倒なので、彼女には話してありません。」

（中井の銀行の事件は？）

「中井の富士銀行、荏原は安田でしたね？　それなら何銀行だろう。住友ではない、あ、三菱かな。あの事件は一月一八日か、いや一九日でしたね。その前日の一八日には山口氏宅で山口夫妻、妹、弟と昼うどんを食って夕方まで麻雀をやり、一人負けて帰ったのですが、その次の日、つまり一九日には朝ちょっと外出し、その先で羊羹を買って帰り、家内と誰かとで食べましたが美味かったので、あ、昨日山口君のところへ持参すればよかったなと思ったのです。一九日は一日中何だったか記憶にありませんが、とに角絵を書いていました。羊羹は三〇円位のもので、これは検事には話してないことです。或は第一回公判の時話したかもしれません。中井の銀行へは両替のために二度位屋内に入ったこともあり、よく知っています。そんな工合ですから内部も大体判っています。何故中井へ行ったかと言うと、目白通りの交番の傍のマーケットに風見一郎君が店を出していたので、そこから東中野の家に帰る近路をよく考えて歩いたものでしたが、その内に中井の銀行を発見したのです。このことは公判でも同じ様に申し述べた筈です。」

（帝銀事件は一月二六日の月曜日ですが、その日はどうしていましたか？）

「山口伊豆夫君の家からタドンを持って帰ったのが一八日だったか二六日だったかはっきりしないために、二六日の自分の行動に確信が持てなかったので、小菅から弁護人を介して山口君に手紙で問い合せようと思い、その旨書いた書面をズボンのポケットに入れておいたところ、その日丁度捜検があり、ポケットの縫目の綻びから落ちて靴下の中へ入ったのを発見され、アリバイ製造だと誤解されました。その書面も江里口裁判長は始めの二三行しか読まないのでしょう。とに角山口宅からタドンを持って帰り、家に居合せた進駐軍の兵隊が、〝オヽ、ブラック、ボール〟と言ったことははっきり記憶していますが、一八日か二六日かははっきりしません。結局事件当日の二六日は、山口君の勤務先の丸の内帝国生命ビル五、六、七階の船舶運管会にいたのです。ごたごたしていて、以前には三越の水彩画会の展覧会場にいたと述べましたが。やはり運管会が本当です。三時半頃山口宅を訪ねましたが、用件ははっきり記憶しませんが、多分雑談だったと思います。それから帰りにタドンを持って帰ったのではないかと思います。帰宅は五時頃でしょう。家内も在宅だったので知っていますが、タドンはバック一杯、大体五〇か六〇個位で非常に重いものでした。この日のことは家の者は皆知っている筈です。」

（それから北海道に行って、チェーン預金の五万円は何に使ったのですか?)

「私の小遣と両親に。両親が喜ぶものなら金に糸目をつけずに買って費したと思います。」

(五万円というと相当の金額だが?)

「大した金ではありませんよ。何しろ父母の喜ぶ様にと、菓子だけでも一万円以上でしょう。毎日の様に上等の菓子と茶、それに寿司、鰹節、このわた等、それから鎌田に土産に二〇〇〇円位、画の材料として珊瑚七八個、紙等に費したと思います。」

(その五万円の出所は?)

「公判でもこれには困りました。というのは、金を入れておく場所が言えなかったからです。実は画嚢の中へ一万円ずつ束にしてはさんでおけば十二三万円は入ります。その中から北海道へ行くに当って一月中旬か、二〇日だったかはっきりしませんが、三越の隣の東京銀行で林という名義でチェーン預金したのです。この十二三万円は家内にも内緒にしてある二号関係の軍用金なのですよ。これは主としてテンペラ画会寄附金の流用と、その他家内の知らぬ収入七八万円で、私は外出先で鰻丼を好んで食べたので、何時も二三千円はポケットに入れておいたのです。テンペラ画会寄附金帳があった筈ですよ。大きな出資者を挙げて見ると、花田卯造の一〇万円、吉田磯吉の子分下釜の七万円等でしょう。花田氏は二二年頃自宅で渡してくれたのですが、新橋の待合の女将が二号らしく、二号に叱られるぞと冗談を言いながら渡してくれましたから、その金は二号のために使うものだったのかも知れません。だから花田さんの家の人は何も知らぬと思います。下釜という男は何処かの海運会社の社長で、二二年秋から暮の間に、銀座コロンバン二階で彼の親分吉田の肖像画代金五万円と共に七万円を受け取りました。今まで迷惑がかゝってはと思って、二人の名前は出しませんでした。以前に小岩の清水という人から金を受け取ったと述べたのは、下釜の名前が言えなかったため故意に述べたことで、家内にも二三万円清水から貰ったと話してあります。何しろ下釜は男気のある男で、私も温泉に連れて行って貰ったり色々と恩を受けているので、迷惑はかけたくないと思っています。」

(帝銀事件の日は、たしかに三越にいたのではないのですね。)(七月二一日)

「え、三越は間違いで、船舶運営会が本当です。三時半頃迄いて山口宅を廻り、タドンを貰って帰ったのです。〝ブラック・ボール〟と言った米国人にきけば判る筈です。彼も一緒に夕食をしたと思います。」

(帝銀事件の記事は何処で始めて見ましたか?)

「事件の翌朝、朝刊で見ました。私の家では新聞は毎日と読売ですが、ラジオのニュースも聴いています。あの事件のニュースも聴いておりました。その時の感想はひどいことをするものだと思いました。それについて妻と娘で何か話し合った筈です。」

(それからあなたの行動は?)

「翌日の二七日はどうしたか判りません。たゞ神田駅で回数券を買ったことだけ記憶しています。しかし二七日に作品を三越に搬入する予定を変更して二八日にしたのですから、二七日には何か会合があったのだろうと思います。証拠品から回数券のことだけが判ったのです。また二七日は妹の誕生日なので、妹を市川に訪問したのが二八日ですから、愈々二七日に何か用件があったのですね。二八日には或は氷川丸の切符を買いにか申込みにか丸ビルのビューローへ行ったかも知れません。その時にも山口宅へは寄りました。北海道行きの目的は、弟の重症であることを知ったからです。弟の病名は奔馬性肺結核であると淳子から以前に知らせて来ましたし、その後も二三回は報告があり、来道せよという事は父母や妹から言って来ていたこともあり、自分としても前年の秋から一度見舞に行こうとは思っていたのです。」

(北海道へは何日につきましたか?)

「一月一〇日から一三日の間だと思います。その日に何とかいう小樽署の刑事が、また五月始めには居木井警部補が来たと思います。これは(ありのまゝの記)によく書いておきましたが、文字通りありのまゝで、私の本心です。」

以上の陳述を見ると、起訴された犯行中、私文書偽造行使、詐欺同未遂の件については全部これを認めているが、荏原の安田銀行、中井の三菱銀行、椎名町の帝国銀行の犯行については全部否認して、夫々同日の行動を述べてアリバイの証明に努力している。

この陳述の真偽はもちろん精神鑑定人の判断すべきことではない。しかし、これらの陳述から確認出来ることは、これらの事件のあった当時に対して、被告人がくわしく追想し得るとの一事である。のみならず、これら事件当時の被告人に特記すべき精神異常を認めなかったとの周囲の人々の証言を併せ考えると、昭和二二年一〇月一四日、翌年一月一九日および一月二八日頃の期間において、被告人の精神状態に意識障碍或いは平素と著しく異るような精神機能の障碍があったと認めることは出来ない。

E. 逮捕から検事の取調べの終るまでの期間の陳述

（小樽から東京に送られてからは？）（七月二一日）

「八月二一日小樽発、二三日午後警視庁着、その日にも呼び出された様ですが、のぼせていたのではっきりしません。次の日には証拠品を並べられ、十何人に面通しをさせられました。三九号室でした。その人々の中には犯人でないと言った人もいたらしいのが周囲の態度から察せられたので、〝ざまみろ〟と思っておりました。二三、二四日に高木検事に会った様な気がしますが、彼の調べは二五日から始ったと思います。場所は三七号室で、居木井警部補が立会ったのは二日目だけでした。二五日は始めに足立警部他三名で、〝有りのまゝの記〟の通り三方から椅子をグイグイ押しつけて来て、殆んど暴力的な調べでした。その後に高木検事が来て、やさしく〝可愛想だから早く帰してやりたい。〟等言っておりましたが、その内に段々強硬になり、落し穴を作って来たのです。しかし彼も始めは私が犯人でないと思ったらしく、〝居木井を謹慎させる。〟と言っていました。」

（自殺を計ったのは？）

「二五日の日でした。ガラスペンで動脈を切ったのですが、あの時の心境は絶対でした。頭が混乱していたことも事実ですが、動機の第一は、やはり侮蔑を感じたことです。面通しで真犯人でないことは明白になったとは信じていましたが、それでもあれだけのことをされたのは何といっても侮蔑に感じました。」

（高木検事の取調べは？）

「検事の訊問に対する答は、一つとして自分から述べたことはない。皆誘導されたもので、彼は〝俺は誘導はしない。〟と言いながら、印鑑を押させるという具合です。地図は自分で書いたものですが、あれも（これだろう？）と言って書かせるのです。中井銀行の場所も東京地図を開いて見せたので、一番近い道をマークしたにすぎません。銀行内の図面は記録にある通りです。彼の眼は蛙を見る蛇の目のようで、話の途中に落し穴を作っておき、私の顔色を窺って、心の動揺をじっと見つめているのです。彼の調べが苦痛で、その上頭が混乱して生きているのが苦しくなり、早くこの検事から逃れたいと思い、死にたい死にたいと考えていましたが、その機会がなかったのです。ところが自白しそうな風を見せたら、風見龍君を呼んでくれたので、彼に向って〝私は犯人ではない！〟と叫びながら、傍の柱に頭を打ちつけたのです。ところが脳震盪すら起さなかったので、下剤を飲んで自殺を計ったがこれまた失敗でした。何度も失敗したので、この上は真犯人となり処刑されて早く死にたいと思う様になりました。その頃は父母のことなど色々と考えて、毎晩不眠に悩まされました。大体一日一時間半位でしょう。全く眠れぬ晩も七八日はありました。遂には支えて貰わねば歩けぬ位になりました。毒薬の取調べも随分ひどかったですよ。黄色い薬だと言われたので、〝塩酸〟と言ったのですが、〝そんな筈があるか。〟と言われたので、〝それでは青酸加里だ。〟と答えたのです。入手先も出鱈目に、野坂、吉田を引き合いに出したに過ぎません。殺人の動機も無理に作らねばならぬので、女の名前を出鱈目に挙げたのです。小池まさえとは殆んど関係がないし、お染という女も実在しません。辻褄を合わせるのに随分苦心しましたが、結局本当のことは鎌田一人です。

九月二七日の調べの直前だと思いますが、高木検事の催眠術にかゝり、彼に〝お前は真犯人だぞ。〟とにらみつけられて、ついふらふらと〝あ、それでは俺は犯人だな。それでは殺して貰えるのだな。〟と口走りました。これを公判で同じ辛い思いをしている御子柴が聞いて同情し、思わず涙を流しましたが、その声をきいて私も悲しくなり、ぼろぼろ泣き出してしまいました。」

〔休憩〕

（犯人だと自首した時の心境は？）

「有難い。これで自分で死なずにすむなと思い、気持が楽になりました。自分も検事から催眠術をかけられたり、〝さあ、お言い、お言い。〟とやさしく責められて、何だか真犯人の様な気がして、それ以後は全く真犯人気取りでした。それからその晩検事の暗示と新聞記事を思い出して、一言一言自白したわけです。事実と違うところは良い加減に述べたにすぎません。例えば清水虎之助という名前は、清水だけは確かですが、虎之助は小樽の清水虎蔵からヒントを得たのです。前に触れた金の件も、吉田の肖像代と花田の金では帝銀から奪った金額に達しないので、何処かで幾ら幾らと辻褄を合わせるために、買物をした事にしました。」

（何から先に自白した？）

「全く記憶がありません。とに角〝御尤時代〟でしたから、何でも検事のいうまゝを自白しました。荏原銀行の広告の看板を見たと述べると、何処で見たかと尋ねるので、良い加減に〝祐天寺〟と答えると、駅の広告看板は西小山と他に一つの駅しかないと言われたので、〝それでは西小山でした。〟という具合です。〝駅の何処で見た？〟〝ホームで。〟〝嘘をつけ。看板は階段にしかないぞ。〟〝それでは階段で見たのです。〟すべてこんな調子ですよ。〝西小山から銀行へ行ったならその地図書け。〟と言うので、良い加減の地図を書くと、〝これは嘘だ。〟と言われ、証人が〝武蔵小山からだろう。〟と言ったので、〝あゝ武蔵小山でした。小山違いだ。〟という調子です。地図を見せられたので、鉛筆で印をつけました。この様なことは証拠品にも沢山ありました。荏原の時の毒薬瓶もオキシフルの瓶と言ったところ、〝透明な瓶だろう。〟と言われて透明な瓶を示されたので、〝その通りです。〟と答えました。スポイトもその例に漏れず、〝ピペットではなくて万年筆用のスポイトではないのか。〟と言われ、〝あゝそうです。〟と答えておいたのです。服薬時間も新聞に二分と書いてあったので、始めは二分と言ったところ、検事が〝一分だろう。〟と言うのでその通り一分にしたわけです。」

（自白の頃の気持は？）

「犯人気取りで死ねると思ってからは気が楽になりましたが、夜は二三時間位しか眠れませんでした。自白してから急に待遇がよくなり、検事も一緒に食事をし、白米の飯に洋食二皿、カステラ、リンゴなどがつきました。その時分も菩薩が夜現われて、〝実相はあくまでも実相で、お前が何と言っても私は皆知っているぞ。〟と言うのですが、その時は有難くて思わず自分は拝む姿勢になっています。だから半分夢でも半分は気がついているのでしょう。夢幻のようなものです。菩薩が悔悟していないといって私を叱ったというのも亡霊が出たというのも、皆検事の機嫌取りのための作りごとです。法隆寺の壁画にある勢至菩薩も現われましたが、別に何もいわれませんでした。〝苦しいだろう、悲しいだろう。〟といわれたのは確かに聴いたのではなく、そんな感じがしたのです。」

（その後、心の動揺はなかったか？）

「それはあります。拘置所で次の様な句が頭に浮かびましたよ。〝苛まれ、吾れ罪人にされしかど、直き心を如何に示さん〟やはり検事に誘導されているうちに残念で泣いたこともありますが、それを後悔の涙と思われた様です。そんな時には公判廷で、ひっくり返してやろうというような気持にも時々なりました。しかし、これはあくまで発作的な動揺で、その他は本当の犯人として処刑されるつもりでした。ですから陳述の曖昧な点は故意に公判で都合のよいようにやったことではなく、たゞ新聞の知識がちぐはぐであったためです。」

（何かその当時他に変ったことはなかったですか？）

「面通しの時にちょっと面白いことがありました。私が柱に頭を打ちつけて自殺を計った日に、高田馬場の三菱銀行の支店長である戸谷啓三が面通しをしたのですが、彼は検事にこれは犯人に似ていますと耳打ちして帰りましたが、調書には（この時入室中なりし戸谷啓三が検事に耳打ちし、〝この男九分九厘まで犯人に相違なし。〟と言いて立退きたり）となっています。今迄そうしたことはなかったのに、今日に限ってこんなことを書くのは、自分に諦めさせて自白させる道具に使うのだなと直観しました。記録は荏原署の飯田という巡査が言ったことになっているが、私が捺印したのは戸谷啓三の述べたことなので、これは記録を何処かですりかえた公文書偽造ではないかと公判で申し述べたところ、裁判長は〝意見として聴いておく。〟と言いました。戸谷は似ているとは言ったが、犯人だと断定はしなかったのです。その他の面通しも怪しいもので、前の公判でも自分の顎の傷について、その場所を裁判長が証人に尋ねたところ、彼は鼻の右下と言ったが、これは傷ではなく皺ですよ。又その後で荏原銀行の大山シゲ子が証人に出た時も、彼女は全然自分の方を見られず困っていたので、私は〝はっきりいって下さい。〟と励ましたが、その時検事は私の首を左後方に曲げさして顎の傷を見せ、〝これを見たでしょう、そうでしょう。〟と強く言ったので、証人も遂に〝そうです。〟と言ってしまったのです。このことを戸谷の時にも引合いに出して、〝こんなことをする検事だから公文書偽造位は平気だろう。〟と言って油を絞ってやりました。第一私が犯人なら、松井名刺とか、山口という名前を使う筈がありませんよ。警察で私が犯人だと思っている根拠は、金のこと、松井名刺のこと、アリバイが良い加減で三越にいたと頑張ったこと、顔が似ていること位のものでしょう。(中略)私は犯人の予想もして見たのです。(と言いながら病根図なるものについて若干犯人の条件を述べた後)法廷で私を犯人だと言ったものは、一一時のところに『かたまり』があり、これは虚偽の相です。検事には陰惨の相がありますよ。」

(しかし帝銀の死体の場所をあなたがマークしたものは、実際の状況と合致しているそうですよ。)

「あれは検事の誘導と、新聞記事に廊下に三人倒れていたとあったのを思い出し、廊下に三人、他の廊下に三人、テーブルの下に二人、テーブルの上に一人とマークしたので、実際とは違っていますよ。」

(あなたは検事からないことをあったように言わされたというが、まだほかにもそんな例はありますか?)(七月一二日)

「私が放火したとか、強盗を説教したのも嘘だとか、私の創作だとか、名刺を盗まれたのも嘘だとか、それから三越で私が万引したということもあります。この三越の事件は、元来店の物を一時借りて後で返品するのが小樽以来癖になっていたのです。小樽の丸井百貨店の渡辺氏は私の親友で、店の品で絵になるものなら持って帰って写生をし、その後に返品すればよいことになっていたためです。それで三越の時も、ついふらふらとその癖が出たのです。後で買ったのですが、ちょっと模様が面白かったのです。公判では検事の誘導によって、遂に万引ということにさせられたのです。」

(そんなに簡単に誘導される?)

「昔から私は自己暗示にかゝり易い性質で、例えば経文を唱えているうちに、知らず知らずに自分が催眠術にかかって、清らかになった様になるのです。金は少しは使い込みはあったにしても、一〇万円もあれば充分で困る様なことはなかったのですが、鎌田のために心がすさんで、三越の様につい失敗するのですね。そんな時は絵が駄目になります。やはり絵には気持が反映するのですね。」

(あなたはテンペラ画の顔料について検事に詳しく述べているが、あれは違いありませんか?)

「違いありません。」

(船底塗料発見の件は?)

「あの通りです。」

以上の如くこの期間中のことも詳しい追想が可能

であり、殊に帝銀事件以外の個々の点では検事に述べたことに誤りなしとして、これを正確に記憶している。たゞ検事への帝銀事件の犯行の自白は、検事によって暗示され催眠術にかけられたためであるとして、強くこれを否認する。かゝる現象がはたして可能であるかどうか、また可能であれば如何に解釈すべきかが問題であるが、この問題については後段説明の項で詳述したいと思う。

F. 拘置所移送以後、公判期間中の陳述

（小菅ではどんな様子ですか？）（七月二一日）

「警視庁から小菅に移される時は、高木検事に催眠術をかけられたのが、未だ醒めきらぬ時でした。検事が居木井警部補に会ってくれというので面会してみると、彼は〃平沢さん、私は今まで貴方を平沢画伯として取扱って来たのですよ。これだけは忘れないで下さい。〃と言った。私は小樽での彼のやり方を思って、〃畜生!!!〃と思って泣けて来た。ハイヤーに乗せられ、同行の刑事に、〃今日は平沢、手錠はいらないな。〃と言われた時は、矢張り嬉しかったですね。その上車中で『光』を次ぎつぎと喫ませてくれました。出発に当って居井木が煙草を五本紙につゝんで私に渡し、〃先生、小菅では煙草に不自由しますよ。〃と言ったが、その煙草も小菅で取り上げられたので、今から考えると彼はあくまで私を揶揄していたのですね。小菅では三階二五号室です。その時は一度裸にされて点検を受け、藁草履をはかされ、〃此処はどんな偉い人でも特別待遇はしない。〃と言われ、すぐに独房に連れて行かれ、三六〇か三七〇かのマークを襟につけられましたが、今は二三〇です。それが一〇月八日と思います。それから四、五十日目に、確か一一月二八日、一八日かな、確か八がついた筈ですが、やっと催眠術から醒めたのです。その朝は、起きた時身体がフワフワして風船にでも乗った気持で、〃こゝは顔を洗うところかな、こゝは何処かな、あ、小菅だ、小菅だ。〃と言った具合で、夢現でした。その内に点検が来ましたが、今までの習慣で自然坐っていました。食事の時には〃今までこんな食事をしていたのか。〃と、今更の様になさけなくなりました。それから今日まで、惰性で生活しています。」

（その後の面会人は？）

「最初に風見龍と清子と愛子が来ましたが、家内はずっと後で来ました。風見はたゞ〃あなたが犯人ではないことは判っているからしっかりしなさい。〃

という意味のことを言っていました。ユキ子も同じ様なことを述べ、愛子は〝エリーという人が証人に立って呉れると言っているし、また進駐軍の私に対する観念はU．P．の記者と同じだ。〟とも言っていました。またエリーの友人のM．P．が二人ずつ数回見舞に来て、〝あなたが正しいことは皆知っている。〟と言い、別れ際には必ず“I will be…… God save you, because you are true.”と言って帰ったので、進駐軍の意向は皆そうなのかなと思った。それから後でアメリカの記者が来たが、彼等は開口一番〝あなたは如何なる拷問によって犯人にさせられたか？〟と聞いた。自分はその時真実を話したかったが、高木検事が高いところから自分の方をじっと睨む様に目を光らせていたので、暫く考えた上で、“He is high class Gentleman.”と言ったところ、検事がなおじっと睨んでいるので、これは困ったと思ったので、“He is highest class Gentleman.”と言ったが、それでやっと彼は満足した様だった。」

（今は夜眠れますか？）

「夜、房では電灯がついているので眠りにくい。今は別に誰を怨むというでもなく、諸行無常という気持です。たゞ小菅では高木検事の顔を見ないだけ楽ですよ。」

（さっきの催眠術ですが、醒める前には誰と面会したか記憶していますか？）

「ユキ子、愛子、山田、高橋、松本、向山が一緒に来たり、ばらばらに来たりしました。山田氏と高橋氏が一緒に来た時には、〝私は犯人だ。〟と威張ったそうですが、憶えはありません。山田氏の話では、〝なんとかかんとかいうのは末の末で、とに角私は帝銀の犯人だよ！〟と言ったのでびっくりしたとのことです。松本、向山氏は、色色なぐさめて呉れましたが、醒めたのは自然に醒めたのです。自分が犯人だと威張っていた頃は、途中で〝あれが帝銀の平沢だ。〟と言われても平然として肩を張って歩いていたらしいですね。それから醒める前にあのバセドー氏病の様な石崎刑事が来て、調書を読んで、〝これに間違いないな。〟と言ったので、〝はいその通りです。〟と答えたことがありました。」

（近頃はどんな気持ですか？）（五月一九日）

「不眠に悩んでいます。三時間位でしょうか。時計の音を記憶していますよ。未だに昔のようには平静になれません。」

（どんな時に特に眠れないのか？）

「やはり昼間何かあった時でしょうね。時々仏様が見えることがあります。その像は周囲の空間から浮き出して、ぼーっとぼかし写真の様に見え、影はなく、すその方はぼんやりしています。未だそれを描いたことはありません。」

（今特に希望することは？）

「やはり画筆が恋しいですね。」

（我々は今月下旬に北海道へ発つことになりましたよ。）（六月一七日）

「御苦労様ですね。北海道で大分私が犯人でないという証拠があがっているそうだが面白いですね。」

（最近は気分はどうですか？）

「最近少し変なことを言われるといらいらする様になりました。」

（あなたは誰か他の人を犯人として上申したそうですが、何か根拠がありますか？）

「今度の上申で犯人を指名したのは、病原図という指圧の教えによったものです。これによると盗難癖も凶暴性も癒ります。（病原図を示して）これは大部分松野氏の独創ですが、私の考えも少し入っています。犯人をこれによって突きとめたもので、裁判所では認めないかも知れないが、自分で一生かかっても検挙して見せます。あの男は誰かに使嗾されて、自分を真犯人と認定させるために無理に出て来たのだから、あの男の家に出入する者で人相書に似ている者を捕えれば、必ず真犯人は判るわけです。」

（あなたは前には親戚の貞一と妻が怪しいと強く主張していましたが、今でもそう思いますか？）

「あれは皆作り事であって事実ではありません。」

その後現在に至るまでの観察によると、拘置所内においても鑑定時においても、健忘症というような記憶の欠損はどこにも認められず、また意識状態においても、一時的にでも変化とか交代とかの見られた形跡は全くない、拘置所においては被告人は漸次平静を回復し、概して楽観的に見られる。また自分にとって都合のよくないことは、自己の空想的な願望に従って変形させて行く傾向が見られる。

G．人生観、道徳観、芸術観、宗教観、その他

（今日は貴方の精神的な方面のことを少しお尋ねします。）（八月四日）

「そうですね。小樽中学の校長が哲学科出身であったため、日頃自我の完成を強調していた関係で、哲学の本を読む様に進められ、また若い時から興味を持っておりました。特に芸術に関係ある哲学は好

きですね。特別の原書は読みませんが、ベルグソン、カント、プラトン等は好きで、解釈本は読んだことがありますが、結局哲学では救われませんね。」

（信仰の方は？）

「私は日蓮宗ですが。信仰深いのは母の教育のためで、妻や子供にはこの傾向はありません。経文は駒込の家でも朝夕一時間位は仏壇の前で読んでいましたが、その内に普門品という日蓮宗の経文に疑義を持ち始めたのですが、それは自分自身経文を読みながら、頭でいやしいことを考えているのに気づき、同時に経文の疑義もあり、自分の信仰に対して疑を持つ様になりました。信仰の方では、仮我が観えて来ると顯相門と称し寂滅為楽になり、本当に大悟するわけですが、自分が自分の本当の姿の気がついたのは池袋の一〇六八にいた時で、以来朝夕の礼拝読経は止め、自分の方に神を宿す事を行ずる様になり、つまり大悟したわけです。それが愛子が生れる前々年で、私が三十三、四の頃でしょう。その時特別な奇蹟があったわけではなく、自分の本当の姿が判ったわけです。写経は一生懸命やったので皆すらすら書けます。」

（道徳をどんな風に考えていますか？）

「道徳は人類がかくあるべしという基準にすぎないから、時代に応じた変転は当然あり得ることです。また王者の道徳と賎民の道徳、士人の道徳と文明人の道徳の区別はある。しかし仏の善は絶対的で最高のものです。その絶対善は経文と真実によって得られるものですが、やはり美が最高のもので、従って芸術は哲学や道徳を生む根源だと思います。芸術と宗教は絶対的なものですよ。ダヴィンチの絵は再評価の必要があると思います。彼の絵の中の利益、名誉などは賎しいことですから。」

（今の世で行なわれている善は否定しますか？）

「今の世が善としているものは、人間としてのレベルによるものだから否定はしません。しかし世の中の如何に拘らず、私は大悟しているので間違いは少いと信じており、悪人は済度してやりたい気持です。高木検事も始めは呪い殺してやる心算でしたが、今では何とかして助けたい気持です。今では慈悲の目で見守っているわけです。最近も私は下山事件を知らぬ内に、夜菩薩が出現して私に教えてくれましたが、その時のお告げでは、下山事件犯人は帝銀事件と関連があり、その関連は親と孫位の関係であるから、犯人はやり方によっては自白しないかも知れない由で、なお下山事件については後報を待てとのことでした。それは私がまだ新聞等で下山事件を知らぬ以前の事ですから不思議ですね。菩薩は最近では八月一日の夜ちょっと現われて、たゞ身体を大切にせよという事と、出来るなら遺書を書いておく方が万一の時によいだろうということを話されました。」

（現在の心境は？）

「今はほとんど誰も怨まず平静です。法廷で腹を立てた事が二三度ありますが、本当に珍しいことです。怒った事といえば何時でしたか、上野のプラットホームで新聞記者二人をたゝきつけた位でしょう。小菅に入って以来、淋しさの中でそれを意義づけ様とする傾向があり、辛いことで自分を訓練する修羅場だと心得ています。その他は以前に述べた通りです。」

（性欲方面は？）

「入所したために全く性欲もありません。食欲も出ません。外へ出れば性欲も未だこの年なら普通だと思います。妻との関係は二号事件以来双方から遠慮しています。妻自身は年齢的に見てもその必要はなく、私に二号、三号がいるのなら、その方で間に合わせておけば良いと思っているのでしょう。鎌田のときからそんな気持ではないかと思います。その上旅行勝ちなので余計関係が薄らいだのでしょう。しかし全く別れたというのではなく、時時は関係もあったのです。鎌田は特別この方面では強い方で、どうしても帰さないと言った事もあります。今は八時になるともう就寝せねばならず、朝も七時位までですから、一三時間位眠る時間があるのですが、少し長すぎますね。時々落語の様なものも作るのですよ。落語は昔自分で作ってやらせたこともあり、金語楼とも知り合いになり、大崎を大酒、五反田を御飯だという風なことを彼に教えてやりましたよ。」

以上、被告人の陳述によって見れば、その道徳観にも人生観にも異常を認めないばかりか、鋭い批判力をさえ示している。強いて求めれば、現在の境遇に適わしくない楽天的で屈託のない態度が見られ、誇大的なところが顕著であることが注意を惹く。

その後今日に至るまで小菅拘置所に勤務する助手中田修を通じて、折々問診を行っているが、茲に記載した以外特に変化したと思われるところはない。

被告人の性格についての客観的資料

上述した被告人の既往歴と生活歴、またその現在証と陳述を綜合すると、被告人の人格についてのある程度の概観が可能である。しかし、一層委しい全貌を知るためには、なお一二の重要なる点についての慎重な吟味検討を必要とすることが痛感される。すなわち、その一は、被告人が三四歳の時に重い精神異常状態を経過したことで、果してこの時期を境として性格上の変化が生じなかったか否かの点である。何となれば精神医学の専門的経験によると、重い精神疾患の影響が永く後遺されることが稀でないからである。またその二は、被告人の陳述中に真偽何れとも判じかねるものがあり、殊にその言辞に誇張的誇大的と感ぜられるものが少くないが、これらが被告人の異常性格に基づくものであるか否かの点である。

以上の二点の検討には、専門知識の基礎の上に、出来得る限り信憑に値する証言を蒐集して判断するよりほかに道がない。そこで鑑定人は右の趣旨に基づいて、多数の被告人の知己に質問し、また一件記録を参考して検討を試みた。以下の記述はこれらを整理したものであるが、一応鑑定人の得た素材を述べ、その綜合判断は後段説明の項において詳述したいと思う。

A．狂犬病予防注射後の精神障碍

大正一四年五月被告が三四歳の時狂犬病予防注射を受け、これに引きつゞいて重い神経系統の障碍を病んだということは、被告人自ら述べる通りであるが、その詳しい情況を被告人の妻マユ、母くに、妹淳子、義妹ソノ、叔母岩田たね、義弟杉山誠治、知人松野惠藏、加藤伝三郎、石井鶴三等について問いたゞしたところを綜合すると次のようである。

大正一四年五月一〇日、妻マユが自宅の狂犬に噛まれ、そのため一家のものが一二日から北里研究所へ通って予防注射を受けることになった。貞通は、一八回の注射を終って間もなく、すなわち六月の始めに、身体がばらばらになるような感じがすると言った。その頃から足が疲れしびれると言うようになった。丁度この当時三晩続けて一一時になると妻に向って、「ちょっと起きて下さい。」と言い、敷布の端を丸めて「ハンケチを拝借したのを確にお返します。」「大変お世話になり有難うございます。」と言い、妻を識別し得ないように思われた。朝になって全くそのことを記憶せず、昼間は変ったことはなかった。しびれ感は特に夜間が強いようであった。三回慶応病院へ通って診察を受けたが、疲労で神経衰弱になったのだと言われたそうである。予防注射終了後一週間も経たないうちに、歩いて外出することが出来なくなり、疲れきって寝込んでしまったということである。丁度この頃次のような異常に気がついた。自分の代りに妻に使いに行ってくれと言ったので妻が仕度をしていると、何処へ行くのかと不思議そうに尋ねた。「あなたが頼んだのじゃありませんか。」と言うと、「そうだったね。」と分った様な様子だが、またすぐに同じことを繰返すので変に思った。運動麻痺は漸次著しくなり、しかも身体の下部から上部の方に及び、一週間位後には上肢も殆んど動かず、寝返りも出来ず終には首も廻らなくなった。大小便の失禁もあった。言語は最後まで話せたが、視力は悪くなって後には一時全く見えなくなったことがある。上肢が動かなくなる頃に急に意識の混濁が起ったらしく、周囲や家人を弁識せず、誰か相手がいるとわけの分らぬことを口走る。例えば自宅をホテルと思い、とうなすを食べさせたらこのコキールはまずいと言うので、これはコキールでないと言ってきかせても、そんな事はないコックを呼べと言う。また着物を持って来いとか、自動車を呼んで来いと言ったりする。しかし後ですぐ忘れて他のことをいう。一番多い話題は食事のことであった。或る日父が北海道から見舞に来たので、お父さんですよと説明すると分った様に何の御馳走しようと言うが、すぐ父のことを忘れてしまう。大声で興奮するようなことはなく、独り放置すれば黙っていた。或いはうつらうつら眠っていたと言われる。熱があったかどうかは分らぬが、水枕をしていたから多少あったのではないかと思われる。この様な状態が約二〇日間続いた。発病の当初医学博士加藤伝三郎の往診を受けたが、同医師は平沢が大声で威張っていたので、これは神経衰弱ではない、精神病だから専門家に見せたがよかろうと話したと言っているが、妻マユの談では、加藤が「これは梅毒性の痴呆症だ」と言ったので、早速池袋の佐久間主治医に血液の検査を受けたところ梅毒ではないと言われ、病気が分らぬから落胆した。間もなく娘同士の友達関係で知合った指圧療法師松野恵蔵の治療を受けることになった。松野が来てから一七日目頃に意識がついて、始めて妻マユやその他の家人を正しく認めるようになった。病中父が見舞に来ていたことも知らない。何故自分が寝ているのかも分らず、狂犬の事件も予防注射に通ったことも記憶していない（逆行性健忘症）。また記銘の障碍が著名であった。石井鶴三が見舞に来ると、鮭の缶詰を食ったが酸っぱかったなどと事実無根のことを語った（作話症）。間もなく石井の世話で精神医学を専門とする森田正馬博士の往診を受けた。同博士はその場では病名を言わなかったが、石井が自宅できくとコルサコフ病という病気であるが、平沢は酒を飲まないから梅毒から来たのであろう。この病気は治るが長びくだろう。なお身体の方は内科医に診察して貰うようにと言ったとのことである（石井鶴三談）。それから二〇日程経って、家族から依頼して森田博士の第二回の往診を受けた。家族はその時始めてコルサコフ症状ということを話され、治るかと尋ねたら「一年生からやり直しですね。」と言われたという（妻マユの談）。意識がついて来てから一週間位で手が動くようになったが、足が立つようになったのは九月か一〇月頃であった。まだ足が立たない頃の或る日、岩田たねが御嶽の行者をつれて来て祈祷をさせたところ、貞通は怒って水枕を噛み切って水だらけにした。独りで這って歩いて玄関から石の上に落ちて、上がれないでいたことが数回あった。また義妹ソノの話によると、或る日茶の間の縁の下の踏石のところに頭をつけて妙な顔をしていることがあったという。なおこの頃でも自宅をホテルと誤ったり、或は三越や白木屋へ行っているように思い違ったりすることがあった。岩田たねが見舞に来たとき、妻が「叔母さんがいらしたですよ。」と言うと、「叔母さんには電車の中で会ったよ。」というような作話をしていた。杉山誠治が見舞に行くと、貞通は同人であることは解ったが、「山奥で仙人に会った。」というような突飛なことを話したという（作話症）。記銘力障碍は長い間顕著であって、瞬時にして自分の話したことを忘れてしまい、言われて気付くことがよくあった。しかし意識がはっきりしてから一ヵ月間位は、夜になると幻覚があって三人組が屋根の端を壊しているのが見えると言って恐怖したり、指に棘がさゝっている（事実何もさゝっていないのに）と言って血の出る程ほじくっていたということである（譫妄状態）。回復期に入っても怒りやすく抑制力がなかった（過敏情動性衰弱状態）。殊に音響に対して過敏で、近所で子供の声が少しきこえても気にし、これを貞也の声と誤認し貞也を呼びつけてあやまらせた。北海道へ静養に行っているときも、母くにや淳子の話では、忘れっぽいところと怒り易く辛抱の足らないところが目立ったということである。松野や妻マユの談では、眼は長い間不自由で、二年間位色の弁別が充分出来なかったと言われ、全くもとのように制作が出来るようになるには結局三年位かゝったという。

以上の事実から、この精神障碍は狂犬病予防注射に起因する脳の毀損に基づく外因性反応型であって、コルサコフ症状群を主徴候とするものであると判断される。

狂犬病予防注射後にかような重篤な脳症状が表われることは、輓近にいたって初めて注意されるようになったことで、従って当時専門医といえども正しい診断をなし得なかったのは止むを得ないことと思われる。尚、この重い脳障碍が、その後引き続いて現在に至る被告人の精神状態に如何なる影響を与えているかということは非常に重要な点であるから、このことは後段において詳述する筈であるが、被告人の生活歴を展望して気付くのは、この頃を期として、被告人の行動に変化が起ったのではないかと推測される節のあることである。次に述べる大言癖や虚言はその例である。

B. 脳疾患以後の大言癖

多数の親戚および知人について慎重に問いたゞしたところによると、被告人がコルサコフ症に罹った頃からその性格にも変化を来したと判断すべき資料が多い。たとえば従前からあった誇張的の言動は、罹病後一層際立って顕著となって来た。関晴風の語るところによると、平沢の第一回出火後に移転した中丸の借家へ、日本水彩画会を代表して望月省三と二人で始めて病気見舞に行ったことがあるが、殊更病中を避け、罹病の翌年病気が治ってから行った積りであるのに、平沢は「この病気に罹ったものは日本に三名しかいない。石川寅治さん（洋画壇の重鎮）と誰某だけである。自分は今後頭がよくなって立派な画が描ける。」とうそぶいたので、二人は驚いて、「まだ狂っているなあ。」という印象を受け、急いで辞去したという。

望月省三の談も大体同じようである。「この病気は天才病だ。」と言い、また自分の頭に触って「どうだ頭の格好がよくなったろう。病後の画はすばらしい。」と言って、近くにあった病後の第一回作品らしい墨絵を見せたが感心出来ないものであった。

その時の目付きは気味の悪いものがあったという。

その後知人に病気全快の挨拶状を出したが、その中には天下の奇病に罹ったという自分の病気を誇る意味の文句が書かれていた。また或るときは、真野紀太郎（明治以来の水彩画の重鎮で健在）を一度見て、「あなたは直き死ぬ。」と失礼な言を発し、君呼ばわりをしかねない不遜な態度であった（関晴風談）。

本件記録によると、弟貞敏は司法警察官の聴取に対し「兄はコルサコフ病を患うまではそうでもありませんでしたが、病気をしてから何でも誇大に話すようになりまして、今度絵が一〇万円に売れたとか、五万円にはなる筈と申しますから、また大法螺が始まったと思って別に相手にもなりませんでした。」と述べている。妻マユの談では、病後数年間は特に不遜であり、家では恩師石井柏亭氏を柏亭君などと言っていたので、貞通の外出するたびに何か失敗がありはしないかと気に掛り、一時は神経衰弱になったという。

叔母岩田たねも貞通の法螺がまた始まったというようなことがあったと述べ、妹淳子は兄の自慢について、「兄さんのことは割引しなければならぬ。」と言い、弟貞健の妻郁子も、夫から「兄は嘘が多いから話を半分にきけ。」と言われていた。

鎌田りよの話では、本人の一六歳の時始めて平沢について画を習う頃には、平沢が大言したような記憶はないが、昭和になって再び平沢に接するようになると、既に戦前から、普通の画家としては大きいことを言いすぎると思うようになった。自分の絵はがきが一番よく売れたとか、強盗の説法の話などを得意になって語り、また簡単な嘘をいろいろ言う。例えば五〇円のチップを二〇〇円やったとか、五〇〇円の色紙が一、〇〇〇円に売れたとか、たゞで貰った硯を一、〇〇〇円で手に入れたなどと言う。嘘をいっても本人は平気でそのつもりになっている。戦争が始まってから大言が一層激しくなり、誇大妄想になったのかと思った。たとえば軍の嘱託になって飛行機の迷彩を施し、大変に偉い待遇を受けていると威張っていたことがある。また或るときなどは、農場を開いて牛を一〇頭飼って、ビート糖を栽培してやると語り、あたかもそれが実現したかの如く反身になって話したということである。昭和になってから貞通と親交のある元小学校長朝枝文祐も、平沢は時々冗談のような法螺を吹くと言い、その息朝枝保雄の話では、昭和二二年春平沢は東京でラジオのセットを大量に作って販売するので、何十万円何百万円儲かると言ったという。また昭和以来平沢一家と親しく交際していた渡辺貞代も、平沢は屡々見え透いた法螺を吹く癖があるという。例えば妻マユに向い、殊更に自分にきかせるように画がいくらに売れたと、出まかせと思われることを話したという。

実業家野坂喜代志は、昭和になってから平沢と知り合ったのであるが、平沢は自分は平素少食主義で飯一椀と定めていると称し、同家で饗応されたときも常に一椀しか食べない。そして自分はこれでいて警視庁へ週に三回剣道を教えに行って、幾人もの人を相手にやって来るのだから皆が不思議がっていますす。カロリー学説も崩れそうですよと語っていたが、戦争中に野坂家に寄寓すると、同家中最も大食の青年組に劣らぬ健啖振りであった。しかし先きの言と矛盾しても一向平気でいた。万事このように厚かましいところがあるので、同家ではポーカー・フェイスの名をつけられていたという。

C. 虚言癖

知人や家人は、平沢にはすぐばれる嘘、見え透いた嘘が多いといっている。辻強盗の件（後出）が有名になった後のこと、友人関が道で平沢に会ったとき、「君の武勇談を講談倶楽部で読んだよ。」と言うと、平沢は、いやとんだ事になって警視庁へ柔道を教えに行かなきゃならなくなって困ったと語った。

野坂喜代志は、平沢が寄寓中、家族は彼を嫌い断るよう勧めたけれども、可愛想と思い皆を制していたのであるが、或る日あまりに白々しい嘘をついたので、これはいけないと思うようになったと言っている。すなわち野坂の次女の婚嫁先の木本正がマニラで行方不明になっていた時、生存者の発表があったので、野坂が丸の内保険協会へその発表を見に行ったが、よく発見出来なくて帰って来た。丁度そのとき平沢がこれをきゝ、毎日新聞社の塚田（平沢の長女の婚嫁先の父）に調べさせましょう。直ぐわかるからと言って出掛けた。それから帰って来た平沢は、野坂に向い、お目出度うございました。結構ですね。名簿に載っておりましたよと尤もらしくいった。しかし間もなく毎日新聞社から平沢宛の封書が来たのであるが、何時も書簡は直ぐしまい込む癖の平沢が開封した儘自分の居間のマントル・ピースの上に投り放しにしていたのを妻が開けて見たところ、その中には「先日お尋ねの人はお気の毒ですが名簿にありません。」と書いてあったので、平沢が帰ったとき手紙を読んだことを話し、あの内容では木本のことではないかと尋ねたのに対し、平気な顔で、木本さんの事ではないですよ、私の伜のことですよ。木本さんは大丈夫階級までちゃんと書いてあったからと言っていた。その後二ヵ月程して千葉の稲毛の復員局で調べさせたところ、やはり木本は赤字で戦死と書かれていたことが分った（記録ならびに直接聴取）。

また恩師石井柏亭氏に向って、或る時横山大観先生は墨をこういう風にお使いになりますと、如何にも本当に見て来たように話したことがあるという。しかし大観は決して自分の制作中を人に見せる人ではないということである。この様な嘘を病前には同氏に向って言ったことはなかったそうである。

また妻マユの談によると。平沢は長男貞也が二度目の出征のとき家で見送ることが出来なかったので、日暮里駅まで行って見送って来ると言って出かけ、帰って来て妻に真しやかに見送りして来た様子を話したが、貞也に後からきくと、全然会っていないことが判って、マユは平沢の親としての情愛のないことを悲しんだと語っている。また次女華子や三女愛子などの話では、帰宅が遅れるとどこそこで電車の衝突があったとか脱線があったなど出鱈目のことを言う。それだから家族のものはそらまた始まったと言って、相手にしなかったということである（マユは渡辺貞代にも前記同様に陳述す）。

D．血液循環療法と宣伝

非医師的療法は病的虚言者の腕を揮うに最も適わしい領域の一つとされているが、被告人は偶然にも大正一四年脳の疾患に罹り、松野の血液循環療法（指圧療法）を受けた後は、一時彩管を抛って自らこの療法に熱中した。家人や親戚のものもこれを憂慮したことがある。平沢はこの病気を自分で世界の奇病と称し、或る時は日本で三人目、または九人目と称した（鑑定人註、事実は稀ならず見られるものである）。そしてあらゆる医師に見離された（事実は然らず）難病が松野の指圧によって見事治ったと言い（松野も同様に宣伝している）、また自らもそれをかたく信じている。病後は指圧に凝り自分もこれを習い、更に人に施すようになった。時には小山善太郎、松野恵蔵と共に講習会を開いたことさえある。平沢は人の心を捉えることが巧みで、誇大的な宣伝によって暫くにして多数の信者を獲得した。平沢は教えられたところに自己の独断を加え、人の頭部に触れてその人の性格や病気の潜んでいる場所を発見出来ると吹聴し、また自らもこれを信じている。

殊に北海道においては、単独で血液循環療法の講演を行ない、講習会を開いて実習指導をして、大いに人気を博した。昭和五年六月小樽の公園倶楽部で開いた実習会の広告文には、

『病に泣く方よ、落膽なさるな！　医師に見離されたる方は来れ!!!

血液循環療法の偉効により甦生せられたる実例
一、東京帝国大学医学博士侍医頭に見離されたる小樽市山上町増田久五郎氏は一五回の治療にて全快せり。
一、手術の外治療の途なしと医師に宣告せられし小樽市長橋町八尋淵マサ氏の子宮病は二〇回の治療にて全快し、後玉の如き児を安産せられ現在母子共健在等々。
以上は平沢大暲画伯一昨夏滞樽一ヵ月間に於ける治療の一例にすぎません。同氏は当時に於いて小樽だけでも五〇名以上を治療し一〇〇パーセントの成績を上げております。右の外精神病、胃癌、子宮癌等の重症も東京にて多数全治し、不治のもの僅かに二名、これは初めから平沢氏が断られしものでした……』

の如き文字がある。同時に小樽新聞が数回に亘って平沢の治療に対して讃辞を述べている。

殊に昭和五年八月は釧路で講演と施術を行った。釧路新聞の如きは三日間に亘って絶讃の辞を掲げている。例えば『基督の奇蹟を想う平沢画伯の施術』なる大きな見出しの下に、

『キリストの奇蹟を信じ得ない人々と雖も一触手能く起死回生の妙術を揮う若き使徒平沢氏の現実の一大奇蹟に対しては何人も疑いをもつことは出来ない。平沢氏の行う血液循環療法は正に奇蹟的効果を以て物心両社会の驚嘆の的となっている。術者平沢氏とは洋画界に於いて大家の列に居り特にテンペラ画および水彩画に於いては前人未踏の新天地を拓いた平沢大暲画伯その人である。画伯は曾て世界の奇病といわれたコルサコフとかいう疾患にて廃人となるべかりしを……松野氏の施術によって救われ以前にも優る健康体に復したのである。爾来専心右療法を研究して触手押圧の妙諦を悟り発見者をしのぐの境に達した。……神経麻痺、精神病、胃腸、肺結核、中風等全治せしめた

る奇蹟は決して少くない……』

また『神の如く崇敬される平沢氏の治療、公会堂は驚嘆と嬉し涙、不思議のかずかず』の見出しの下に、例えば小児麻痺の気の毒な少年が僅か一回の治療で、全く自由を失っていた手の随意的上下運動に成功し、附添の姉は感涙に咽んだなどと多数の讃辞を掲げている。

東京においても平沢の治療を受けた人の中に、有名な実業家、政治家、画家などが少くない。平沢は近親のものにまで自分の治療によって盲人が見えるようになったとか、足の立てない人がたゞ一回の治療で帰りには立てるようになって喜んだとか、真実らしく語る。妹起誉なども、貞通が自らそれを信じ切っているように思われると述べている。

以上の事実から見ると、被告人は現在の医学的常識をはるかに超えた観念を持ち、またこれを誇張して宣伝していることは疑う余地がない。そしてかゝる観念または行為が、被告人を貫いている性格と軌を一にするものであることも理解に難くない。

E. 放火の嫌疑と伯父への転嫁

大正一五年初夏の第二回出火事件は、第一回出火後近くの借家に移ってから半年にもならない頃の事であった。丁度病後の静養のため一家が北海道へ出立する前夜であり、荷造りした荷物全部が縁側に出してあった。この火事は発見されて小火ですんだが、貞通は放火の嫌疑で警察の取調べを受けた。このとき貞通は、伯父の繁太郎が田中という裏に住んでいた男を使嗾して放火させたと言っていた。親戚の平沢要を始め多くの人の話によると、繁太郎の人物から考えてそのようなことは到底あり得ないことであって、繁太郎は痛く憤慨したといわれる。妻マユさえも伯父が放火させるなどということは、常識を以てしても考え得られないと言っている。ところで貞通は検事の取調べに対して、重大事件の一部を告白した後も暫くこれを固執していたが、終に自分が放火したことを告白し、保険金の取れぬことは承知していたが、ごたごたを起して何とかして北海道行きを止めたいという気持からやったことで、今から考えると未だ頭が充分でなかったので、ふらふらと押入の中に子供のエプロンを持っていって、其処へ荷造りの木の端などをおき、石油をかけローソクに火を点け燃え移らせたと述べている。丁度その直後、田中が（マユの話では田中は精神病者で、始終口癖のようにすまないと言っていたということである）

縊死したので、彼が放火したことにして言い逃れの道具に使ったと言っているが、のち再びこれを翻し、やはり伯父が田中を使って放火させたのだと強く主張して今日に至っている。検事の取調中一部を除き、大正一五年から今日までこの誤った観念を固執し、妻の話でも当人は本当にそれを信じているように見えるということである。最初にこのようなことを言い出したのは、未だ病気の全快していない時のことである。若し失火とすれば、平沢の観念は最初から妄想的なものであるけれども、彼の告白したように放火とすれば、最初意識的であった虚言がのち自己暗示的な自己欺瞞によって妄想に近い形で現在まで続存しているものと思われる。そして検事の取調中一時特殊な心境の下に、この妄想様構成は打破されたけれども、公判が開始されて心境の変化を生じ、自己暗示によって以前の妄想的空想が再生して来たと解することが出来る。空想性虚言においては、条件の変化によって自己欺瞞も変動することは稀ではない。

放火の嫌疑の問題であるが、若しこの時の出火を貞通の放火によるものとした場合にも、それは尋常心理学的に充分了解出来ないものがある。保険金はかゝっていたが、この家は借家であって荷物が全部縁側に出してあるから、これを出せば保険金を取れないことになる。また一家を挙げて北海道へ出発する前晩を特に選んだということも、保険金目的の放火としては了解し難い。貞通が当時北海道行きを嫌がっていたことは事実であるから、彼の放火とすれば保険金をとるためではなく、むしろ本人の告白したような動機が真ではないかと考えられる。とにかく伯父が我家に放火させたという考えは、最も妄想的色彩の濃厚な観念と見做される。

F. 辻強盗改心の話

大正一五年四月四日の朝日新聞によれば、同年三月三一日午後二時頃、警視庁刑事部は一通の投書を受理した。差出人は「その時の男より」と書かれ、生々しい血判が押され、拙い文字で次のようなことが書かれていた。それは大正一三年三月二八日夜のことで、その男が池袋と板橋の間の原で短刀を以て一人の紳士を脅迫したところ、反対にその紳士は彼をその場で投げつけ涙を流して説諭して、その上財布の底を叩いて五円四八銭の金をばら撒いて立ち去った。彼は金を拾い上げた後直ちに後をつけて、彼の住所ならびに平沢大暲という標札をつきとめて帰った。恩義に感激した強盗はその後改心し、翌年の同月同日には平沢の門前に来て拝んで帰った。今年の同日は漸く貯えた五円の金を持って返しに来たが、引越した後で家がどうしても見つからないから、警視庁で探して返して呉れという意味のことであった。そこでこの手紙は係官を感動させ、新聞も近頃の人情美談として取上げたのであった。

更に翌昭和二年一二月二二日の同紙は、例の強盗が平沢宅に三円五〇銭入の貯金箱と置手紙をして去ったことを報じている。手紙の内容は平沢の病気の見舞と先の恩は忘れないとか、相変らず真面目に働いて老母に孝養をつくしているなどのことが書かれてあった。

次に昭和五年一月九日報知新聞夕刊は「義理固い剽盗」なる見出しの下に、例の強盗が五年前の恩を忘れず平沢宅にお年玉を届けたことを報じている。それによると九日朝西巣鴨町池袋一〇六八の同人宅の鶏舎の上に、羊かん一箱とクリスマス用靴下入の菓子二袋と一通の置手紙があり、その手紙には新年の挨拶と前同様のことが書かれていた。同紙は手紙をその儘に掲載し、これに対する平沢の感想を併記している。

続いて昭和六年三月三一日万朝報は、「ケイシ庁さまへおねがいの一礼、六年前強盗を働いた男から懺悔の被害者探し」という見出しの下に、例の強盗の記事を載せている。今回も五円札一枚に二通の手紙をつけて、三月二八日付で丸山警視総監宛に送って来たのである。差出人は三月二八日改心した男と書かれ、やはり血判が押してある。内容はそのまゝ掲載されているが大体前同様の趣旨であって、住所がわからないから渡してくれという意味と、平沢に対しては風邪をひいて歳暮が遅れたが子供に菓子を上げてくれとか、真面目に働いているとか、妻を迎えたとか、あと四年で大ぴらに会えるとか書いてある。

同日の読売新聞にも同様に、「恩人に引越されて面食った改心男、警視総監に縋る手紙」『画家と強盗』「美談の主人公」「改心した強盗が警視庁へ涙の手紙、係官も打たれたその真心」などの見出しで、相当長い記事を載せている。

それのみならず、前記同様の記事は長野県伊那日報その他地方の新聞にも転載され、更に講談倶楽部の記事となり、次いで横山美智子の小説とまでなった。被告人はこれらの記事を丹念に切抜いてスクラップブックに貼付して保存し、これを人に見せびらかし、そればかりでなく旅行にも携帯して初対面の人にまで誇示していたといわれる。

以上の物語のうち、強盗に遭ったということは妻の話でもこれに近い事実があったらしく、その後自宅にあって泥棒を極度に恐れ、いろいろ戸締りに苦心した。それだから武勇談などは勿論あり得ない。強盗改心と恩返しの物語は、凡て平沢自身の作りごとであると思われ、今では妻や妹の起誉も同じように見、貞通の話を信じていない。被告人自身は検事の取調べ中最初は事実であると主張し、帝銀事件の一部を自白した後も固執していたが、のち終に強盗から礼が来たということは嘘で、子供を喜ばせてやろうと思って一種の芝居をやったのだと告白し、また自分の虚名を博しようという浅はかな心を起したためと言った。しかし後再びこれを翻し、鑑定人に対して前の話が事実であると主張した。

この物語の真偽は、鑑定人の判断すべき範囲ではない。しかし仮りに真実としても、その新聞切抜きなどを自己宣伝の用に供していた所に、被告人の性格特長を瞥見出来るように思われる。なお起誉の話では、貞通がこの辻強盗の話をするときの様子は、本人自身それを信じているかの如く真に迫っているということである。それだからこそ多数の人に感動を与えたのであって、このような現象は、空想力の強い人が自己を実力以上に見せかけようとする強い欲動に駆られた場合にしばしば見られるものである。

G. 湯沢温泉への逃避行

病後初めて彼の生活の中へ入って来た女性は鎌田りよである。鎌田の述べるところによると、彼女は既に一六歳の時小樽において貞通より画を習ったことがあって知り合っていたが、昭和四五年頃貞通が指圧の講習に渡道したとき夫と二人で指圧を習い、貞通も二人の家へ遊びに来ることがあった。昭和一三年りよは夫に死別した。翌年になって貞通が彼女の家へ悔みに訪れ、その後松野に依頼して指圧の免許状を貰うよう斡旋してやった。一一月免許状を得、りよは三人の娘と東京に住むことになった。その頃から貞通が訪れて彼女に彼の家庭の事情を話し、淋しいから自殺したいとか、あなたのために更生させて欲しいなどと訴えた。また或る時は妻に愛人があると言った。或る時は妻マユが貞通にあなたのようなレベルの低い人間は早く死んだ方がよいと言うので、自分のようなものは死んだ方がましだと言って、同情を求めるようなことも言った。また家に帰っても一家のものが父らしくない、働きがないといって皆が寄ってたかっていじめるからと言って泣いたことがある。二人の関係が出来たのは昭和一五、六年頃からで、一八年秋まで続き、性的な関係も、りよの話ではそれ以後はないという。マユの話では一時は鎌田と結婚する積りでいたが、友人の占をする人から「夫婦の御縁でない。」と言われて断念したという。一方また鎌田の方で夫の恩給がなくなることを考慮に入れていたようである。鎌田との関係が始めて妻に知られたのは、昭和一五年指圧の講習会へ弟の風見龍が平沢を探しに行って偶然二人を発見したときであった。そして荻窪にいる妻の親友栗原美根子のアパートに鎌田をおいていることが発覚したので、かくて湯沢温泉への逃避行となったのである。その頃口癖のように「死ぬ死ぬ」と言っていたが、妻マユは彼が絶対死ぬ意志のないことを看破していた。丁度戦場ヶ原へ画を描きに行くことになっていた前日になって、貞通は鎌田と二人で姿を消したのである。鎌田の話では、平沢から北海道へ言伝をしたいことがあるから駅で会いたいというので行くと、「死ぬ決心をしている。」と言うから、北海道へ帰りましょうといって宥めたがどうしてもきゝ入れない。そこで止むを得ず自分の金で湯沢温泉へ連れて行って静養させることにした。同地で二人は一〇日間滞在したが、その間平沢は「朝枝へ遺書を送った。僕は死ぬ積りだ。」と言い、「死にたい死にたい。」と言ったが、たゞ口だけで本当に死のうとはせず、一緒に死んでくれとも言わなかった。鎌田のみたところでは真剣味がなかったということである。平素から平沢は女性に甘えたいような愛情の求め方をする男であると言っている。昼間駅の方を見ていて、「急にうちの娘がつけて来た。」と言ったりした。「娘さんがこんなところへつけて来る筈がない。あなたがうちのことを考えているんでしょう。」と言うと、「そんなら松野さんへ手紙を出す。」と言って書きかけて又止めてしまう。しかし夜はよく眠ったということである。子供を扱うように手古摺って、しゃにむに小樽へ連れて行ったのであるという。

以上の行動は誰が見ても作意のあるわざとらしい、少くとも半詐病的な現象と言わなければならない。朝枝保雄の語るところによれば、平沢は一時行方不明になっていたが、鎌田と二人でひょっこりやって来た。そして温泉で心中するつもりでおったが、思い止まったと言っていたが、その様子は元気に見えたと鎌田によると平沢は泣いて悲しんでいるかと思うと、次の瞬間にはけろりと変ってしまうことがよくあるという。

H. いわゆる船底塗料の発明

戦時中平沢は親戚知人のところへ行って、蠣の付かない船底塗料を発明したことを自慢して歩いたことがある。例えば恩師石井柏亭氏の処へ行ってこの発明の自慢をしたので、同氏はその方面の人に尋ねて見たところ、前からそのような事は知られていたけれども実行出来ないということであった。

また朝枝文祐に向って、「今度私も金持になります。」「船底塗料を発明したから金が儲って費い途がありませんよ。」等と言った。またその息朝枝保雄には、仙台の研究所から船底塗料を売り出すようになると何十万、何百万儲かるという様な大きなことを語った。

友人望月省三の家を訪ねたときは、同人の姉と妻の前で、自分は船底塗料を発明したので、海軍へ権利を一五〇万円で売ろうか、或は会社を造って社長になり一五万円の給料を貰おうか、どちらにしようかと考えているところだと、威張って法螺を吹いたという事である。

被告人は現在も船底塗料の発明については大体同様のことを言っている。検事に対して述べているところを要約すると次の如くである。これは海軍から頼まれてやった訳ではなく、私個人の研究であって、蠣の附着し得ない、また附着しても剥がれて落ちてしまう塗料を研究したのである。これをやると一年に一度入渠しなければならぬ船が、五六年は入渠しなくてもよい。軍艦ばかりでなく、初めは商船であって、大阪商船の機関長の渡辺昌次郎さんなども大した発明だと言って特許を取れと勧めてくれたが、その年に戦争になってしまった。この塗料は最初光明炭を普通の通り赤く塗って乾燥したところへ、ペンキ八六%エナメル一四%の割に混ぜたものを堅い塗料の層が出来るように塗り、その上に火山灰を主体とし糊粉や石膏を混ぜた柔い塗料を塗る。この塗り方が難しく、石膏が硬化しないうちに攪拌しながら二粍位の厚さになる様一種の噴霧器で吹きかけ、その上に普通のペンキを塗り、更に火山灰主体のものを吹きかけ、前より少し薄く塗ってまたペンキを塗り、また一度火山灰主体のものをやって最後にペンキで仕上げる。こうすると蠣が一寸以上の大きさになると、船の進行の摩擦の圧力で剥がれて落ちてしまう。なお石膏の代用品に宇部の鉱石が役に立つことも研究したという。この時直接海軍の人には話した覚えはないが、自分は野坂、渡辺などに話したし、日本郵船の寺井社長、飯野海運の花田にも話したから、彼等から海軍に話したかも知れないと語っている。

以上の発明の物語は、相手によって内容の修飾は違うけれども、本人は発明を自分で信じているかの如く人に話し、そのときはその心境におり自己暗示によって自ら少くとも半ばこれを信じているかの如くである。それは妄想の様に見えるが実はそれ程堅固なものではなく、妄想様の空想といわれる程度のものである。本人はこれを本当に研究或は試験した形跡なく、全く脳裡に描いた空想観念に過ぎず、これを人に語って自己満足に浸っているにすぎない。したがってこれは利益を目的とせず、純然たる空想性虚言であると言うことが出来る。

I．迷信

被告人は大正一四年の病気前から、知人の影響で多少家相のことなどをいうようになったが、迷信が著しくなったのは病後である。大病をやったということなどの精神的影響もあるかも知れない。昭和七年頃練馬の警視庁住宅にいるとき、宮崎から「泉水があるのがよくない。夫婦別れする。この家に以前入っていた人も夫婦別れした。」と言われて気にするようになり、転居する決心をした。しかし朝枝保雄の話によれば、平沢は転居するにも線を引いて方角を気にしたということである。このときも一度豊島区要町（？）の或る家に四五日間（四五日いると住んだことになるという）入って、それから巣鴨の家に引越した。平沢は極度に迷信に凝り、妻マユはこれに反して全く迷信を信じないので、この頃から夫婦間にはそろそろ思想的に隔りが大きくなって行った。平沢は自分の言うようにしないから幸福が来ないのだと言って、別居さえもしかねない様子であった。鎌田との結婚話も、占をする友人から夫婦の御縁でないと言われて思い止まったということは上述した通りである。

戦争が始まってからは家相の熱は冷めかけて来て、今度は手相に凝るようになり、毎月一回北沢の先生のところへ行き手相を観て貰っていた。小豆八〇粒を播くと魔除けになるということを手相の先生からきかされてこれを信じ、始終小豆を小さい袋に包んで携帯していた。また長男の結婚は最初平沢夫婦は賛成しなかったが、平沢は針と南天と小豆を紙に包んで先方の軒に上げてくれれば縁が切れると主張するので、止むを得ず、妻マユが或る夜秘かにこれを実行したが、勿論それは全く期待に反する結果となった。

また戦争中朝枝の紹介で知り合った小樽の井上晩司の影響で、印相墓相を気にするようになった。そして自己の印を新しく井上に作って貰った。そればかりでなく札幌の知人斎藤弘一の印を見て、これは病気になる相があるから変えるよう勧め、認印と実印の二つを作って貰ってやったこともある。また平沢は九星使を常に持っていて吉凶を判断していたという事実がある。

J．帝室技芸員と称して画展を開いたこと

画家望月省三の談によれば、昭和六年（？）望月は日本水彩画会より選ばれて同年度の旅行資を受け、北海道然別湖の写生に赴くことになった。望月が同地を選んだのは、平沢が同湖の原始林のよいことを推賞したためであった。平沢はこれに先き立って帯広市に到着、帝室技芸員と自称し（これを信ぜしめるために鉄道二等パスを持っていたという事である。）、また自分は藤島武二、横山大観および竹内栖鳳（？）と共に現代画壇の四天王であると誇大的宣伝を行い、十勝毎日新聞社の後援で画展を開くことになったが、あまり大風呂敷を拡げすぎたため、反対新聞の一つは『大山師平沢大暲』の見出しの下に平沢を攻撃し、田舎でも盲人ばかりはいない等書き立てたので信用を落していた。十勝毎日新聞社でも社長林以外の社員は全部画展開催に反対したが、社長の肝入りで漸く開いたのであるが、既に信用を失っていたのと、画があまりに高価（八〇円の画に数百円という不相応な値をつけた）であったため、全く失敗に終った。

望月の帯広に到着した時は、既に平沢の人気が地に墜ちていた時であって、平沢は帯広の大旅館から小さな旅館に引移っていた。望月を出迎えた平沢は、自分が帯広の芸者を呼べばいくらでも来るから君に一人お世話するなど大きなことを言っていたが、既に平沢は芸者から鼻つまみとなっていたのである。望月が然別ホテルに着くと、貧弱な部屋に通され火鉢も持って来ない冷遇ぶりであったが、後からきくと、平沢が望月を弟子位に前ぶれしておいたためで

あったことが分った。旅館では平沢は自分を大きく見せるために、例えば女中の前で、自分は三〇〇円の絵を二枚売った金を何処かへちょっと忘れて来たという様な出鱈目のことを喋ったので、余程金廻りのよい大家と思って優遇したが、最後にはチップも全く払わずに帰ったということである。当時平沢は金に窮していたらしく、自動車賃を払わせたり、色紙を買うとか時計の修繕させると言って、望月から金を借りた（しかし後で追求されて借金は返した）。それから暫くして関晴風が同地に赴いたとき、平沢に関し同様のことを聞かされたということである。

K. テンペラ画の宣伝

被告人がテンペラ画を専心研究するようになった動機は次のような事情であるという。それを平沢自身の「テンペラ画とは!!!」と題する説明書の一部から引用すると、「小生は草津温泉で湯元を写生いたし宿屋の床に立てかけて寝ましたが、温泉地の硫化水素を含む空気のためその絵は一夜にして真黒になってしまいました。そこで話の種にもと存じ帰京してからはその絵を画室にはりつけておきましたが、丁度大震災に襲われましたので約一ヵ月画室に入らずに露天の生活をいたしましたのですが、やがて地震も静かになりましたのでまた家庭生活を始めるについて画室に入って驚きました。アノ真黒になってしまった絵が描いた時の調子に更生しつゝあるではありませんか。私は驚喜しまして尚そのまゝにしておきましたところ、丁度四〇日で描いた時と同じに更生したのです。私は実に喜び感謝し合掌久しいものがありました。なお試験のため油絵と水彩を草津でテンペラの時と同様に真黒にして画室にはって更生を待ちましたが、四〇日はおろか一〇〇日が一年経っても依然として真黒のまゝでした。更生したのは唯一つテンペラのみでありました。私はこの材料こそ酸化を恐れず硫化を更生し得る実に貴重なる材料で、我生命を託し得るものと思い、研究を続けて来ましたのです。」と、これと同様の記事は新聞紙上にも掲載されている。

記録においても検事に対し大体同様の事を述べ、また「この時の画は主として亜鉛華を混入した黄土胡粉、コチニール、雌黄等をテンペラ画のメヂウムで溶いて使った画でしたが、この亜鉛華が硫化水素と化合して黒くなっていたのが自然と元へ戻って来たものだったのです。」と言っている。

平沢によると、テンペラ画の絵具の材料になるものは、蛍石、群青石、玉碧青緑青、翡翠、珊瑚、金銀、白金、コチニール、紅、雌黄、黄土、煉瓦粉、花焼の鉢の粉、孔雀石、鉄銹、硫酸銅、胡粉、石膏、亜鉛華、チタニウム胡粉、その他である。メヂウムは卵黄、醋、無花果の白汁から成る。

さて化学上右顔料中硫化水素で黒変するものは群青、銀、朱、鉄銹、硫酸銅だけであって、これらを用いて描いた絵が黒くなった場合にそれが稀には酸化することはあり得ても、元通りの画となることは考えられない。

$$\mathrm{Moo} + H_2S = M_2S$$

$$\downarrow O_2$$

$$M_2SO_4$$

殊に平沢は主として亜鉛華を混入した黄土胡粉、コチニールを使ったので亜鉛華と硫化水素と化合して黒くなったと言っているが、亜鉛華は硫化水素で黒変しないことは周知の事実である。

これによって見ると、最も重要なテンペラ専攻の動機そのものが実に疑わしいと言わなければならない。

なお平沢は二〇年位前に、岡田三郎助と白滝幾之助に相談してテンペラ画会を作って、自分が現在会長であると言っている。そしてイタリア人の著書から学んで昔ながらの技法を営むと共に、自分でも実験、研究してその両技法を併用の結果、日本テンペラ画法を作ったという。

ところが白滝画伯の語るところによると、嘗て西洋へ行って昔の名画を見たとき、油絵は黒ずんでいるが、それより古いテンペラ画が明るい色で保存されていることに感銘して、爾来テムペラの技法を研究しているが、今だに成功しない。外国でもその技法を知っている人はないらしい。しかし氏は今なおその研究を棄てていない。氏の作「シクラメン」（同氏所有）はその研究の一つの作品であるが、平沢はこれを売ってくれと同氏に乞うたことがあったという。真のテンペラ画は日本に殆んどなく、平沢の絵はテンペラ絵具（水彩画とよく似てチューブに入っている）で描いた画であるが、出来上がったものは真のテンペラ画ではないということである。

平沢は新聞紙上殊に北海道の新聞においてはテンペラ画の第一人者、日本テンペラ画の創始者として屢々喧伝され、或は北海道、九州などで講演を行い、或はＪＯＩＫ（札幌）より放送している。それのみならず、十勝毎日新聞などは、ローマ法王から招かれて近く渡欧するとか、名声は今や海外にまで轟きわたっていると書いている。

しかし平沢の真の技法は名声に伴わず、大正一四年の病気後は進歩が見られないというのが総ての画家の一致する意見である。茲にやはり平沢の誇張性性格がよく現われていると見なければならない。

L. 妻マユとの関係

平沢夫婦は親戚にあたる貞一を養子にする積りで家においた。ところが貞通は妻マユと貞一が怪しいと言い出した。丁度それは鎌田との関係が露見して自己の形勢が不利になった頃にあたる。マユは貞通が因縁をつけて妻の頭が上らぬ様にするために捏造したものにすぎないと言っているが、それは考え得られることである。その頃同居していた朝枝保雄は、マユと貞一の間は仲がよすぎるとは思ったが、別に二人の怪しい関係を見たことはなく、二人の関係は深いものではないと言っている。しかし貞通は最近に至るまで妻と貞一の関係を事実であると主張していたが、今秋になってその事を訊すと、「あれは全く作りごとであった。」と告白した。そればかりではなく、公判廷においてマユの前でそのことを宣言した。それはマユを喜ばせようとする意図であっただろうが、わざわざ公判廷で宣言したのは貞通の演劇的誇張癖をよく表わしているのみならず、それは妻に対する真の嫉妬と異り、自己の都合次第で変動することを示すもののようにも思われる。何となれば、この件については次のような事情が判明した。すなわち貞通と鎌田が湯沢から小樽へ行った後、妻マユから生活も困ることであるので、強硬な手紙を両親の許へ出した。父庄太郎は予て貞通よりマユの不貞をきかされ、我子に同情していた時でもあるから、親族会議を開いて貞通とマユの黒白を決定することになった。しかしその結果は貞通の主張は認められず、親族会議の席上で彼が謝罪した。このとき同席した杉山誠治は貞通があっさり謝罪したことを不思議に思ったと言っている。また記録にもあるように、妹起誉は外部の噂からマユと貞一との関係を疑っている。その夫誠治は全く事実を知らず、妻からきいたところに従って未だに半信半疑であると言っている。その後も家にあって貞通は「死ぬ死ぬ。」と騒ぐので困り、マユは親にもう一度北海道に連れて帰ってくれと頼んだが、父は連れて帰ると外聞が悪いから客として二階に置いてくれと依頼した。その後二ヵ月間そのまゝにしていたところ、また鎌田が出て来たので問題が再燃した。マユは約束が違うというので離縁を申し出た。これに対して貞通は肯じなかった。鎌田は両親の気に入っていたので、父は鎌田と結婚させたなら平沢の画がもっと熟達しただろうと考えていたようであるが、貞通は結婚しようとはしなかった。そのうちにマユの述べるところによると、父はマユに向って女の一人や二人いるのはうちの家風だ、妹起誉も夫の妾と同居していたことだから、鎌田と二人を同居させてやってくれ、そうしたら貞通の気持も変化して来るだろうからと言って頼んだが、マユは承諾しなかった。終に昭和一九年五月、両親、淳子、貞通、マユの五人間で、子供に対しては責任をとるという条件で離縁の承諾が出来たが、戦争中であったため戸籍の手続だけは延びていた。しかし貞通は依然としてうやむやの態度であった。それのみならず、六月になって渡辺を通じて鎌田に別れる決意を申し出ている。しかし鎌田の語るところでは、貞通は予め鎌田に対し自分の方から使いの者が来て縁を切ってくれと言ってもたゞうんうんと返事をして置いてくれと頼んでいる。そしてその後も鎌田を月二回位ずつ訪問していたのである。

考察と説明

被告人について鑑定人等が得た所見は大体以上の通りであるが、本項においてはこれらを総括するとともに、その主要な点について考察を加え、なお一件記録の記載その他の資料を参考として、鑑定事項にとって必要な説明を試みたいと思う。

先ず被告人の家系について見ると、この家系には精神薄弱の遺伝負因が濃厚である。妹の貞は痴愚(?)、姪の礼は白痴、伯父の孫定安は痴愚、その他遠縁ではあるが平沢妙子は痴愚であり、意志子も精神薄弱兼癲癇と推定される。このように精神薄弱の負因は顕著であるが、これは被告人の知能に障碍のないところから、その精神状態に対して直接影響があるとは考えられない。次に精神分裂病は遠縁の政見たゞ一人であって、平沢の家系には精神分裂病は一般人口中におけるよりも少いということが出来、従ってこの疾患も被告人の人格にとって縁遠いものである。たゞ一人の癲癇と推定される意志子も極めて遠縁であるばかりでなく、その素性さえも疑わしいと言われるから、癲癇もこの家系においては問題にならない。

茲で意義のある精神病は躁鬱病（循環性精神病）だけである。従姉妹たかえには回帰性の躁状態が見られ、同じく従姉妹きよえにも一回軽い躁状態と思われる時期があった。それのみならず、平沢家には循環性気質、偕調性気質と呼ばれる人が非常に多い。すなわち、爽快、楽天的、活動的で進取の気象に富み、交際好き、世話好き、派手好き、趣味豊かといようような人が多い。特にこの家系に特有なことは鬱病者が一人もなく、一般に発揚性の傾向のあることである。平沢の人格にも循環性遺伝圏の中において理解し得るものが少くない。

平沢家には犯罪者、失踪者、浮浪者、売笑婦など一人も発見されない。また自殺者はないけれども自殺未遂者は被告人の他に弟卓章がいる。大酒家は父庄太郎、弟貞敏および母方曾祖父の三名だけであって、この大家系としては多いとは言えない。父の飲酒の直接の影響も茲で取り上げることは出来ない。最近の学説はアルコールの胚種毀損に対して懐疑的である。

弟貞章、長女ユキ子、母方祖母の岩田かぎ及び姪杉〇チ〇の四名の性格はかなり偏奇しているが、精神病質人（異常性格者）と断言し得る程著しくはない。性格特徴者という程度と考えられる。

以上述べたところから見ると、被告人の家系には精神薄弱の遺伝負因を除けば、好ましからざる遺伝負因が多いとは決して言われないのみならず、家系中には普通以上の能力の人が多く、中には才能の勝れた人も少くないから、全体としてこの家系は水準より遥かに上位にある良い家系と見ることが出来る。

次に平沢の精神状態を考察するに当って最も問題になると思われるのは、大正一四年狂犬病の予防注射の結果生じた脳の毀損によるコルサコフ症状群を主徴候とする精神障碍である。ところでコルサコフ症候群というのは、記銘力障碍（新しいことをすぐ忘れてしまう）、見当識障碍（現在の時や場所を弁えない）、作話症（記憶の欠けている所を作り話で埋め合わせる）、逆行性健忘症（障碍の起る以前の或る期間の事柄を思い出せない）からなるものであって、脳に様々な外因が加わった際に屢々見られるものである。そして狂犬病の予防注射の結果脊髄や脳が侵されることがさほど稀でないことは古くから知られていたが、その重い場合にコルサコフ症状群を惹起することがあることは極めて最近に至って注意されるにいたった事実であり、鑑定人等は最近一年以内に約一〇例のこのような例を経験した。そこで被告人の場合、大正一四年の精神障碍は狂犬病の予防注射に引きつゞいて生じたものであるから、同種類のコルサコフ症状群であることは疑のないところである。

狂犬病の予防注射によって起った脳脊髄障碍、就中コルサコフ症状群は、過去の経験によると、軽い場合は比較的短期間で完全に治癒するが、重い場合は死亡することさえあり、死を免れても後に障碍を永く残すことが稀でない。ところで、被告人の大正一四年の精神障碍は、家人等の陳述するところの症状と経過から見て、かなり重篤なものであったと見なければならないから、そこで最も重要な問題は、被告人のコルサコフ症状群が治癒した後に、その精神機能の上に何か重大な影響が残りはしなかったかという点である。

被告人のコルサコフ症状が外見的に完全に治癒したのは二〜三年後であったという。それ以後の被告人には、最も特徴的なコルサコフ症状である記銘力の障碍は認められないし、また現在鑑定人等が検診したところでもその徴候はない。して見ると、もしこの脳疾患の後遺症状があるとすれば、他の精神機能、殊に人格の面に求められなければならない。そしてこの点を闡明するには、被告人の人格を病前と病後とで比較し、両者間にはっきりした差違があるかどうかを考察することである。そこで我々の得た資料についてこの考察を試みて見たい。

〔病前の人格〕

貞通は遺伝学的に循環性遺伝圏に属し、その人格の基底には循環性気質の特徴が見受けられる。すなわち本来楽天的で屈託のないところがある。中学時代から弁論部に入って演説をやり、話は流暢で諧謔を混え、また人を逸らさない。成田幸治が平沢は人の気持を見抜くに妙を得ていると言ったのは適切な観察と思われる。中学の同窓渡辺吉助は、中学時代平沢は学科をさぼって画を描いていたが、教師には要領よく立廻ったので受けは悪くなかったと言っている。また試験のときは友人安達与五郎の答案を見せて貰ってパスしたと自らも述べるように、要領のい、面がある。親戚の平沢貞男や中学時代からの画の同好平沢猛も、貞通を交際上手な人であるというし、中学の同窓で親友の内山浜吉は、平沢の事を敵のない親切な男と評している。画壇の先輩白滝幾之助や辻永は、共に平沢のことを画家には珍しい世馴れた感じのする人と言っている。中学の同窓安達も平沢には激し易いところはないと言っているし、友人平沢猛も貞通を人ざわりのよい人と評している。

しかし友人安達の言っているように、平沢には他方に心臓の強いところがあって、画を売るためには如何なる名士のところへもどしどし対等で行き、非常に積極性が見られる。また渡辺は中学時代を回顧して、平沢が画を描きに行って学科をさぼり教師から皆の前で叱られても、腹が痛いの一点張りで大して困った顔を見せなかったのを大胆だと見ている。ところで平沢は小樽の画家との間に殆ど交際なく、また小樽の画家の間では平沢の評判はよくない。超然たる態度で、協同でやるというところが見られず、常に個展を開いていたことがその理由であろう。東京においても画家の同僚との間には親交なく、日本水彩画会の年一度の旅行にも一度も加わったことがない。親友安達も言うように、平沢はあまり社交家ではなく、算盤を離れて附合う人間ではない。従って安達も渡辺も平沢には本当に親友というような深い交際はないと言っている。要するに平沢の交際は、画を売るための（或は病後には指圧によって結びつけられた）浅い広い交際と言うことが出来よう。

なお平沢が画の同僚間の附合をあまり好まない一つの原因は、平沢の自負心、慢心というものにあるようである。朝枝保雄の言うように、平沢は対等でなく、先生と言って人から慕われることが好きで、自尊心を満足させられると機嫌がよかったと言っているが、この傾向は最初からあったように思われる。

被告人平沢の性格特徴の最も重要な一つは、「実際にあるより以上に自己を見せようとする」欲求である。親戚の平沢要や杉山誠治は二人共、貞通は虚栄心の強い男だから自分と性格が合わないと語っているのがそれである。また友人安達は、平沢は見栄を張り気取家で贅沢な身装をし、にやけた男だと言い、友人内山も平沢は派手な人だと言う。だから平沢が実際の実力以上に見栄を張り、名声や外聞を気にして体裁を作る性質であることは一般の認めるところである。この中味のない外面を飾る性質は精神医学的に顕揚性（誇張性）と称するもので、いわゆるヒステリー性性格の中核をなすものである。

而してこの性格は、被告人において後年に至るに従い漸次顕著になって来たと判断される。何となれば、平沢が中学を卒業して上京して来た頃は、当時を知っている画家達によると画学生らしい服装で熱心に勉強していて、画においても真実よい作品があったそうである。大正の初め頃、尚志社という寄宿舎に一緒に一年以上居た精神科医児玉昌の話によると、当時丸山画伯のところへ通っていた平沢は、非社交的ではないが穏やかな人という印象で、別に異常なところは認められなかったという。また大正五年（？）平沢が小樽で画塾を開いた頃、恩師石井柏亭が小樽の平沢の家に一週間ほど滞在したことがあるが、同氏の語るところによると、平沢は家の職業である牛乳配達までやって真面目な画家と見られ、病後のような異常なところは認められなかったということである。

既往歴に述べたように、大正九年の終り（三〇歳頃）中丸に石井鶴三（当時既に一家をなしていた）と並んでアトリエを作ったが、この頃から急にいわゆる一家をなした服装に変った。そして珍らしくも同僚を招いて御馳走をしアトリエを見せて自慢したので、身分不相応なことをやると一同驚いたことがあった。石井鶴三氏の談によれば大正一四年の病気前から平沢は宣伝が上手で、近所の人々から実際よりも過大に評価されていた。当時自分の画（相当大きい作であったらしい）が一万円で売れたと吹聴していた。宣伝が巧妙であったから近所の人々をすっかり信じさせていた。当時池袋駅から自宅までの近い距離を相当高価な金を払って人力車に乗っていたが、実際の生活はかなり困っていたと言われる。しかし未だこの頃は病後のような見え透いた虚言は言わなかったようである。

その他、平沢にはや、潔癖と見られるところがあり、食事前には家族に必ず手を洗わせたり、蝿を非常に気にしたりした。また糊をつけるには直接指を用いない。このような潔激は母方祖母の遺伝だと言われている。

以上述べたところを要約すると、病前の平沢の人格に最も特有なものは循環性気質と顕揚性（誇張性）性格である。しかし顕揚性性格もこの当時の程度では必ずしも異常と言うことは出来ない。世の中にはこの程度の見栄をはったり、気取ったり、法螺を吹いたり、宣伝したりする人は相当に多い。況んや病前の被告人には明瞭に異常と言われるような言動はなかったのである。中学時代のカンニングや、奉公して「父危篤」の偽電報を打たせて帰ったことなども、社会から笑って看過される程度のことである。

それだから病前の平沢の人格は正常の範疇内のもので、特に社会を悩ます程著しい性格偏倚は発見されないと言えると思う。このことはまた日本水彩画会において、病前には常務の如き責任ある地位に就いていたことからも推測することが出来る。

〔病後の人格〕

しからば狂犬病予防注射によるコルサコフ症罹患後の性格は如何であろうか。回復期において一年以上にもわたって記銘障碍や過敏情動性薄弱状態の見られたことは、上述の通りであるが、近親知己に問いたゞしたところによると、およそこの時期頃を境にして、被告人の性格には病前と比較して著しい差異が認められるようになり、しかもそれが今日に及んでいると見做すべき理由がある。

脳疾患以後の性格として先ず最も顕著な現象は著しい虚言癖であって、しかもその虚言は空想性虚言症（病的虚言）の範疇に入るべきものである。空想性虚言症とは一つの症状群であって、躁病、進行麻痺、癲癇、精神薄弱などの精神障碍に際しても見られることがあるが、ことに顕揚性（誇張性）精神病質と発揚性精神病質なる二つの異常人格において、最も屢々且つ顕著に見られることがある。

そもそも虚言は社会に広く見られる現象であるが、尋常の虚言は利益を目的として意識的且つ故意に発せられる。すなわち多くの場合虚言は目的を達する手段に過ぎない。しかるに虚言の中にはこのような確固たる目的を有せず、嘘そのものが目的であって、利益は精々二次的意義しか持たないものがある。すなわち自分が一役演じようとか、見栄を張ろうとか、人を驚かせようとして嘘をつくのがそれである。また最初は多少意識して虚言を言うが、この虚言がやがて自己暗示によって主観的な真実となり現実となるような場合もある。すなわち、この場合には他人ばかりでなく自己をも欺瞞することになる。而して犯罪者の中には、自己欺瞞の能力を能動的に利用して詐欺を働く者が少くない。虚言の種類としては、更に進んで最初から殆んど虚言を自覚しない様な場合も稀にはある。この場合には欺瞞という意識は全くなく、従って不道徳性とか違法性の意識は全く欠けているのである。もっとも極端な場合は、純然たる病的空想者。夢想者であり、能動性を全く欠き、たゞ自己の願望の世界にのみ生きるもので、かゝる場合空想の世界が彼等にとって唯一の現実である。

それ故に空想虚言症と言っても、一方純然たる虚言者から、他方完全な空想者に至るまでの非常に広い幅を持った概念であって、責任能力から言っても、その完全者から自己の言動の許されないことを洞察出来ないものに至るまで、種々な段階があり、また一方、精神医学的に言えば正常に近い性格異常者から、重い精神障碍にいたるまでの種々なるものを包含する。

一般に空想性虚言症を特徴づけるものは活発な空想であるが、その原動力となるものは顕揚欲、すなわち実際にあるより以上に自己を見せようとする欲求であって、この性向は被告人の性格特徴の一つとして述べたものである。しかし、上にも説明したように、その種類は一様ではないから、彼等が純然たる故意の詐欺を働く一事実を捉えて、その病的虚言者であることを否定しようとすることは必ずしも当っていない。空想性虚言症はむしろ真実と作り事との混合であり、また虚言と妄想的空想との混同であることが少くないのである。なお虚言が曝露されたとき平然としているところも空想性虚言症の一つの特徴である。

純然たる虚言者、欺瞞者（他人のみを欺く）
→
空想性虚言症（他人並に自己を欺く）
←
病的空想者（自己のみを欺く）

さて大正一四年のコルサコフ病前後から以後の被告人平沢の虚言を見ると、直ぐばれる嘘、見え透いた嘘の多いことに気がつく。辻強盗を説法し、これが数回にわたって新聞投書となって現われたことが被告人の狂言であったか否かの断定は、鑑定人のなすべき範囲以外であるが、か、るものを除いても、平沢の虚言は数限りなく多く、しかも無邪気な誰も信じない様な法螺が少くなく、また後の不利な影響を全く顧慮しない、衝動的と思われるような虚言を吐いている。非医師的治療や発明は空想性虚言者にとって魅力のある領域であるといわれるが、平沢も指圧療法において誇大な言辞を弄して、医学的知識のないものの信仰を得たり、また船底塗料の発明を多くの人に宣伝して歩いたりする。しかし、これらは高級詐欺師のよくやるような悪辣な詐欺ではなく、むしろ他人を喜ばせることや自己満足を目的とするようなものが多く、すなわちこれらの点で、本来の空想性虚言症の特徴をよく現わしているというべきである。帝室技芸員と自称して帯広に乗り込んだ時も、信用を墜した程度でやはり大きな損害を他人に与えるようなことはなかった。愛人との湯沢温泉逃避行のとき自殺を口癖のように言ったが、妻も愛人もこれを信ぜず、狂言にすぎないと見ていた。平沢が妻と貞一とが怪しいと言ったのも嫉妬妄想のようなものでなく、親族会議もその事実を否定したのであるが、結局それは、平沢が自己を合理化するためのものであった。彼の畢生の事業と称するテンペラ画についても、前項で述べた事実を考慮すると、やはりその内容も宣伝も虚偽的なものであるとしなければなるまい。

要するにこの種の虚偽は壮年期以後の被告人平沢の全生活に浸透していたと言えるように思える。平沢が得意になって口にする三即の中の「虚即実、実即虚」は、或る意味において平沢自身の性格的本質に当る言葉である。平沢の虚言の特徴は、野坂が指摘しているように、それがばれても恬としているところにある。

以上によって現在の被告人の状態が空想性虚言症と呼ばれるものに当ることは疑いの余地はない。しかし、かく言って被告人の行為が悉く同程度の空想虚言的内容であるということは出来ない。例えば今回三菱銀行において通帳を詐取してこれを偽造し、詐欺を行わんとした行為の如きは純然たる詐欺行為であるし、また本人の認めている定期券の変造行使や二重配給なども、尋常な欺瞞行為にすぎない。すなわち各種の虚言が被告人の中に混交していると見做すべきである。

甚だ重要なことは、以上の如き被告人の異常性がいつ頃から発現したかということであるが、鑑定人の検討した限りでは、その大部分がコルサコフ病罹患以後のことに属し、病前にほとんど発見することが出来ない。弟貞敏は被告人が病後は病前と違って誇大妄想のようになったと言っているし、妻マユも平沢は病前には病後のような見え透いた粗大な嘘を言わず、精々冗談のような多少きざな感じのすることを言う程度であったという。愛人鎌田も病気以前に平沢に接したときには別に大きいことを言う人と思わなかったと述べている。日本水彩画会の関晴風、朝月省三、小山周次はいずれも平沢を古くから知っている同僚画家であるから、鑑定人はそれぞれを別個に訪問してこの点を尋ねたのであるが、三人共に病前の平沢には病後に見られるような著しい異常は認められず、病気を境にして前と後には明瞭な差異が認められるという。また画家にして同時に優秀なる医学者たる小山良修の語るところによると、水彩画会において平沢は病後には一度も責任ある役につけられなかったが、これは病後責任を重んぜず、為めに一般の信頼を失っていたためであろうと言っている。石井柏亭も平沢は病前には病後のような嘘は言わなかったと言うし、石井鶴三は平沢は病前にも画について大きく宣伝していたが、見え透いた様な嘘は言わなかったと言っている。

しかし他方友人の中にも中学の同窓内山（銀行員）や中学の先輩荒滝（医師）の如きは、平沢の性格において、昔と現在とを比較して変化した点は認められないと言っている。但し内山は、病後の平沢との面談は常に銀行における短時間に限られ、深い交友ではなかったので、気付かないのかも知れないと述べている。荒滝との交際も、職業が異っていたために比較的短い接触であったにすぎない。内山、荒滝の他に安達医師や平沢猛も、中学時代から今日に至るまで変ることなく交際した友人であるが、これらの人々も現在と雖も被告人に対して別に不快な感を抱いていない。病後から交際を始めた松野恵蔵、朝枝文祐、朝枝保雄、伊藤梅吉なども平沢の人格を信用し、或は少なくとも疑を抱いていない。それだから病後の平沢の人格の異常性は、誰にでも常に認められる程のものではなく、殊に短時間の表面的な接触では、必ずしも人の信用を失う程のものではなかったと見做すことが出来る。

人格の異常性は、日常生活を共にする人々には明瞭であるにも拘らず、短時間の会談においては専門家と雖も発見し得ないことが屢々である。況して微細な人格の変化というものは、よほど親しく接触している人でなければ把握出来ないことである。しからば平沢の近親者は被告人を如何に見ていたであろうか。先ず妻マユの観察によると平沢は病後には病前と比較してデリカシーがなくなったという。病前は読書を好んだが、病後は好まなくなり、読書しても永続きしない。その代りラジオを聴くことを非常に愛好し、旅行にまで携帯して離さなかった。また病前には家庭のことを相談すると適当に処理してくれたが、病後は聞いていて途中でラジオに気を取られるという風で頼りにならなくなって、自然自分で処理しなければならなくなったという。長男貞也も父のやり方がまどろこしいので、つい母が積極的にならざるを得なかった。母は父を立てていたし、嬶天下ではなかったと述べている。なお妻マユの言うところによると、平沢は鎌田との関係を改めるかのように見えることがあって、時には合掌して純粋な感情になっていると見受けられることがあるが、次の瞬間には全く変化してしまう。また病後は極端に迷信家となった。人の好悪などについても偏頗で、一度悪い人だと思うとそのまま無批判に固執して変えないようになったという。このことは二女華子も認めており、父のことを観念固執症と呼んでいる。例えば被告人が道路の交叉点で停止信号を誤って車にはねられ、怪我したり袴を破られたりすることが時々あったが、後でも未だ自己の誤りを認めないのが常であったと言っている。病後の平沢には又、例えば煮物をしている時、他所で火が欲しいと思うと煮物をしていることを忘れて火を取ってしまう様な不注意の行動が時々見られたが、病前にはこれ程顕著なことはなかったという。長男貞也はどこということは言えないが、父は病後変ったと思われると言っている。親戚の杉山誠治も、病後の平沢は一応治ったように思われるけれども、よく見ていると何となく変で、狐を馬に乗せたような感じがすると述べ、また平沢要の話では、貞通は元来虚栄心の強い男であったが、病後には気味が悪く危いという感じがしたので特に要心していた。しかし不義理なことは一度もしなかったと言っている。愛人鎌田は平沢を子供らしい幼稚な人と思われることがあると言っている。平沢の家族と親しい渡辺貞代は平沢のことを低能ではないが賢くない人だと評している。

〔判　断〕

以上によると、特記すべき遺伝負因を有しない比較的優秀な家系に生れた被告人は、生来多少循環気質と顕揚性性格を持ってはいたが、比較的堅実な画家として生活を送って来たところ、大正一四年の重症脳疾患の頃を境として著しくその性格を変え、従来からあった循環性気質と顕揚性性格は病後において一層顕著となり、強い誇大的傾向と自己感情の亢進、虚栄心、誇張癖、芝居染みた態度などを示すようになったものと判断出来、しかもこれらの性格異常は、その程度から見て、生来性顕揚性精神病質と異なるところはないと考えられる。

ところでこの性格傾向は、現在症で述べた精神検査の結果によっても裏書きすることが出来る。そこでこの精神検査の結果を今一度要約すると、第一に指摘しなければならないことは、テスト全般に対して被告人が意識的に全精神能力を傾けず、愚鈍者も示さないような低い成績を出していることのある点である。外面的は大体熱心に従事するので、この成績を真実の能力と見る見方もあるが、鑑定人等はこの不合理の成績にまず被告人の不真実な性格を疑わざるを得なかったのである。すなわち、このこと自体が被告人の虚偽的な性格の表現と見做すことが出来る。次に知能検査においては、教育程度に比してその知能は意外に低く、特に批判力が劣ってはいるが、これも上述の意味で真偽のほどは不明である。しかし、いずれにしても精神薄弱を疑わしむるような欠陥はなく、道徳的判断にも障碍を認めない。ところが記銘力は普通よりも多少よいけれども、空想が活発であって忘却数よりも追想の誤りの多いところが特徴であり、また文章を再生させるテストでも、やはり自己の空想によって原文とは違うものを勝手に作って平然としているし、また連想試験でも外連合が多く、空想の活発なために間接連合の相当多いことが認められる。殊に意味の多いのは要求水準検査であって、このテストでは終始楽天的顕揚的で、自己判断の失敗に対しても一向に屈託の色なく、一般に要求水準曲線が作業曲線よりも高いという注目すべき成績を示すのである。要するにこれらのテストの結果は、いずれも被告人の性格特徴が空想的で虚偽多く、しかも自らの能力を高低いずれかに誇張して示そうとするものであることを示す所見である。

さて以上によって、大正一四年脳疾患の頃を境として被告人の性格に変化が起ったことは推量出来たのであるが、しからば果して脳疾患自体がこの性格変化の原因であったかを検討せねばならない。何となれば、この頃は被告人が三五、六歳の壮年期で、家族も増し世間への体裁も考慮すべき時であって、従ってこの現実的必要に迫られて、虚勢を張る生活態度に出るにいたったことも考えられるからである。更に一層重要なことは、果してか丶る性格変化が狂犬病予防注射後の状態として生じ得るか否かの検討である。

鑑定人等は、諸般の事情を一切考慮して勘案した結果被告人の性格変化と脳疾患との因果関係を肯定すべきであるとの結論に達した。その理由としては第一に、当時か丶る性格変化を誘発するほどの著しい環境的推移はなく、しかも被告人の虚偽的顕揚的性格が常に必ずしも利益を目的とするものではないこと、第二に、被告人の既往歴を通じてかの脳疾患に匹敵すべき医学的障碍を他に見出し得ないこと、而して第三に、狂犬病予防注射後の精神障碍として、被告人の性格変化に近似のものが皆無にあらざること、等を挙げることが出来る。これらのうち第三の理由は最も重要であるが、同時に鑑定人等が最も慎重に考慮したところである。何となれば、かゝる現象の存在は従来の医学的文献の上にほとんどなく、換言すると鑑定人等が新しく発見した事実とも言い得る事柄であるからである。鑑定人等は近時この問題を研究し、予防注射後のコルサコフ症状群を見出すことに成功したことは上述の通りであるが、そのうちにはコルサコフ症の治癒後更に重い人格変化と虚言症を残した例があるのである。

この患者は現在四八歳の医師で、大正一三年狂犬病予防注射後にランドリー上行性麻痺と精神障碍（当時診察した医師の話では今から考えるとコルサコフ症状群であったかも知れないという）を惹起し、（平沢よりは軽く）四ヵ月近くで治癒したが、その後の性格が極めて顕著に変って今日に至っている。すなわち以前は友情に厚かったが、今では親友もなく、誰も彼と約束をするものがない程信用がない。また、あまりにむき出しの嘘をつく、すぐばれることを平気で嘘をつく。企らみなく、衝動的な嘘であって、大抵利益は眼中になく、無邪気な嘘である。しかし時には祖母が死んだと言って友人から香典を集めたという功利的虚言を吐くこともあった。嘘の他にそゝっかしくなったことが著しい。例えば妻の妹の結婚式場で、自分の娘を他の美しい娘だと思って、丁寧にお辞儀したという珍談がある。しかしかゝる性格変化にも拘らず、自己の本来の医業には従事出来て、医療に関する限り信用を受けている。本例はあらゆる点で被告人平沢に酷似しているということが出来、しかも共に狂犬病予防注射による脳疾患に基く性格異常と見做さなければならないであろう。

被告人の異常性格が後天性のものであって、生来的のものでないことを推測させる他の事実としては、生来性の病的虚言者に屡々認められる家系的負因が被告人の家系に存在しないことをも挙げることが出来よう。同質の性格特徴は好んで同一家系に累積するものであり、病的虚言についても従来の文献はこのことを示すのであるが、上述のように、被告人の家系には類似の性格特徴者が皆無である。次に生来性の病的虚言者であれば、これが社会生活の面に発揮せられるのは概ね早期であり、殊に青春期の頃までにその萌芽の見出されるのが常である。しかるに、被告人においては、その多少の生来的傾向は否定出来ないまでも、これが顕著な形式において周囲の注意を惹くにいたったのは、中年以後のことに属することが明瞭であって、この点も亦この性格異常が何等かの後天的原因によって惹起せしめられたことを推量せしめる重要な理由である。

これを要するに、鑑定時における被告人の精神状態は、狂犬病予防注射に端を発する脳疾患によって起された性格異常の状態で、その特長は顕揚性格の基地に発展した病的虚言症乃至空想的虚言症であると指摘することが出来る。而してその性格異常の指摘は被告人の人格にとって重要であるが、この点についての判断は「司法精神医学的考察」の項で述べることにする。

〔検事取調以来の被告人の精神状態〕

上に述べたような被告人の精神状態は、鑑定命令に指示されている事件発生当時、すなわち昭和二三年一〇月一四日、同年一一月二五日、同年一二月中、昭和二三年一月一九日、同年一月二六日においても、大体同様に維持されていたものと見做し得る。これらの時日に、被告人が特別に異った精神状態にあったとの理由は何処にも見出すことが出来ないし、また上述した精神状態は恒定性を持ったものであって、時によって容易に変動すべき性質のものでないからである。

しからば鑑定命令の二、三、四に指示されている時日、殊に犯行を自白した当時（昭和二三年九月一〇日）および催眠術が醒めたと称する当時（昭和二三年一一月一八日）の被告人の精神状態は如何であったであろうか。この点について以下考察して見よう。それには昭和二三年八月二六日より同一〇月九日に至る期間における被疑者に対する検事の聴取書、当人の手記ならびに「ありのま丶の記」、公判記録、第二の手記（事賦記）および被告人の鑑定人に対する陳述を主として基礎とした。先ず被告人にとって最も重要な陳述は、検事の取調べ中催眠術にか丶って全く心にもない事を述べたと称する点である。

公判廷での被告人の陳述によると、坐薬を飲んで第三回目の自殺を企てたが失敗に終り（九月二五日）、それからは犯人になって殺して貰うより仕方がないと考え、犯人になることを決心したと述べ、その翌日であったか、検事に「平沢、犯人はお前だ。」と大きい声で言われて催眠術にかゝり、それからは検事の言う前に胸の中がよく判って来たので、高木検事の思っている通りの調書が出来上ってしまったと述べ、次に「それから一一月一八日であったと思いますが、風船が破裂したような音がプッとして始めて自分が判り、これはとんでもないことだ。本当に俺は犯人にされたのだ。若し本当の犯人が出てまた悪いことをすると国家的に申訳ないことになると思いました。」と語っている。

ところが総ての記録を通じて、平沢の陳述には催眠術にかゝったと称する時期の前から、同時期を通じその後に至るまで、何処にも記憶の欠損すなわち健忘症と思われるものを認めない。その間の事象と体験の供述は連続して詳細である。従ってこれらの記録を通覧すると、催眠状態と称する時期と平素の状態との間に、その意識状態において何等かの差異があったとは到底認めることは出来ない、また犯人になり切った人格と本来の人格との間にも、交代性人格（俗に二重人格と言う）に見るような明瞭な差別は全く認められない。のみならず、この時期においても検事の取調べに対して、被疑者は全力を尽して自己を防禦している。そして時々怒り、憎悪敵意などの感情を表わしたようである。このような反対的な感情関係において催眠状態が成立することは極めて不自然であって、日常の専門経験とは全く相容れぬものがある。また催眠状態から覚めたのは五〇日以上を経た後であり、しかも特別な精神的刺激がなく、「お昼御飯の時熱いお汁かなんか飲んだ時と思います。風船がパチッと破れたように、すうと芝居の緞帳が上った様な気になって覚めたのです。」と語っている。一体五〇日以上も施術された催眠状態が継続するということはほとんど考えられないことでもあり、また覚醒時の体験と称するものも同様であって、全体がいかにも作為的に思われる。

次に告白後においても、被疑者は自己を防禦するために故意に嘘をつき、「ありのまゝの記」にある応答を見てもそれは依然として批判的である。それのみならず意志行為において葛藤が見られる。例えばU.P.記者が来て、「如何なる拷問によって犯人とされたか。」との質問をした時、その達識と慧眼とに驚愕し、脅迫、拷問（精神的）をありのまゝに言おうと思ったその瞬間、高木検事の眼を見てハッとした。身体がすくんでしまう思いで、一言も出ず、自分は観念して仕方なく、「ヒー　イズ　ハイ　クラス　ゼントルマン」と言った。そして検事を見たらまだそのまゝ、にらんでいるので、また仕方なく「ノーノー　ヒーイズ　ハイエストクラス　ゼントルマン」とだけ言って、後は霞と暈したと書いている。

また警視庁から拘置所に移るとき、居木井警部補が自分は大暲画伯としての尊敬をいつでも忘れなかったことを忘れないでいてくれと言うから、「小樽では何と言ったか。」と口惜しくて涙が出たと述べている。これらは催眠状態においてはふさわしからざることである。このような場合だったら醒めてしまうだろう。手記を書いたときは犯人になって嬉しかったと言っておりながら、犯罪時の行動を実演して見せたときは口惜しかったと言っている点を、公判廷において裁判長から訊ねられて、被告人は、「嬉しい中にも口惜しく、眠っている自分と覚めている自分があったのです。」という不可解な漠然たることを述べている。

また一〇月九日の出射検事の聴取に対しても、一〇月二一日の石崎裁判官の勾留訊問に際しても、平沢は一切の犯行を自白し、前非を悔い被害者の冥福を祈ると言っている。平沢の言によると、これは催眠術にかゝっていたためであって仮我の状態であり、先のようなこれと矛盾した気持は真我が頭を擡げて来た状態である。自分の気持は真我と仮我があざなわれた縄のようになっておるから、時時にチョイチョイ真我があらわれたり仮我があらわれたりするのであると述べている。なるほど催眠状態においても、本来の人格は全然消失してしまうものではないが、この様な葛藤状態は考えられない。

以上によって見れば、平沢のいう催眠状態というものは真の催眠状態ではなく、単一の意識状態または一つの人格の中に、二つの傾向があって葛藤を生じたものにすぎないといえる。平沢は八月二六日以来検事の取調べに対し、一般被疑者と同様全力を結集して自己を防禦しようと努力したと認められる。記録について見ると、平沢の陳述には特に虚偽の陳述の多いことが顕著である。虚偽の陳述が明らかな証拠によって否定されるに及んで始めてこれを認め、更に他の虚偽の陳述によってこれを弁解しようとしている。また虚言を自ら認めてこれを陳述しながらも、直ぐにその後でまた他の虚偽の陳述をすることもあった。茲では虚言は特に自己にとって重大な事柄について、自己を有利に導びかんために意識的且つ故意に作成され、少くとも最初は純粋な欺瞞であることが多いが、やはり平素の如く直ぐばれる事や利益のない事について嘘を言うこともあり、また罪を詫び自白している傍ら、見栄を張る嘘をつくこともある。一般に虚言は巧妙で空想を自由自在に駆使して生れ、疚ましいところなく逡巡するところなく発せられるところが特徴である。「ありのまゝの記」の中で、平沢は検事の取調べが愈々苛烈となり、「これではどうしても犯人にされるまではいじめられるんだなあ……と涙したことでした。そしてこの脅迫からのがれるには自ら進んで犯人になるほかはない……」と書いているが、検事の取調べは脅迫とか精神的拷問とは見られず、最初被疑者に充分自己の正しいところを証明すべく陳述させた上、その真偽を確め虚偽の陳述を追及するというやり方であったが、平沢は真実を述べなかったため窮地に陥ったと見なければならない。かくして苦悩のため睡眠も一層障碍されたと思われるが、その陳述には平素と異るような知的活動の障碍があったとは認められない。警視庁看守係巡査の動静報告書によると、平沢の精神状態は全部自白した後には前と比べて明瞭に平静となり、熟睡していることが認められる。

これなども真実を告白した場合と異るところがない。

平沢は逮捕以来三回自殺を企てているが、いずれも未遂で大事に至っていない。病的虚言者が屢々自殺を企て、しかも未遂に終ることはよく知られたことで、特にこのような事態においては珍らしいことではない。第一回は八月二五日未明雑居房において左橈骨動脈を切った。当時は居木井警部補の取調べ中で、勿論犯行を否認していた。自己の潔白を血書し、死んで証を立てるためだったと言っている（手記では社会的地位や名誉を保持させるためだったと言っている）。第二回は九月二二日で、既に検事の取調べが進み窮地に陥ったときで、義弟を呼んで自白する如く見せかけ、突然「自分は犯人ではない。」と呼びつゝ、調室の柱に頭を打ちつけた。第三回目は九月二五日午前一時頃のことで坐薬を五個飲んだ。これは既に大部分自白した後であって、二二日頃から遺書を書き始めていたと言われる。

以上の如く被告人の犯行自白は客観的にある程度

の真実が印象づけられる。しかしその判断は被告人の性格を顧ると簡単ではない。この点については尚後段に述べる。

次に逮捕以来見られた異常な精神現象について見ると、八月二九日検事に対し次の如く述べている。「大変なことを見つけました。頭が割れそうですな。帝銀事件なんかちっぽけなものです。私は高橋是清と犬養毅をやっつけております。まあ死刑になるでしょう。」と。この虚偽の告白はあまりにも荒唐無稽であるから、よく被疑者に見られるような意識的に他への転導を目的とするものとは考えられず、性格異常人が演劇的意味でしばしば示すところの病的着想の一つに過ぎないと思われる。同様のことは他にもある。すなわち同日、「検事さん居木井さんは僕の長女を妾にしているというが本当ですか。何だか刑事さんから聞いたような気がします。」と述べているが、これも同様病的着想或は妄想的空想と呼ばれる現象と見ることが出来る。

丁度この日は既に自己の立場が不利に転回した後で、特に前日は検事の取調べで九星便に後から加筆した点を追及されて、頭がボーッとして気狂になりそうだと言っていたから、この現象は自己に大きな精神的影響のあった事態に対する一時的な異常精神反応の一つと見做すことが出来る。

八月三一日警視庁看守巡査渡辺の平沢の動静に関する報告中に、平沢は「この三四日はどうしても一二時間位しか眠れぬ。また二三日続いて覆面の男が鉄棒越しに窓よりピストルをつきつけ自分をねらっている夢を見る。」と語ったことが書かれている。そして丁度これに相当した事柄を「ありのま、の記」の中で次のように述べている。「夜寝ていると右外側の廊下の窓から眼を覆面した居木井警部補が（ひげが出ているので判る）ピストルを持って僕の顔の辺りをねらっている。脅しかも知れないがこれには困った。しかたがないので自分もピストルをひっいるような格好をして相対すると、ピストルを持ってこめて行く。その晩は四回、翌晩二回、二晩続けてねらっていた。そのために又来るかと思うとねられず、三晩一睡も出来なかった。」と。

これに類することは鑑定人に対しても語ったことがある。勿論この叙述は（殊に三晩続けて一睡も出来なかったなど）事実ではない点はあるが、このような現象は睡眠移行時に不可能ではない。しかし、それは真性幻覚ではなく、単なる仮性幻覚である。

丁度この現象の見られたのは、日本堂の詐欺事件について検事から突然聴かれ、それから始めて自白するまでの時期に当るから、平沢にとって打撃の大きかったときであり、従ってこの病的現象も一つの一過性の心因反応として極めて容易に理解出来る。上述したと同種類の現象は他にも見出される。その二三を抜粋して見ると、九月二三日「検事さん、私が考えたことで未だ一つ二つ世の中のためになることがあると思いますからお聴取り下さいませんか。」と言って次のようなことを語った。「卵に味をつけて産ませることです。牛でも豚でもよいから切り出して買い、メンチにして塩と砂糖と味の素とを入れてから、煮てカラカラになったのをふすまでも糟でもよいから混ぜて食べさせ、翌日産んだ卵を取るという訳です。原始動物程出来るのですね。これはよいメヂウムを作ろうとして偶然に発見した事です。」と、これなども異常な着想であるが、平沢には平素でもこの様なことを言うことがあったといわれる。

九月二五日検事に対し既に三晩位続いたと言って次のような体験を述べた。「毎晩此頃二人か三人宛帝銀の亡くなった方が出ていらっしゃいます。私幽霊などということは思っていませんけれど、ありありと私の目に見え、寝ている私に乗って来られるような気がします。毎晩手を合わせて拝んでおります。」と。また、

九月二六日、「昨夜は二時半頃まで眠りました。昨夜出て見えたのは二人でした。俺の苦しさをお前にも知らせるために、死刑の時は青酸加理で殺して貰えと言われました。」

九月二七日、「昨夜は仏様が出て見えました。……一二時の時計が打ってからうとうと致しました。……その中に足はしびれる胸は苦しくなると、また四人出て来られ、私に何か言おうとしておられるので、私は合掌して赦して下さいとお詫びをしていたら、ば、ボーッと明るくなって来たのを見たら法隆寺の壁画の様な方が背光を放って立っておられます。その光を浴びて亡霊は消えてなくなってしまいました。仏様は口をお開きになって、平沢平沢よくお聞きよ、貴方は今一生懸命清くなろうとしている事は判っている。しかしこの間、この壁に書いた遺書を御覧……犯人でない等と特に大きく書いたではないか。貴方はそういうことでは人は誤魔化せても私達を誤魔化せぬ。第一貴方自身が誤魔化されないではないか。……」

以上のような現象は、常に夜間睡眠と覚醒との移行期に体験したと言っているが、後になって被告人はそれは全部作り事であると打消した。勿論このようなかなり詳しい物語りは実際の体験の忠実な記述とは考えられず、被告人の誇張的虚偽的性格の表われとも思われるが、かりにその一部が事実だとしても、これに類する現象は睡眠への移行期に正常者にも見られるもので、これのみで病的現象ということは出来ない。或は夢に見たことを修飾して物語りとしたのかも知れない。とに角窮境に立って一層活発に発揮された被告人の空想性思考の産物と見做すべきであると思う。

その後も被告人は奇妙な手記を書いている。すなわち「事賦記」と題する手記中に、昭和二四年四月一日付で次の如く書いている。

「白頭の老人立ちて、耳遠ければとて特に裁判長のすぐ前まで進みたり。頭上電光六〇〇燭光を浴びて、右耳上方斜（一一時）の見当で一寸位上に、虚言の大塊あるを明確に認めたり。耳遠しと言い乍ら時々低声も聞こえるらしく、怪しいと思いたり。初めに帝銀椎名町支店と自己との親密なるをくどくどとくり返し、〃自分が三時半に椎名町銀行前を通りしところ、ガラッとエライ勢で行員の出入口があいて男があわたゞしく飛び出して来たので、知っているものだろう挨拶をと思ってよく見たら知らない男で、この被告とソックリの男であった。〃と言いたり。裁判長は〃その男の服装は、帽子は、靴は。〃と順次に問いしも覚えなく、腕章さえも〃見ませんでした。〃と言い、顔だけハッキリこの男と見たりと言う。裁判長は先日の椎名町吉田支店長の証言にて、三時半ならばまだ毒薬服用以前の時刻故、〃此奴何を言うか。〃という顔色も見えしことなりき。」

続いて四月二日次の上申書を提出している。

「昨日の公判廷の怪白髪老人に関し、昨夜御仏のお告げあり。本朝上申書として江里口清雄裁判長に上申す。内容は疑わしき点として、

I．頭脳耳上一一時延長一寸位の虚言の病巣顕著によるもの故

（1）銀行にお世辞の意味にて虚言をもって、「此の男が出て来たを目撃せり。」と偽記せるか?

（2）銀行の内部に精通せるを以て或は真犯人に関係あるにあらざるか、或は指揮的に犯人を使いて犯行をなしたるが如き事も疑えば疑える。其の犯行の欺瞞の為に「虚言」を以て予を犯人と殊更

に言いたる事なきや。あり得る事也。

Ⅱ．若し右内容の犯罪ありとすれば其の共犯の事隠蔽の為特に三時半より不在なりきと言う探偵小説的不在証明の一石二鳥的計画ありしならずや。

右二件四条を書き「此の怪老爺御取調べの上もしも真犯人検挙の実挙がらば独り平沢個人の幸ならず国家的歓喜にして予の頭脳診断の明確なる証明とも出来る可し」

と附加している。

更に四月六日「事賦記」において

「……寝た事であったが微雨簫々独房静寂裡、夢現中に御仏の声ありて伏拝して聴聞す。『四月一日の白頭の証人遠聾を装うの男悪徒なり検挙して直立せしめ、手を垂直に頭上に挙げしめよ。四、五時間にして初めて真実のことを自白せむ。自白せば後彼も浄身たらむことこれ慈悲なり』と。予驚き且つ予の予感の的中を知り感謝せる事なりき。

噫帝銀事件発生以来年余、予が紐械枷鎖せられて二三〇日に垂到《なんなん》とする時、やうやう真犯人検挙の端緒を得しとは、これ単に予一人の幸のみならず、我が国家としての大幸なりと歓喜する処なり。暁朝来の微雨霽れて朝来窓にあり嬉しき哉」と書いてある。

以上の思考は妄想の様に見えるけれども、妄想のように確固たるものではない。鑑定人に対しても、一時頻りに「怪老爺」「頭脳診断」について語っていたが、或期間を過ぎると最早問題にしなくなってしまったのはその一証である。むしろこのような思考は、被告人の願望と防禦傾向が識不識にはたらいて生起して来た妄想的な空想と見做してもっともよく領解出来る。況んや被告人の性格が空想的欺瞞的であるに於ておや。先に手記に書いた仏の出現をその後否定しながら、茲で自己に都合のよいところでは再びその出現を云為する。実に独善的な思考と言わなければならぬ。

拘置所の中田技官（嘗て鑑定人等の助手たりし精神病医）の談によれば、六月になって下山事件のあった後の或る夜、被告人の枕元に菩薩が現われて、始めてあの事件のあったことを教え、あれは他殺であって帝銀事件の孫の関係にあると言われたから、下山事件の犯人が挙がれば帝銀事件の真犯人も自ら判明すると頻りに話すようになったが、これも長くは続かなかったということである。八月になって鑑定人に対し同様のことを語ったが、内容が多少変り、犯人はやり方によっては自白しないかも知れないから後報を待て、と言われたと述べている。これも後から作り上げた空想的思想であって、やはり妄想的性格と言うべきであろう。尚被告人と極めてよく似た人が都内に実在していたという話（現在証の項に記す）なども、また空想性思考の範疇に入るものである。

これによって見れば、被告人の精神状態は検事の取調べ中も、公判の期間中も大体同じであり、その間特に催眠状態とかこれに類似の異常状態が挟入されていたと考えられる理由はない。たゞ公判期においては、検事の取調べ時期に比して自由な時間が多いためと思われるが、空想と自己暗示による自己欺瞞の起る機会の多くなった点が異るところと言えよう。検事取調べ期間以後は、全般的に見て被告人の行動に異常が多いようであるが、これは拘禁中であり、かつは自己の運命に係るところの重大な状況であって、願望や期待や不安のために被告人が感情的に平衡を保つに困難な時期であったために、平素の性癖が一層顕著に現われたものと理解することが出来る。一般に拘禁反応といわれるものは同様の機制の上に成立するものであり、その反応形態は一層重篤なものが多い。ところが被告人がこの時期に示した精神状態は、単に平素の性質の一層誇張されたにすぎないもので、卑俗的に言えば、狂言に類するものと言えよう。しかもその機制の上から見れば、一つの広義の拘禁反応と称して差支えなきものと考える。

司法精神医学的考察

すべての人々がその性格の中に種々なる特徴を蔵している。そしてもしもこれらの性格特徴の度合が多数人の有するものの範囲内に止まるならば、その性格は正常であると言うことが出来る。しかるに、そのいくつかの性格特徴が特にその程度を高めて偏倚となり、かつこの偏倚した性格特徴の故に、自ら悩み或いは周囲と社会に障碍を与えるほどになったものは、これを精神医学的に異常性格または精神病質人格と称する。そこでこの概念をもって被告人の性格を律すると、前章において詳細に説明したように、その性格は如何にしても正常とは認められないものであって、これに異常性格の診断を付すべきことには疑いをさしはさむ余地がない。

前章で述べたように、被告人の現在の精神状態は、大正一四年の狂犬病予防注射のために起った脳疾患の影響による異常人格状態で、すなわち顕揚性ならびに発揚性精神病質に相当する状態と、これにともなう人格水準の低下である。そしてその最も前景に見られる現象は、虚言欺瞞癖と空想性虚言である。ところで欺瞞癖も空想性虚言も、種々なる原因によっておこり、また種々なる程度において同一人に混交してかなり広く見られる現象であるが、これがきわめて強度なときには、妄想的傾向をさえ帯びることがある。そして妄想にまで発展したこの種人格の場合には、司法精神医学的に責任無能力または限定責任能力と判断されねばならない場合さえあるが、しかしこのような高度重篤なものは極めて稀であって、多くの異常性性格者に見る欺瞞癖乃至空想性虚言は、完全責任能力と見なすものが多いのである。常習詐欺犯人にはこのような異常性格を生来的に有するものが多く、何らかの程度においてしばしば空想性虚言症を呈することを経験するのである。

こゝで異常性格の責任能力についての司法精神医学的の見解についてなお少しく説明すると、一方には、たとえばクルト・シュナイダーのように、この問題に対して最も厳格な立場をとり、異常性格者のうち限定責任能力者と見なすべきものは稀れで、大多数のものは完全責任能力者と認むべきであると主張するものから、他方グルーレのように、重篤な異常性格に責任能力を認めようとするものまで種々ある。しかし多数の精神医学者はアシャッフェンブルグの立場、すなわち通常の異常性格者には当然完全責任能力を認め、極めて高度の異常性格者にのみ限定責任能力を考えるべきであるとの立場に立っている。本鑑定人等も多年この立場を主張して来たものである。

そこで問題は当然被告人の異常性格の重軽如何ということになるのであるが、被告人の場合には、このこと以外に、他の重要な要素が判定を複雑にしているのである。それは被告人の性格異常が生来性のものではなくて、後天性の脳疾患の結果として生じたものであるとの一事である。

異常性格の責任能力に関しては、これを生来性のものと後天的のものとによって区別すべきか否かについても、学者間に意見の相違が見られる。その一つはティーレのように、原因の如何を問わず、現在の異常の程度に従って責任能力を決定すべきだという立場であり、他の一つはヨハネス・ランゲのように、後天的な異常人格状態を先天的のものよりも重篤のものと見ようとする立場である。鑑定人等は、これらの中間的立場がもっとも適当であり、この問題を個々の立場について決定すべきものであると考える。すなわち後天的の異常人格状態は、従前の正常人格が或る時期に起った偶然の疾患を期として、何の準備もなく変化するのであるから、かような性格変化が起ってから間もない時期においては、同程度の生来性の精神病質に比して社会的適応性に欠けるところが多いと見るのである。それ故もしも犯行が病後近いときに始めてあらわれるとしたら、その責任能力は相当の参酌を加えて判断さるべきであると考える。被告人の場合の自宅放火の嫌疑などは、もしそれを事実とすれば、この意味で考慮されなければならぬ。いわんや前述のように、当時は明らかにまだ疾患の回復期間中にあったのであるから、これだけでも完全責任能力を考えることは出来ない。

さてしかし被告人はこの脳疾患後数年にして、コルサコフ症状から脱却して社会生活を回復した。こののちも性格変化の起ったことを証明する出来事は少なく、また道徳的に非難さるべき行為がなかったとは断言し得ないが、とにかくある一定した性格者として二十数年を経た今日に及んでいるのである。すなわち現在の被告人は、ある型の異常性格者として長時日の間安定した状態にあるのだから、現在の状態を、責任能力の上から、生来性性格異常と区別する充分の理由がないと考えられるのである。たゞこのような不幸な脳疾患に罹らなかったならば、このような異常性格も起さなかったであろうにと、被告人に対し個人的同情を禁じ得ないのみである。

しからば被告人のもつ欺瞞虚言癖または空想虚言症の重篤さは如何であろうか、一般に異常性格の重軽の判断にあたって目標とするところは、第一にこの異常性格の発顕が自ら制御し得る程度のものであるか否かであり、第二にこの異常のために社会生活への適応性が如何に障碍せられるかの点である。この二点は要するに同一事であって、共に多くの場合その人の生活態度の全般から推測することが困難ではない。そこで被告人の場合を考えると、大正一四年の罹病後二五年間にわたる生活において、その中の相当期間にわたって、欺瞞的乃至犯罪的行為が少なくとも表面にあらわれなかったことが確かである。さらに考慮すべき点は、被告人が多数の人から異常な人格者として信頼されないにもかゝわらず、他の若干の人人にはかなり信頼され、また一応画家としての生活を営んで現在に及んでいることである。これらの事実は、被告人の異常性が常にあらゆるところにおいてあらわれるほど重篤なものではないことを物語るものである。このことは、被告人が不完全ながらもその異常性格を自身の力で抑制することが出来、またある程度の社会的適応性を所有していることを示すもので、被告人の異常性格をしかく重篤なものと見なし得ない証明であると考えるのである。

犯行がどの程度までその異常性格と直接の関係を有するかも、犯行時における犯人の責任能力の問題を考える上で重要である。そこで被告人の性格異常と問題となっている本件犯罪との関係は如何にと見るに、被告人の昭和二二年一一月二五日および一二月における私文書偽造行使、詐欺、同未遂は、直接空想性虚言症とは関係のない犯行であるが、被告人の欺瞞的性格よりすれば理解するに困難な犯行ではない。同様に一一月一四日の強盗殺人未遂、昭和二三年一月一九日の強盗及び殺人予備、ならびに一月二六日の強盗殺人も、これらが仮に被告人の犯行であると仮定した場合にも、犯行は被告人の欺瞞性格によって理解せられるものであって、空想性虚言症と直接関係があるものとは認めることが出来ない。これらによって見ると、問題の犯行は被告人の有する最も顕著な性格特徴である空想性虚言症の所産ではなく、むしろその欺瞞癖と関連が深いものであると言えるのである。而してこの欺瞞虚言癖が責任能力に影響を与えるほど重篤強度なものではないことは上述の通りである。

これを要するに、被告人の罹病後数年を経た後から検挙にいたるまでの精神状態は、本件の犯行時をも含めて大体恒定したもので、自己の行為の正邪当否を洞察し得るにもかゝわらず、その判断に従って自己の行動を統御調節する能力が、正常人より多少とも減退した状態にあったが、しかしそれは刑法でいう心神耗弱の状態と見なし得るほど高度のものではなかったと結論出来る。

次に検挙以来の精神状態は、自己防禦のためと考えられるが、その欺瞞虚言癖と空想虚言症の異常性格特長は一層誇張されており、この意味で平素の精神状態とはやゝ異ってはいるが、この間催眠状態のような異常な意識状態が新たに発生したという証拠は皆無である。また幻覚や妄想を想わせる異常体験を訴えるが、これらは仮睡時によく見られる仮性幻覚や、期待と不安等に起因する妄想的着想であって、広い意味では拘禁反応に属せしめることが出来るが、しかし裁判に対する自己防禦に影響を与えるほどの重篤な病的状態といえるものではない。むしろ被告人の亢進した空想が自己防禦の目的のために編み出した作為的所産とさえ見做し得る一面をもっていると推量される。

最後に被告人が帝銀事件の犯行を自白した時の心理について些かつけ加えておきたいと思う。前章中に詳しく述べたように、客観的にはこの自白の真実性を印象づける心理学的資料に乏しくない。しかしこの判断に当って一応の考慮を必要とするのは被告人の性格である。繰返し述べるように、被告人の性格特長の中心をなすものは虚偽と不真実であるから、被告人の多くの言行の中から、「自白」の一点のみを真実と判断することは、他の性格の人々の場合に於けるより慎重でなければならない。つまりこの「自白」もまた虚偽であるとの可能性が考えられるからである。この種の事実は文献上にも指摘されている。すなわち空想虚言者が世間の関心を得たい性向から、無実の犯罪を自白した事例がある。例えばグラスベルガーは、かゝる性格のある詐欺常習者が拘禁中一つの殺人を自白したが、後年にいたってその無実であったことの判明したことを記載しているし、またバイエルは三五歳になる一人の下男が無実の醜悪な性犯罪を自白した事例を記載している。それ故にこの種性格者の自白の真実性の判断には一段の慎重さが必要である。

しかし他方においては、同じ虚偽的性格でも、空想虚言症の要素が強ければ強いほど、前に述べた可能性があるのに、その性格内に欺瞞癖が多分に併存すれば、この人は同時に利害にも敏感であるから、自己に不利である無実の自白をする可能性の極めて低いことが当然考えられるし、また等しく空想虚言症であっても、壮年に赴くほど現実的生活態度は強められ、従って自己に不利益な空想が抑制せられることも心理学的事実として考えられることである。そしてこの二点は、鑑定人等が被告人の性格全般を通観して印象づけられたところなのである。

要するに、鑑定人等は被告人の自白の真実性を判断すべき決定的手段を有しなかったし、加うるに被告人の空想虚言的性格特長を省みて、その判定の然く容易でないことを感ずるのであるが、同時に自白時の全般的状況と被告人の利己的欺瞞癖とを考慮すると、この自白には空想虚言者の単なる虚偽の所産とは考えられぬものがあるとの感を深くしたのである。

以上説明したところによって次の如く鑑定する。

鑑定主文

1．本件発生当時すなわち、(1)昭和二二年一〇月一四日、(2)同年一一月二五日、(3)同年一二月、(4)昭和二三年一月一九日、(5)同年一月二六日における被告人の精神状態は、大正一四年に受けた狂犬病予防注射によって起った脳疾患の影響による異常性格の状態で、その特長は顕揚性ならびに発揚性精神病質に相当するもので、その最も前景に立つ現象は欺瞞虚言癖と空想性虚言症である。但しその程度は自己を統御する能力の著しく減退した状態と言えるほど高度のものではなかった。

2．被告人が検事に本件強盗殺人の犯行を自白した当時（昭和二三年九月、一〇月）の精神状態は、被告人の異常性格である欺瞞癖と空想性虚言症とが一層誇張された形で示されていた以外には、平素の状態と大差のない精神状態であったし、殊に自白が催眠術下になされたことを証明すべき何等の根拠はない。また自白の真実性については、これを被告人の性格に照して、精神医学的立場のみからは決定的判断が困難である。

3．被告人が催眠術が醒めたと称する当時（同年一一月一八日）の精神状態は、2において述べたと大体同様の精神状態であったと思量する。

4．本件公判当時（昭和二三年一二月二〇日より現在まで）の精神状態は、2および3において判断された精神状態と大体同様のものである。この期間中に仮性幻覚または妄想を想わせる病的着想を示すことがあったが、これは軽い拘禁反応と見做さるべきであり、かつその程度は自己を弁護する能力に支障を与える程のものではない。

右の通り鑑定する。

昭和二五年三月二〇日

鑑定人　医師　内村祐之
鑑定人　医師　吉益脩夫

文　献

1)　v. Baeyer:Zur Genealogie psychopathischer Schwindler und Lügner(1935). —2) Delbrük:Die pathologische Lüge und die psychopathisch abnorme Schwindler(1891). —3) Fleck:Arch. f. Psychiatr. Bd. 79(1927). —4) Grassberger:Mschr. f. Kriminalpsychol. 19(1928). —5) 春原千秋：精神経誌、58(1956). —6) Kalberlah:Arch. f. Psychiatr. Bd. 38(1904). —7) Kretschmer:Mezger u. Seelig, Kriminalbiologische Gegenwartsfragen, Heft 1(1953). —8) Leferenz:Mezger u. Seelig, Kriminalbiologische Gegenwartsfragen, Heft 2(1955). —9) Mezger:Probleme der strafrecktlichen Zurechnungsfähigkeit. Bay. Akad. Wiss. Heft 2(1949). —10)三宅鑛一：犯罪学雑誌、16(1943). —11)中田修、小木貞孝：精神経誌、58(1956). —12) 中田修：東京医学新誌、7(1955). —13) Pophal:Mschr. Psy. u. Neur. 53(1923). —14) Schneider, K.:Die Beurteilung der Zurechnungsfähigkeit, 3 Aufl.(1956). —15) 菅又淳：精神経誌、58(1956). —16) Többen:Deutsche Z. f. ges. ger. Med. 34(1940). —17) 田代壮：臨床医学、14(1926). —18) 内村祐之：精神経誌、53(1951). —19) 内村祐之：精神鑑定（1952). —20) 吉益脩夫：犯罪心理学（改定版）(1952). —21) 吉益脩夫：犯罪病理学 (1955).

あとがき

日米の戦後の世界戦略のなか、生贄にされた平沢貞通という人間。その生と死、そして光と影。平沢はコルサコフ病、帝銀事件死刑囚という二重の悲劇を強いられ、無念の思いのまま獄死した。もし、コルサコフ病を患わなければ、画家として大きな飛躍をなし、帝銀事件死刑囚という立場にもならなかっただろう。

狂犬病ワクチンは、国家が検定し使用され、一九五二年に廃止されるまで、そのワクチン禍によって犠牲とされた者は数知れない。

帝銀事件から五二年という歳月を経、もはや再審の新証拠など見つからないと言われてきたが、意外にも平沢自身の脳が、半世紀ぶりに光が当てられることになった。

捜査、裁判の中で、状況証拠ではあるが、平沢に疑惑が向けられた最大の要因は「出所先不明の金」だった。事件直後、検察側は十三万円余の出所不明の大金を平沢は所持していたと主張、それに対し、弁護側は、五万円などは、平沢夫人や知人の狂言により証明できるが、東京銀行のチェーン預金の八万円の出所が不明であると弁論。

終戦直後、生活困窮のなか、国民の大半は、闇商売など、法に触れざるをえない日々を強いられ、物資の横流し、詐欺など、他人には秘しておきたいことを、多くの人々が持っていた時代だった。

検事、裁判官からの「春画を描いたことはないか」との質問に、平沢はかたくなに「描いたことはない」と否認。

当時、一流の大家でさえも、春画をかいて生活していたことは、よく知られている。大家の作品なら一枚十万円以上したと、画商などは証言している。

平沢の取り調べ中、読売新聞社宛に「私は平沢さんに多くの春画を描いてもらい、大陸関係などに売り、平沢さんに大金を渡しています」と無記名の投書があった。山田義夫弁護士は平沢にただしたが、やはり否定。

しかし死刑確定から八年後、面会に来た森川哲郎事務局長に「十二枚の秘画を描いた金です」と告白した。

そして、平沢の十三回忌を終えた昨年、小樽の有名な料理屋「すえおか」の女将である末岡睦さんから思わぬ話を聞くことになる。

「私は、平沢さんの弟の親族と長年にわたり親しくしてきました。逮捕後、平沢姓を名のり続けたのは、小樽の親族だけでした。たいへん苦労されてきたようです。私の家にも度々、平沢さんは来られ、いつも着物姿で品のいい人だと思っていました。平沢さんの故郷の親族は、みな無実だったのにと、今も語っています。そして、その親族の間でも、平沢さんが、春画をよく描いていたことは知られています。平沢は小樽の某名料亭で、財閥の方々が芸者遊びをしているところに、裏口から入り、それらの旧家の人を接待し、席画を描き、春画も頼まれていたようです。その料亭には、袱紗の平沢の書いた春画があります。上には桃の絵があり、それを開けてみるとあやしげな女性の絵がありまして、私も仙台の女将さんから見せてもらいました。」

そして今年、その料亭の隣にある家（小樽の重要文化財）の猪俣昌介さんも春画を持っていると

木炭スティックで書かれた春画

いうことを聞き、末岡さんのはからいで、猪俣事務所の金庫におさめられていた巻物の春画を見る事ができた。

巻物をひろげると、まず正月の梅と日の出の絵があり、そして、浮世絵の春画の模写が描かれていた。数えてみると十二枚、私が驚いたのは一枚目の梅と日の出の絵だった。それは平沢がよくかく絵柄で、色づかいも酷似していた。そして、私は一目見て、平沢の絵だと確信した。

かつて、松本清張氏が「出所不明の金は春画で得たものではないか。画家としてのプライドで告白しなかったのではないだろうか」と記し、森川に告白した「十二枚の秘画」。

それを目前に、ようやく見つけることができた事実に、しばし茫然とせざるをえなかった。

また、横浜にも木炭スティックで描かれた平沢の春画が見つかった。これも女性の丸髷、影や手のかきかたが酷似していた。

これらの十二枚の巻物、四枚の墨画の春画は、美術の専門家に鑑定を依頼することにしている。

これらの春画が平沢によるものだということが証明されれば、判決の「生活に困窮し、銀行強盗におよんだ」という犯行動機が崩れるばかりでなく、問題の金の出所にも波及することになるだろう。

しかし、何故、平沢は春画をかいていたことを、かたくなに否定したのだろうか。平沢は春画以外にも木材の闇商売（同業者が証言）をしていたことも告白していない。平沢のもとには、帝銀事件以前から、出所不明の金が入っていたのである。

これは、たんに画家としてのプライドということだけではすまされない。コルサコフ病の後遺症による人格異常、その症状には、空話的虚言癖、そして病的な虚栄心などがあげられる。これらの症状と関連しているのではないか。

自分は無実であるから、都合の悪いことは話さなくても、容疑は晴れるという、病的な虚栄心と楽観的な思いがあったと思われる。

もし、その「出所不明の金」、春画を描いていたこと、闇商売をしていたことなどを告白していれば、起訴、そして死刑判決を受けることもなかっただろう。

人間は、誰でも、光と闇の部分をあい持っている。その影の部分にも光をあてなければ、真実を見いだすことはできないと思う。

今はただ、晩年の病前に戻っていただろう、平沢の純粋でモダンな姿だけが想い出される。そして、私たちのもとに、平沢は自らの脳を残していった。その脳は、今も無実を語り続けている。

この書を、亡き平沢、森川の二人の父親、そして長き闘いの間、森川をささえ、私をもささえてくれている母、そして昨日、亡くなった、波乱に満ちた二十年もの日々、我が家を見守り、私を癒してくれた愛猫リリーに捧げる。

二〇〇〇年七月五日

平沢武彦

平沢武彦（ひらさわたけひこ）
1959年生まれ。父、森川哲郎は「平沢貞通氏を救う会」事務局長を務めていた。1975年16歳の時、初めて仙台拘置所の平沢貞通と面会、81年、森川姓を離れ平沢貞通の養子として入籍。現在「平沢貞通氏を救う会」事務局長。主な著作・編著として『壁に一枚の絵があって』（徳間書店）、『平沢貞通　祈りの画集』（ダイナミックセラーズ）、『われ、死すとも瞑目せず—平沢貞通獄中記』（毎日新聞社）など。

「平沢貞通氏を救う会」連絡先　東京都杉並区阿佐ヶ谷南3-34-7

平沢死刑囚の脳は語る
覆された帝銀事件の精神鑑定

2000年7月28日　第1刷発行
編著者　平 沢 武 彦
発行人　深 田　　卓
装幀者　貝 原　　浩
発　行　㈱インパクト出版会
東京都文京区本郷 2-5-11 服部ビル
Tel 03-3818-7576 Fax 03-3818-8676
E-mail：impact@jca.ax.apc.org
http://www.jca.ax.apc.org/~impact/
郵便振替　00110-9-83148

シナノ

インパクト出版会の本

「オウムに死刑を」にどう応えるか

年報死刑廃止96

「オウムに死刑を」といったスローガンが公然と語られる時代風潮とその恐ろしさ、その中で繰り返される「凶悪」ということ、そして彼らを死刑にしないと被害者は癒されないという常套句に隠され、切り捨てられる問題点や、現実の死刑判決がどのような基準下にあるかを考える。　A5判並製　2000円+税

死刑—存置と廃止の出会い

年報死刑廃止97

想像の被害者でもなく、想像の加害者でもなく、そして想像の存置論者でも廃止運動家でもなく、傷と悩みと困難を抱えているそれぞれが具体的に出会って議論した連続シンポジウムの全記録。　A5判並製　2000円+税

犯罪被害者と死刑制度

年報死刑廃止98

ある日、最愛の家族が殺される。やり場のない怒りを持て余し、家族は何年も苦しみ続ける。死刑は被害者遺族のいやしになりうるのか。犯罪被害者遺族の語る死刑制度とは。被害者遺族のケアをなおざなりにしたまま連綿と続く死刑を今考える。　A5判並製　2000円+税

死刑と情報公開

年報死刑廃止99

死刑囚本人にも、家族、担当弁護士にさえも、完全な秘密裡のうちになされる死刑執行。そのあらゆる情報の公開を求めるという観点から、死刑制度の問題点を追及し、廃止運動のさらなる可能性を提起する　A5判並製　2000円+税